/ 幼儿园管理新探索丛书 /

2020年度教育部人文社会科学研究项目
《普惠视阈下家园矛盾的调和路径及机制研究》课题成果
（项目批准号:20YJA880042）

幼儿园危机管理

主　编：秦旭芳
副主编：管晓旭　赵　瑛
参　编：陈　静　黄思芸　姜　鑫　林　玉
　　　　牟晓佩　祁文娟　王露萍　杨　蕊
　　　　张　洁　张　雪　朱　琳

北京师范大学出版集团
BEIJING NORMAL UNIVERSITY PUBLISHING GROUP
北京师范大学出版社

图书在版编目(CIP)数据

幼儿园危机管理/秦旭芳主编. —北京：北京师范大学出版社，2023.3
ISBN 978-7-303-27892-3

Ⅰ.①幼… Ⅱ.①秦… Ⅲ.①幼儿园－管理 Ⅳ.①G617

中国版本图书馆 CIP 数据核字(2022)第 083346 号

图书意见反馈：gaozhifk@bnupg.com　010-58805079
营销中心电话：010-58806880　58801876

出版发行：北京师范大学出版社　www.bnup.com
　　　　　北京市西城区新街口外大街 12-3 号
　　　　　邮政编码：100088
印　　刷：天津中印联印务有限公司
经　　销：全国新华书店
开　　本：787 mm×1092 mm　1/16
印　　张：17
字　　数：294 千字
版　　次：2023 年 3 月第 1 版
印　　次：2023 年 3 月第 1 次印刷
定　　价：59.00 元

策划编辑：刘晟蓝　苏丽娅　　责任编辑：申立莹
美术编辑：焦　丽　　　　　　装帧设计：焦　丽
责任校对：陈　荟　　　　　　责任印制：陈　涛
封面插图：孙悠然　　　　　　指导教师：崔子悦

版权所有　侵权必究

反盗版、侵权举报电话：010-58800697
北京读者服务部电话：010-58808104
外埠邮购电话：010-58808083
本书如有印装质量问题，请与印制管理部联系调换。
印制管理部电话：010-58805079
编辑部电话：010-58802682

前言

近年来,触目惊心的幼儿园危机事件时有曝光,幼儿园本该是幼儿成长的乐园,却偶有令人担忧的危机事件。危机事件如果不能得到妥善的处理,会对幼儿园的正常运转、对幼儿教师与幼儿的身心发展产生影响。在当今社会,网络信息化在高速度发展,幼儿园危机事件可能会在较短时间内得到宽范围、高速度的传播,引起社会的广泛关注。因此,完善幼儿园危机管理工作、化解危机是学前教育理论工作者和实践工作者需要认真研究的重要问题,应成为当前我国幼儿园一项十分紧迫的任务。多年来,本书编者致力于幼儿园管理的理论与实践研究,并主持"普惠视阈下家园矛盾的调和路径及机制研究"课题(项目批准号:20YJA880042),深入研究幼儿园危机管理问题,本书也将作为课题的研究成果之一。

全书由九章构成,包括三部分内容。第一部分包括第一章幼儿园危机管理概述和第二章幼儿园危机管理机制;第二部分为幼儿园中的常见危机,包括第三章幼儿园一日生活的危机管理、第四章幼儿园卫生保健的危机管理、第五章幼儿成长教育中的危机管理、第六章幼儿园人事的危机管理、第七章园所发展的危机管理、第八章幼儿园公共关系的危机管理;第三部分包括第九章幼儿园危机教育。本书在写作上力求理论阐述与案例分析相结合,深入挖掘全国各地区幼儿园危机管理工作中的先进经验、成功做法、典型案例、实用策略等,旨在发现问题、分析规律、找准需求、提供对策,以便解决幼儿园危机管理中的困惑和问题,为幼儿园危机管理工作提供有针对性的借鉴。本书注重理论通俗化、经验具体化、案例故事化、策略操作化,以清晰的逻辑、简明的方式直观形象地呈现内容,力争语言通俗易懂,简洁清晰,易于阅读。全书内容全面,强调实用性、系统性和趣味性,受众广泛,因而既可以使高职高专生、本科生了解幼儿园危机管理理论与现状,又可以提高一线教师及幼儿园管理者的理论知识与解决危机管理问题的能力,还可以为其他研究者提供新的研究素材。

本书以"问题导向、实践探索、理论聚焦"为写作脉络,形成幼儿园危机管理基本的结构与系统。在设计构思上,每章包括"情景再现""分析解读""出谋划策"

"法条链接""拓展阅读""想一想，做一做"等板块。"情景再现"通过案例的形式向读者展示了幼儿园危机管理工作中典型且常见的问题，激发读者的阅读兴趣与学习积极性，引起读者对问题的关注；"分析解读""出谋划策"分析了案例中存在的问题或可取之处并提出应对方法，增强情景性；"法条链接"为读者提供了相关的法律知识；"拓展阅读"向读者传达拓展资料，延伸读者的视野；"想一想，做一做"旨在帮助读者加深对章节内容的理解，引领读者理论联系实际，增加本书的实践性和可操作性。

本书由沈阳师范大学秦旭芳负责全书的整体架构和协调编写工作，秦旭芳担任主编，管晓旭、赵瑛担任副主编。最后由秦旭芳、陈静完成统稿工作。具体章节的分工如下：第一章（秦旭芳、黄忠芸），第二章（秦旭芳、陈静），第三章（秦旭芳、牟晓佩、林玉），第四章（秦旭芳、王露萍），第五章（秦旭芳、张洁），第六章（秦旭芳、杨蕊），第七章（秦旭芳、张雪），第八章（秦旭芳、祁文娟、姜鑫），第九章（秦旭芳、朱琳）。编写团队在全国各地广泛收集发生在幼儿园的真实案例并在其中精心挑选典型案例，深入挖掘全国各地区幼儿园危机管理工作中的先进经验、成功做法、典型案例、实用策略等，通过分析与思考让众多的读者与我们在学习、研讨中一同分享彼此的智慧、经验和灵感。我们期待通过系统梳理和分析，让在一线的园长和教师明确危机管理的基本原理、常见类型，增强预防意识，分享化解对策，形成科学的应对幼儿园危机管理的体系。

在此，感谢北京师范大学出版社的领导和编辑，感谢参与本书编写的各位成员，以及提供案例的广大幼儿园和执笔者。本书在编写过程中借鉴了很多学者的观点、参阅了很多文献内容和网络资料，在此一并表示深深的谢意。当然，由于关于有关幼儿园危机管理的研究还在不断创新、发展和完善的阶段，本书难免会存在一些不足之处，对此笔者仍需要不断地修整，敬请各位幼教同人批评指正。

秦旭芳
2023年1月于沈阳

目录

第一章 守护幼儿乐园的指南针——幼儿园危机管理概述 1

第一节 幼儿园危机 2
一、幼儿园危机的概念 2
二、幼儿园危机的特点 3

第二节 幼儿园危机管理 9
一、幼儿园危机管理的概念 10
二、幼儿园危机管理的特点 10
三、幼儿园危机管理的原则 14

第三节 幼儿园危机管理的现状与意义 19
一、幼儿园危机管理的现状 19
二、幼儿园危机管理的意义 22

第二章 幼儿园危机管理的根基——幼儿园危机管理机制 25

第一节 幼儿园危机管理的预警机制 26
一、幼儿园危机管理预警机制的内涵 26
二、幼儿园危机管理预警机制的构成 27
三、幼儿园危机管理预警机制的构建 29

第二节 幼儿园危机管理事件的预防机制 30
一、幼儿园危机管理预防机制的内涵 30
二、幼儿园危机管理预防机制的构建 32

第三节 幼儿园危机管理的处理机制 35
一、幼儿园危机管理处理机制的内涵 35
二、幼儿园危机管理处理机制的构建 36

第四节 幼儿园危机管理的善后机制 39
一、幼儿园危机管理善后机制的内涵 39

二、幼儿园危机管理善后机制的构建　　41

第三章　幼儿的生活保障——幼儿园一日生活的危机管理　　46
第一节　幼儿园生活活动的危机管理　　46
一、晨间入园的重要性和常见危机　　47
二、饮水环节的重要性和常见危机　　48
三、盥洗环节的重要性和常见危机　　50
四、如厕环节的重要性和常见危机　　52
五、餐点环节的重要性和常见危机　　53
六、午睡环节的重要性和常见危机　　55
七、离园环节的重要性和常见危机　　57
八、幼儿园生活活动的危机管理策略　　59

第二节　集体教学活动的危机管理　　60
一、集体教学活动的重要性　　60
二、集体教学活动的常见危机　　60
三、集体教学活动的危机管理策略　　64

第三节　区域活动的危机管理　　65
一、区域活动的重要性　　66
二、区域活动的常见危机　　66
三、区域活动的危机管理策略　　74

第四节　户外活动的危机管理　　75
一、户外活动的重要性　　75
二、户外活动的常见危机　　76
三、户外活动的危机管理策略　　82

第四章　幼儿健康的守护伞——幼儿园卫生保健的危机管理　　84
第一节　幼儿园食品卫生的危机管理　　85
一、常见的食品卫生危机　　85
二、食品卫生的危机管理策略　　92

第二节　幼儿伤病的危机管理　　93
一、常见的受伤危机　　94
二、常见的传染性疾病危机　　101

三、常见的非传染性疾病危机　　110
　　四、幼儿园伤病的危机管理策略　　120

第五章　幼儿苗壮成长的避风港——幼儿成长教育中的危机管理　　122

　第一节　幼儿行为问题中的危机管理　　123
　　一、幼儿行为问题　　123
　　二、幼儿行为问题中的常见危机　　124
　　三、幼儿行为问题中的危机管理策略　　129

　第二节　家园共育中的危机管理　　130
　　一、家园共育　　130
　　二、家园共育中的常见危机　　131
　　三、家园共育中的危机管理策略　　138

　第三节　外部环境变化对幼儿产生的危机　　140
　　一、外部环境变化与幼儿　　140
　　二、幼儿外部环境变化中的常见危机　　141
　　三、幼儿外部环境变化中的危机管理策略　　145

第六章　幼儿园前进的动力——幼儿园人事的危机管理　　148

　第一节　幼儿园决策指挥层的危机管理　　149
　　一、幼儿园决策指挥层　　149
　　二、幼儿园决策指挥层的常见危机　　151
　　三、幼儿园决策指挥层的危机管理策略　　156

　第二节　幼儿园执行管理层的危机管理　　158
　　一、幼儿园执行管理层　　158
　　二、幼儿园执行管理层的常见危机　　159
　　三、幼儿园执行管理层的危机管理策略　　164

　第三节　幼儿园具体工作层的危机管理　　167
　　一、幼儿园具体工作层　　167
　　二、幼儿园具体工作层的常见危机　　168
　　三、幼儿园具体工作层的危机管理策略　　177

第七章　幼儿园的发展战略——园所发展的危机管理　　181

第一节　幼儿园生源的危机管理　　182
一、幼儿园生源的常见危机　　182
二、幼儿园生源的危机管理策略　　187

第二节　幼儿园师资的危机管理　　189
一、幼儿园师资的常见危机　　189
二、幼儿园师资的危机管理策略　　196

第三节　幼儿园财务的危机管理　　198
一、幼儿园财务的常见危机　　198
二、幼儿园财务的危机管理策略　　202

第四节　幼儿园经营的危机管理　　204
一、幼儿园经营与发展的常见危机　　204
二、幼儿园经营的危机管理策略　　208

第八章　幼儿园的生存指南——幼儿园公共关系的危机管理　　211

第一节　幼儿园与家庭关系的危机管理　　212
一、幼儿园与家庭关系的常见危机　　212
二、幼儿园与家庭关系的危机管理策略　　217

第二节　幼儿园与社区关系的危机管理　　219
一、幼儿园与社区关系的常见危机　　219
二、幼儿园与社区关系的危机管理策略　　222

第三节　幼儿园与同行关系的危机管理　　224
一、幼儿园与同行关系的常见危机　　224
二、幼儿园与同行关系的危机管理策略　　226

第四节　幼儿园与政府关系的危机管理　　228
一、幼儿园与政府关系的常见危机　　228
二、幼儿园与政府关系的危机管理策略　　230

第五节　幼儿园与媒体关系的危机管理　　231
一、幼儿园与媒体关系的常见危机　　231
二、幼儿园与媒体关系的危机管理策略　　233

第九章　从危机中学习——幼儿园危机教育　　236

第一节　幼儿园危机教育概述　　237
一、幼儿园危机教育的内涵　　237
二、幼儿园危机教育的意义　　238
三、幼儿园危机教育的原则　　239
第二节　幼儿园危机教育的内容与手段　　241
一、幼儿园危机教育的内容　　241
二、幼儿园危机教育的手段　　251

参考文献　　259

第一章 守护幼儿乐园的指南针
——幼儿园危机管理概述

【导入案例】

　　大班临近毕业的一个晚上，贾老师接到了一名幼儿的姥姥的电话，她很激动地说："老师对待孩子怎么不一视同仁呢？每次拍照的时候我家孩子都在最边上，从来没站在前面过，拍毕业照的时候还这么随便地排位置，根本不重视孩子！"姥姥要求贾老师必须给出一个合理的说法。经过询问得知，原来，上周五大班拍毕业照时，她家孩子被安排在最后一排的最边上，最后一排只有她一个女孩，其余都是男孩。由于贾老师在大班拍照当天请了假，因此对站位的事情毫不知情，只好在电话里暂时安抚家长的不满情绪，约好第二天见面解决。

　　贾老师意识到想要解决问题就必须了解事情发生的全过程，便立即给配班小王老师打电话询问毕业照站位安排的全过程。小王老师向贾老师解释了拍摄当天的站位安排。原来，毕业照拍摄的站位是摄影师当天根据幼儿的身高进行调整、安排的。这名幼儿在排队形时正好去卫生间了，回来的时候队形已经排好了，恰好她的身高比较高，老师也询问了她的意见，这才把她排在了最后一排。

　　了解了毕业照事件原委后，贾老师决定与小王老师、幼儿园主管一同向家长解释这次毕业照站位安排的来龙去脉，安抚家长的情绪。贾老师向家长表明，其实每次给幼儿照相的站位都是随机排列的。首先，遵照幼儿的兴趣站位，其次，老师和工作人员以身高为依据稍微调整一下队形，并非故意将她家孩子安排在最边上的。在站队之前老师也都会询问幼儿对站位的想法，如果幼儿不愿意接受，老师也会尊重幼儿的意愿调整站位。接着，贾老师拿出照好的毕业照，询问幼儿喜不喜欢这张照片时，幼儿表示喜欢，当听到幼儿回答喜欢时家长最后也不再纠缠。家长表示只是在网上听说有的老师拍照会把长得好看的幼儿放到中间，担心自己孩子平时不爱说话，在幼儿园不受欢迎，表示只要孩子喜欢就好。事后，贾老师与小王老师反思了工作中存在的疏漏，表示在今后要更加全面地考虑问题，重视对工作的交接和讨论，避免此类危机的发生。

　　（本案例来源于山西省人民政府机关幼儿园，贾晓燕）

说到幼儿园，人们首先想到的应是一群活泼可爱的幼儿，在温馨和谐、安全快乐的环境中游戏的场景。然而，幼儿园中看似细微的每个环节，都有可能潜藏着危机。因此，只有重视并准确地预测危机，良好地应对危机，才能让幼儿园成为幼儿无忧无虑游戏和活动的乐园。本章将从幼儿园危机的概念、特点，幼儿园危机管理的概念、特点、原则，幼儿园危机管理的现状与意义方面来展开介绍。

第一节 幼儿园危机

幼儿园存在大大小小的危机，这些危机影响着幼儿园的顺利运行。要想更好地掌握幼儿园危机管理的能力，就要正确理解幼儿园危机的概念和特点。

一、幼儿园危机的概念

对幼儿园危机概念的认识和理解，要先从对危机概念的认识开始。梳理危机、幼儿园危机的概念有助于幼儿园危机管理主体识别出什么是幼儿园危机，有利于幼儿园危机管理主体对危机的预防与应对。

(一) 危机

危机一词来源于希腊语，它表达了两种事实，一种是实实在在的危机经验，另一种是危机的意识形态，即危机既可以是具体的事件，也可以是一种过程、状态。

罗森塔尔倾向于把危机界定为一个过程，认为危机通常是决策者核心价值观受到严重威胁与挑战，而有关信息却不明确、事态发展无法确定、决策需要迅速等不利因素的汇聚。[1] 巴顿认为危机是指影响个人或组织生存发展的具有威胁性的事件，是一种会引起潜在负面影响的具有不确定性的大事件，其后果可能会导致组织及其员工、经济和声誉受到巨大的损害，是要在时间压力和极其不确定的情况下必须做出关键决策的事件。[2]

国内研究者从危机产生的原因、过程界定危机，认为危机是一种内在矛盾的激化，由事物量变的积累导致事物内部矛盾激化，组织已经不能按照原有轨道发

---

[1] Uriel Rosenthal, Michael T. Charles, Paul T. Hart. *Coping with Crises: The Management of Disasters, Riots and Terrism*. Springfield, Charles C. Thomas, 1989, p.78.

[2] [澳]罗伯特·希斯：《危机管理》，王成、宋炳辉、金瑛译，13页，北京，中信出版社，2001。

展下去，而新的秩序没有建立起来，新旧摩擦的两种机制都不能发挥作用而导致组织运转失灵。① 但由于事物即将发生质变或已经发生质变，这种情况就会对组织或个人带来损害，组织需要在紧迫和缺乏信息的情况下进行决策。②

(二) 幼儿园危机

幼儿园危机是指发生在幼儿园内或与幼儿园有关，由幼儿园外部环境突然变化和内部管理失常引起的，可能或者已经影响、干扰幼儿园正常运行的，严重损害或可能严重损害幼儿园组织功能及成员利益的突发事件、意外事故或演变趋向。

二、幼儿园危机的特点

对幼儿园危机的认识不仅需要掌握和理解幼儿园危机的概念，而且需要了解幼儿园危机的特点。幼儿园危机具有突发性、危害性、潜伏性、传播性、连锁性、可转化性的特点。

(一) 突发性

幼儿园危机具有突发性，往往突如其来，在很短的时间内出其不意地发生，其持续时间、波及范围、发展态势和影响深度是无法预料的。这是因为在幼儿园危机发生之前，很少会有人意识到危机将要爆发，并且来势凶猛。由于信息不对称或认知的局限，人们很难对一个突发事件是否最终演化成危机事件做出理性的判断，事件的突发性往往使幼儿园管理者及教师感到措手不及，尤其是一些严重的安全性危机事件，让幼儿园管理者更加不知所措。例如，幼儿园投毒事件、不良分子为了报复社会发泄心中的不满对幼儿身体进行伤害的事件等。这些危机事件的发生往往让人始料不及，当幼儿园安全保卫措施和应急预案不够完备时，幼儿园管理者及教师难以及时规避危险。

【情景再现】

案例 1-1-1　　　　　　　突然来访的"病毒"

午睡过后，妞妞突然呕吐不止，小王老师立即联系家长接走妞妞。妞妞妈妈接到妞妞后带她到医院检查，医生初步诊断妞妞得了急性肠胃炎。妞妞妈妈担心妞妞在幼儿园吃到了不干净的食物，第二天一早到幼儿园询问情况时得知，原来

---

① 苏伟伦：《危机管理——现代企业实务管理手册》，前言 1 页，北京，中国纺织出版社，2000。
② 徐士强：《学校危机管理》，硕士学位论文，华东师范大学，2004。

班级中的 9 名幼儿，除了 1 名缺席的幼儿，其余 8 名幼儿均出现了腹泻、呕吐不止的症状，家长们都质问园长幼儿园的食品是不是存在问题。

由于新闻报道过诺如病毒流行的情况，园长看到幼儿集中出现相应症状后，立即向当地的市场监督管理局、疾控中心报告，对患病的其中 6 名幼儿进行检测，检查结果显示诺如病毒呈阳性。由此，幼儿园认定了本次感染是由诺如病毒引起的，排除了食物中毒的可能。幼儿园第一时间将结果告知家长，在疾控部门的指导与要求下停课，组织幼儿在家隔离，对园所进行全面的消毒，建立并完善传染病防控制度，加强对传染病毒的预防工作。幼儿园通过网络向家长科普诺如病毒的疾病知识，询问、关心患病幼儿的病情动态，家园之间及时沟通和交流。在家园的共同努力下，所有的患病幼儿都已康复，并陆续回园上课。

（本案例为原创案例）

【分析解读】

本案例中的危机发生的原因是幼儿突然感染诺如病毒。幼儿园对传染病流行的相关知识了解不足，造成了本次危机的发生。首先，班级教师对诺如病毒引起的呕吐认识不足，在看到幼儿出现呕吐的症状时，没有考虑到幼儿感染诺如病毒的可能性。其次，班级教师没有做好疫情消毒工作，幼儿呕吐物中存在病毒，第一名幼儿出现呕吐症状时，班级教师虽然立即通知了幼儿家长，但是没有及时对呕吐区域进行消毒，没有及时隔离幼儿，导致了病毒的扩散。最后，幼儿园对幼儿常见传染病的宣传和教育不足，诺如病毒多发生在秋冬季。当幼儿出现集体性呕吐时，家长也没能意识到幼儿呕吐可能是由流行病毒的传染所致的，说明幼儿园在事件发生之前没有组织幼儿和家长学习过相关知识。

【出谋划策】

幼儿感染传染病属于突发性的危机事件，难以预料。针对本案例的情况，幼儿园必须在事件发生之前做好危机预防，在事件发生时依照法律法规应对处理，在事件结束后要总结经验，完善突发疫情危机的应对预案。首先，幼儿园要建立并落实防控传染病流行的卫生保健制度，组织教职工掌握常见传染性疾病的防控知识，认真执行每日的晨检与午检工作，对幼儿的健康情况进行细致监测，如发生特殊情况，及时与家长沟通。其次，当传染性疾病发生时，幼儿园应立即上报上级部门，并按照传染病防控的制度进行消毒，在幼儿隔离期间做好家园沟通，做好幼儿病例记录，重视家园疾病宣传教育工作。最后，在疫情结束后，幼儿园要重视总结应对疫情危机的经验，共同研讨应对危机的不足与局限，进一步完善幼儿园传染病应急预案。

【法条链接】

《幼儿园管理条例》第十八条明确规定："幼儿园应当建立卫生保健制度，防止发生食物中毒和传染病的流行。"第二十条明确规定："幼儿园发生食物中毒、传染病流行时，举办幼儿园的单位或者个人应当立即采取紧急救护措施，并及时报告当地教育行政部门或卫生行政部门。"这就要求幼儿园在面临突发疫情危机时做好预防和应对两方面准备，严格按照法律法规的要求处理。本案例中，园长在得知幼儿突发大规模的疫情时，按照法律法规的要求，立即将疫情上报到了上级部门，在疾控中心的指导下确定了幼儿所感染的病毒类型，并在第一时间做出安抚家长、组织全体教职工对园所消毒、建立并完善幼儿园传染病防控制度等决策，顺利度过了本次突发疫情危机。

(二) 危害性

幼儿园危机的发生往往会带来一定的危害，由于危机常具有"出其不意，攻其不备"的特点，常常在人们毫无准备的情况下突然发生，因此，不论什么性质或多大规模的危机，它们都会对幼儿园造成不同程度的甚至毁灭性的危害。例如，因新冠肺炎疫情造成的幼儿园无法正常运作而被迫闭园。幼儿园危机所带来的危害主要包括对人的身体健康造成的危害、对幼儿园财产造成一定的威胁和损失、对幼儿园的形象造成破坏，从而影响幼儿园的正常运作、造成人们精神上的恐惧和痛苦等。幼儿园危机是对管理者的重大考验，如处理不当，重则会影响到幼儿园的存亡。[①]

【情景再现】

案例 1-1-2　　　　　　　疫情下的经营困局

2020年，一场突如其来的新冠肺炎疫情，打乱了托幼机构正常的保教秩序，不断延长的假期，为幼儿园的正常运营带来了危机。防疫期间，幼儿园的运营出现亏损的现象，线下教学活动全部暂停，转为线上教学。

幼儿园的全面停课导致园所收入为零，但幼儿园仍要正常支付幼儿教师的薪资。失去了正常的保教费收入，幼儿园在人员成本和日常运营维护等方面都背负了沉重的负担。面对如此大的资金缺口，我园决定紧急调动原计划用于培训的资金，按月为教职工发放基本工资。坚持了三个多月的艰难运营，幼儿园资金已经

---

① 何海燕、张晓甦：《危机管理概论》，5页，北京，首都经济贸易大学出版社，2006。

开始告急，而线下开园还遥遥无期。更糟糕的是部分教职工考虑到生计问题，相继提出了离职申请，幼儿园随时面临着一触即发的生存危机。

师资是幼儿园的核心力量，在危机时刻，幼儿园必须全员凝心聚力共同渡过难关。首先，园所领导了解教职工的家庭情况，了解是否因为疫情带来特殊困难，给予教职工无微不至的关怀和帮助。其次，各部门主任每天都有计划地和教职工通过语音或视频沟通，维系和谐的同事关系。最后，园所利用假期为员工提供学习培训的机会，帮助员工巩固和提高专业知识，促进他们在生活和事业中的成长。我们坚信，疫情终会过去，春天必将来到。

（本案例来源于辽宁省沈阳市浑南区花语幼儿园，马萍萍）

【分析解读】

本案例中的危机是由长期线下停课造成的。本案例中的幼儿园在疫情期间，只能采取线上授课的形式，长时间没有保教收入，又要支付运营的基本费用，对幼儿园来说，本身已经是巨大的挑战了，再加上教职工相继提出离职申请，幼儿园随时可能会面临停止运营的风险。幼儿园必须在停课的情况下，维持每天的经济开销。在此时，幼儿园资金的管理、人员的管理尤为重要。首先，要解决资金的问题，在疫情发生时，幼儿园拿出了储备资金，及时调整教职工的工资水平，延迟疫情对幼儿园运营资金的影响。其次，工资的下降很难避免教职工离职问题的出现，因此，幼儿园通过线上的形式对教职工进行关心和沟通、组织教职工学习培训，调动教职工的积极性，共同面对疫情带来的风险。

【出谋划策】

长时间的停课，对幼儿园的正常运营产生了一定影响。本案例中的幼儿园和大部分的幼儿园一样，在疫情期间都面临着资金不足、人员流动的危机。首先，幼儿园要做好园所的财务管理，做出合理的支出规划，在资金不足时可以向当地政府、银行等求助，关注相关扶持政策，尽可能地争取相应的补贴。其次，幼儿园要重视对教职工的管理，尤其是对园所的核心教师，尽可能地维持教职工的基本工资和保险，让教职工的生活得到保障。在疫情期间，园所领导多与教职工进行交流和沟通，了解教职工的生活情况，帮助他们解决困难，鼓励教职工积极应对疫情，提高职业使命感。利用假期时间，组织教职工提升专业能力，随时为复园开学做好准备。最后，幼儿园要重视提高自身的抗风险能力，逐步建立起抵抗风险的方案，如减少线下停课的防护损失、稳定教师和生源、创新教学模式等方案，降低危机对幼儿园造成的危害。

(三) 潜伏性

幼儿园危机在爆发之前往往要经历一段从量变到质变的潜伏期。这时，危机并没有真正发生，但会表现出一些征兆，预示着危机即将来临。然而，有部分危机征兆不会很明显，不足以引起人们的注意，或者即使有一些明显的征兆，人们也根本觉察不到。危机的潜伏性给幼儿园危机管理的预警提供了可能性。在危机爆发之前，幼儿园管理者如果能及时发现危机的各种征兆，察觉到潜伏的危机，并提前采取措施将危机遏制在萌芽状态，则可以达到事半功倍的效果，降低危机发生的可能性，避免危机产生的危害。幼儿园管理者在工作中过度专注于某些方面时，往往会忽视各种危机征兆，无法及时消除危机爆发的潜在因素，如当幼儿园处于规模迅速扩大的阶段，幼儿园管理者会将注意力集中到幼儿园扩大工作中，难以察觉潜藏的人事或家园矛盾危机，潜伏期过后，危机可能便一触即发。

(四) 传播性

幼儿园危机的爆发和所造成的巨大影响，可能会迅速地、广泛地传播起来，成为全社会和舆论关注的焦点与热点。首先，幼儿园危机事发突然，可能会很快在幼儿园教职工、家长及社会范围内传播开。其次，随着互联网的发展，信息传播的速度越来越快，幼儿园危机的发展状况以及当局控制和处理危机的措施也会成为新闻媒体报道和追踪的焦点与热点，成为公众谈论的主要话题。幼儿园危机的传播具有不确定性，危机在传播的过程中很可能会产生歧义，导致危机主体对信息产生不同的理解与判断，这可能会影响社会大众对幼儿园的信心，甚至会影响学前教育机构的整体形象。因此，幼儿园管理者在危机发生时迅速做出决策，尽量避免多途径、多形式的传播，避免让幼儿园危机事件变得更加复杂和不可控。

(五) 连锁性

幼儿园危机的发生不是完全孤立的，当一个危机引起另一个危机时，就产生了危机的连锁性。危机本身会对外部产生一系列的影响，这些影响所引起的冲击可能会波及更广的范围，危机的危害性及紧迫性让幼儿园管理者为了控制和管理危机，会采取超出其常规管理的能力，要具备很强的决策能力和足够的人力、财力和物力来应对危机。危机发生的初期一旦对危机管理不善、控制不力，又会引发其他危机。由对危机预警管理不善而造成的涟漪效应称为"连锁反应"，这种连锁反应现象，让危机表现出连锁性的特点。因此，当幼儿园中的一些危机所产生的影响远远超出危机本身时，这些危机就可能会波及幼儿园其他方面，产生连锁危机。例如，幼儿园大量生源的流失会带来一定的经济损失，也可能会给幼儿园带来信誉危机，危机产生的负面舆论让幼儿园的形象受损，最终导致幼儿园陷入更复杂的危机中。[①]

【情景再现】

案例1-1-3　　　　　　　　　离职引起的风波

"主班小齐老师今天怎么没来，小齐老师是辞职了吗？"中四班的各位家长纷纷向配班老师提出了类似的问题。配班老师回答家长说小齐老师只是请假回家了，很快就能回来。过了一周后，得知小齐老师因为家里突然有事辞职了，眼看着还有一周时间孩子就要升大班了，家长们慌了神。原来中四班有很多小朋友已经在这学期转入学前班了，而现在留在中四班的是因为小齐老师才留在这里的，而小齐老师突然辞职，让家长们一时无法接受，他们集体向园长表达了不满，直到园长承诺在升班之前为幼儿配备有带大班经验的教师，才慢慢平复了焦虑不安的心情。

然而，由于小齐老师的突然辞职，部分家长已经产生了想要为幼儿转园的念头，大班开学过后的三四个月之内，陆续有幼儿家长向主班教师提出要为幼儿转园，班级中的幼儿也越来越少，最终，班级要面临分班的结果，这引起了家长的抗议，越来越多的家长决定要转园。

（本案例为原创案例）

【分析解读】

本案例中的危机是由班级教师的离职引起的一系列连锁事件造成的。首先，家长十分信任小齐老师，愿意让自己的孩子在小齐老师的带领下完成幼儿园大班的教育阶段。但是小齐老师的突然离职，让家长对幼儿园失去了信任，产生了对幼儿园的不满情绪。小齐老师突然离职的危机还未完全解决，部分家长就提出要为幼儿转园，使班级中的幼儿数量变少，因而引发了生源危机。为了保住仅有的生源，幼儿园采取了重新分班的方式，这一方式彻底引起了余下幼儿家长对幼儿园的不满，扩大了生源危机的范围，影响了幼儿园的形象。因此，当下的危机一旦处理得不及时、不得当，就会引发更多、更大的危机。

【出谋划策】

针对本案例的情况，幼儿园只有在源头管理好危机，才能避免后面一系列危

---

① 凌晓俊、时松：《幼儿园危机的类型、特点及管理策略研究》，载《天津师范大学学报（基础教育版）》，2015(3)。

机的发生。首先，幼儿园要对班级教师进行管理，在日常生活中多了解教师的生活及心理状况，及时为教师提供帮助。其次，幼儿园要制定严格的请假及离职制度，避免教师在重要的时间点请假，教师离职需要至少提前一个月做好报告，防止突然离职、师资不足的危机发生。再次，教师离职后，幼儿园应尽快通过家访、召开家长会的形式告知家长新学期的教学内容和工作安排，让家长感受到幼儿园全面且迅速的应对策略，安抚家长的慌乱情绪；还可以通过一些公开课和亲子活动，帮助家长与新教师之间建立信任，让家长和幼儿尽快接受新教师。最后，幼儿园应与班级中想要转园的家长进行有针对性的谈话，并由园长出面帮助家长解决困惑和疑问，消除家长的顾虑和不安，避免生源危机的进一步扩散。

（六）可转化性

危机从字面上看，是由"危"和"机"两个字组合而成的，"危"表示危险，"机"却暗含机遇，危机具有"危险"和"机遇"双重含义，在危险的情况下也孕育着机会和转机。幼儿园危机在给幼儿园带来损失的同时，也给幼儿园带来了发展契机。幼儿园危机具有可转化性，只要处理得当，危险就有可能转化为机遇。幼儿园管理者通过对危机事件的处理，将危机事件化险为夷，转危为安，能够丰富管理经验，总结并优化危机管理的制度。幼儿园管理者以后在面对同样的或类似的危机征兆前，能够及时地发现潜在的危机征兆并较为准确地预测出危机的发展趋势，有利于及时地在危机爆发之前干预制止，防止危机事态进一步恶化与扩大。通过让危机事件转化为新的发展契机的管理经验，幼儿园管理者能更加明确危机控制的有效策略及把握幼儿园发展的危机善后方向，能够让幼儿园的管理上一个新台阶。

危机是人类社会现实存在的现象，幼儿园也隐藏着许多危机，危机的爆发会对幼儿园的生存与发展产生重要的影响。幼儿园的顺利运作与可持续发展离不开对危机的管理。只有理解什么是幼儿园危机，明晰幼儿园危机的突发性、危害性、潜伏性、传播性、连锁性和可转化性的特点，才能为有针对性地管理幼儿园危机奠定基础。

第二节　幼儿园危机管理

幼儿园危机管理是幼儿园管理者及教师必须正视和面对的重要的现实管理问

题。危机管理相对于其他常规管理而言具有更大的难度，因此，面对幼儿园危机管理，幼儿园管理者及教师只有理解其概念和特点，遵循特定的管理原则，才能提高管理效率。

一、幼儿园危机管理的概念

幼儿园危机管理是幼儿园管理中的重要组成部分。危机管理是幼儿园危机管理的上位概念，只有正确理解危机管理，才能对幼儿园危机管理有更加清晰明了的认识。

(一)危机管理

危机管理是个人或者组织为了降低危机事件带来的危害，预防危机的发生，尽早摆脱危机影响，或者是实现对危机的有效控制采取的一系列管理行为。这种管理是系统的、动态的、有组织、有计划决策而非程序化的。按照时间序列来看，危机管理可以分为三大阶段：一是危机事发前的事前管理，即危机的预防与预警；二是危机发生时的事中管理，即危机的应对与处理；三是危机的事后管理，对危机管理工作进行总结和分析，即危机的善后与恢复。

(二)幼儿园危机管理

幼儿园危机管理是指幼儿园管理者为避免幼儿园危机事件的发生或加剧，根据制定的管理制度，对影响幼儿园发展的危机事件采取必要的预防、应对、恢复等措施，集合幼儿园的人力、财力、物力等资源及整个教育教学活动所采取的计划、组织、领导和控制的管理过程，是幼儿园管理内容的重要组成部分。[①] 幼儿园管理者通过在危机发生前进行预防，危机发生时积极应对和危机过后努力恢复与反思，从而避免幼儿园经营陷入危及自身生存发展的困境。

二、幼儿园危机管理的特点

幼儿园危机管理不同于其他的常规管理，相比于常规管理，幼儿园危机管理往往具有更大的难度和不确定性，难以完全通过管理进行控制。因此，幼儿园危机管理必须动用更多的人力、物力和财力，具有全员性、全程性和全面性的特点。

(一)全员性

幼儿园危机管理需要全员参与，尽管危机往往是幼儿园管理者的责任，但

---

① 齐永亮：《幼儿园危机管理初探》，载《教育实践与研究(C)》，2014(2)。

是，幼儿园危机管理的主体不仅仅是幼儿园的直接管理者，还包括幼儿园的间接管理者和幼儿园的其他利益相关者。直接管理者包括园长、园长负责的管理层、教师，间接管理者包括地方教育局等上级教育主管部门，幼儿园的其他利益相关者包括幼儿家长、社区等。危机管理看似是管理者的事情，但实际上任何危机的管理都是依靠群体的力量共同完成的。危机管理方案不能只体现园领导个人的意图，而应让参与危机管理的全体成员都有权利且有义务参与到危机管理预案的制定中，为方案的构建出谋划策，提出解决策略和建议。更重要的是在危机预防和应对环节中，全员的参与可能会对危机的发展态势起到决定性作用，最终影响危机事件的结果。

(二) 全程性

幼儿园危机难以预料，危机事件的发展动态较为复杂且具有连续性，每个环节都至关重要。因此，幼儿园要对危机的全程进行管理。全程性管理是幼儿园危机管理的思维，危机管理并不只是对已经发生的危机事件的处理和善后，还包括对一种或一种以上的潜在危机的管理、跟踪、监控和规避。从时间的角度来看，幼儿园危机管理分为对危机的预防、危机的应对、危机的恢复三个阶段。每个管理阶段既是一个相对独立的环节，也是危机管理的重要组成部分，任何一个环节都不得忽视和缺失。

【情景再现】

案例 1-2-1　　　　　　刚入园孩子就受伤

每年新小班入园对老师及幼儿园来说都是一个挑战。柱柱刚刚入园不到一周，就在如厕排队的时候撞到了柜角，头部被撞出了一个小口子。柱柱疼得哇哇大哭，老师看到了也是满脸的心疼。

老师即刻抱起柱柱去保健室简单处理了伤口，并通知了柱柱家长关于孩子意外受伤的事情。在等待家长的过程中，老师拿着孩子喜欢的玩具车和糖果安抚孩子的情绪，孩子情绪平稳，家长的情绪就不会过于激动。

见到家长，老师先向家长道歉，并陪同孩子治疗。好在伤口不大，自然愈合就会好。等待孩子打破伤风针时，园长和老师一同向家长说明了事情发生的过程，并代表幼儿园致歉。老师打电话咨询孩子情况、陪同孩子换药、给孩子买礼物、尽力帮助家庭解决困难。家长能想到的幼儿园努力做到，家长没想到的幼儿园想在前面。无论是幼儿园领导还是老师，他们不推卸责任，对孩子发自内心地关爱，赢得了家长对幼儿园的理解和信任，化解了这次安全危机。

本次事件为我们的工作敲响警钟，当危机发生时，幼儿园必须拿出责任担当来应对，对整个危机事件进行跟踪和善后，事后认真总结危机预防的疏漏，避免此类事故再次发生。

（本案例来源于沈阳市皇姑区实验幼儿园，张红）

【分析解读】

本案例中的危机是幼儿园中最重要的且最容易发生的安全危机事件之一。幼儿园一日生活工作内容烦琐，教师难以时刻看护好每一名幼儿。本次危机事件发生的时间是在小班刚入园的阶段，这个阶段也是幼儿园最容易发生危机事件的阶段。这个时期对于幼儿来说，一切都是新的，幼儿往往还不适应。对于教师来说，他们需要付出更多的精力去照顾幼儿的生活和心灵。出现危机的第一时间，班级教师就立即关注到了幼儿的身体和心灵，先带幼儿去保健室处理伤口并稳定幼儿的情绪。紧接着见到家长后，园长和教师先道歉，明确了本次事故的责任，并向家长说明了事故发生的全过程，整个治疗期间幼儿园尽到最大的努力让家长感受到园方的歉意及对幼儿的关爱，尽全力将安全事故产生的身体伤害和心灵伤害降到最低。整个危机事件的管理中，幼儿园重视危机应对与善后，并在事后认真反思了危机管理的预防环节。

【出谋划策】

幼儿园安全危机事件会对幼儿的身体和心灵造成伤害。因此，本案例中危机事故发生时，幼儿园重视对危机事件的全程性管理，重视危机管理的预防、应对与善后环节。首先，安全事故发生的第一时间幼儿园就要处理幼儿受伤的部位，安抚幼儿的情绪，并通知幼儿的监护人。其次，对于幼儿家长来说，幼儿受伤是最让家长感到痛心和难过的事情。因此，幼儿园必须在幼儿安全危机出现的时刻，尽到幼儿园应尽的责任和义务，主动维护幼儿及幼儿家长的权利，陪同家长将幼儿送往医院，真诚地向家长解释说明事故发生的过程并道歉，缓和家长的焦急情绪。在幼儿疗伤期间对幼儿的身体、心灵给予细致的关心，安抚幼儿受伤的心灵。最后，幼儿园要对危机事件进行全面的总结和反思，完善危机管理的各个环节，避免危机的再次发生。

（三）全面性

幼儿园危机发生的原因有很多种，危机的分类也十分庞杂，诱发危机的原因也较为多样。不同诱因导致的危机所带来的危害性也各不相同。幼儿园危机的发展具有很大的不确定性，可能带来的危害程度也难以控制，这也造成了幼儿园危机管理的难度大、风险高的特征。这就要求幼儿园管理者对园内外安全状况有全面的了解和认识，对危险源进行全面性的检测和管控。首先，幼儿园管理者需要对危机的类型有较为全面的认识，如自然危机、人为危机、社会危机、安全危机、经济危机（如遭遇疫情或幼儿园扩张面临的资金短缺的危机）等。其次，幼儿园管理者应对化解危机的资源有全面的认识，着眼于危机防范并能整合多重资源，考虑多方利益，积极开展危机公关，争取让医院、行政部门参与到危机管理与防范中来。最后，幼儿园管理者要对危机管理的范围有全面的认识，危机管理的范围并不只是管理已经爆发的危机，还应包括未发生质变的、潜在的危机。[1] 幼儿园管理者在危机爆发前就要寻找危机根源，分析可能产生的危害，缓冲、转移危机或缩短危机持续的时间，减少危机带来的影响。

【情景再现】

案例 1-2-2　　　　　　　　　离园后还要管吗

"孩子已经被接出班级，在园受伤我们也要管吗？"在业务学习中，一位年轻教师提出了这样一个问题。"当然要管，离开班级他就不是你班的孩子了吗？"一位年长的教师出于对孩子的关爱回答道。园长就此和大家分享了两个小故事。第一个故事，离园后，一名大班幼儿在奶奶陪同下在花园的花坛里跳上跳下，一不小心撞到花坛边，头部出血了。奶奶吓坏了，其他家长带这名幼儿去保健室做了简单处置，保健医建议奶奶带孩子去医院。第二个故事，全园孩子都离园了，已经被奶奶接走的小男孩，趁家长不注意时，自己跑到了幼儿园四楼的成人卫生间里，并锁上了门，开门时手被门的护角划伤。教师发现时，小男孩捂着手指从卫生间走出来，鲜血从指缝中滴出来，看起来伤口划得很深。

虽然幼儿已经离园，但是我们仍然要负责。首先，在日常管理中，幼儿园绝不能忽视幼儿离园后的安全问题，严格依照幼儿园的离园管理制度执行，提高教师的危机意识，对幼儿及幼儿家长进行安全教育。其次，在事故发生时，不管多晚，幼儿园都要派人陪伴家长就医，甚至有时需要垫付医药费，及时通知班级教师协助家长处理危机。最后，根据已经发生的事件讨论管理经验，反思预防危机的不足之处，降低离园安全事故发生的概率。

（本案例来源于沈阳市皇姑区实验幼儿园，张红）

---

[1] 冯宝安：《幼儿园危机管理机制构成体系与实例分析》，载《早期教育（教科研版）》，2015(11)。

【分析解读】

本案例中的危机并不是已经发生的危机事件，而是一种潜在的危机，是隐藏在幼儿园一日生活中的危机。教师对幼儿离园后在园活动受伤的管理有不同的看法。部分幼儿教师认为既然幼儿已经被家长接走了，就没有看护幼儿的责任了。还有的教师认为，即使幼儿已经离园了，教师也需要协助家长保护好幼儿的安全。虽然幼儿已经离园，由家长来看护，但是幼儿游戏的场所仍然在园内，这就涉及了幼儿园环境设施的安全问题。表面上看似与幼儿教师的管理责任无关，但是存在隐患，幼儿在家长的看护下，会变得更加活泼好动，随时都可能出现危机。

【出谋划策】

针对本案例中幼儿离园后还在幼儿园逗留玩耍的情况，为了预防潜在的危机发生，幼儿园和教师需要注意以下几点。首先，教师必须对幼儿离园玩耍的时间进行严格控制，并告知家长离园要求。其次，幼儿园中的每位教师在幼儿离园后应保持警觉状态，一旦发现幼儿有较为危险的行为要及时制止。再次，幼儿园要安排专门负责人维护和检查园内的大型玩具、户外大型器械，建立专门的大型器械的使用制度，保障幼儿在户外玩耍时的安全。最后，教师要对家长进行安全监管责任教育，让每位家长看护好自己的孩子，认真遵守幼儿园规定的离园时间要求，如果遇到问题立即向园内教师寻求帮助，家园联手共同预防离园后的安全危机。

【法条链接】

《幼儿园工作规程》第九章"幼儿园、家庭和社区"中的第五十二条提出："幼儿园应当主动与幼儿家庭沟通合作，为家长提供科学育儿宣传指导，帮助家长创设良好的家庭教育环境，共同担负教育幼儿的任务。"由此可知，幼儿离园后的危机管理，要联合家长来共同完成，要向家长提出离园后的危机管理要求，对家长看护幼儿安全进行指导，与家长及时沟通，共同解决危机难题。

三、幼儿园危机管理的原则

由于幼儿园危机具有突发性、危害性、潜伏性、传播性、连锁性和可转化性的特点，管理较为复杂和烦琐，因此，幼儿园危机管理要严格遵循一定的原则，保障危机管理有秩序地执行。

(一) 生命安全至上原则

幼儿园危机管理最主要的目的是要保障幼儿在园的健康成长，保护幼儿的生命安全是保障幼儿健康成长的必要前提。因此，保护幼儿的生命安全是危机管理中要遵循的最为首要的原则，也是以人为本的教育理念的重要体现。生命安全至上原则是应对和处理幼儿园危机事件的最基本的原则，这一原则要求在危机发生时，最先考虑的内容就是要尽可能地保证幼儿处于安全的环境中。

【情景再现】

案例 1-2-3　　　　　　　　**突发的高热惊厥**

下午区域活动结束后，教师正在进行幼儿活动的讲评，突然看到豆豆直接倒在地上，脸色苍白，目光呆滞。教师马上走到豆豆身边叫他，就在这时，发现他全身开始抽搐，教师随即让生活教师立即联系保健医，并将豆豆的身体放平，让其头部向一侧轻微倾斜，保障豆豆呼吸顺畅，并用手按压人中，防止豆豆将唾液或呕吐物吸入气管内引起窒息。保健医赶到后，在班级生活教师和主班教师的配合下，将豆豆抱到医务室，使他保持半侧卧状态，一边用手按压豆豆的人中，一边测温。经过测温，保健医发现豆豆的体温是39.2℃，便立即拨打了120急救电话，并请主班教师通知了豆豆家长。在等待救护车的过程中，保健医在豆豆的前额、手心、大腿根处分别放置一块被温水浸湿的毛巾，帮助豆豆物理降温。在医院的急救护理下，豆豆的体温终于降了下来，意识也渐渐恢复。幼儿档案中并没有记录豆豆有高热惊厥病史，在教师的询问下，家长表示自己隐瞒了幼儿的高热惊厥病史，对教师表示歉意。

（本案例来源于山西省人民政府机关幼儿园，赵娜）

【分析解读】

本案例中的危机源于家长与幼儿教师疏于沟通。这导致对突发疾病危机管理经验不足的教师，在不知情的情况下变得更加被动，没能察觉到危机发生的征兆。家长在危机发生之前，出于对幼儿的担心，害怕暴露病史后幼儿会受到不公平的待遇，所以选择了向教师隐瞒幼儿的病史，无意中为本次事件埋下了隐患。对于教师而言，教师并不是专业的急救医生，在突发疾病面前，由于缺乏相关的护理治疗经验，无法觉察幼儿的异常表现，因此，不能在危机发生之时及时制止住。好在教师在危机突发的时刻反应及时，迅速联系了保健医，才没让危机发展得更加恶化。

【出谋划策】

针对本案例的情况，首先，教师要与家长做好沟通工作，让家长信任教师，并向教师告知幼儿的病史。这样，教师及幼儿园工作人员在应对高热惊厥的突发危机时，能够有充足的准备，有较为成熟且系统、可操作的应急流程，以免在危机突然发生时手忙脚乱。其次，在危机事件发生时，教师要坚持将保护幼儿的生命作为最高原则。教师要与家长和医生及时沟通，了解危机发生时需要做的急救措施，并通过查询相关资料，向专业急救人员学习相关技能，保障幼儿在被送往医疗场所之前的安全，为救助幼儿争取更多的时间。最后，教师可以为幼儿建立特殊保育手册，及时更新幼儿的状态，记录突发事件的全过程，采用科学合理的救护措施，保障幼儿的生命安全。

（二）事先预防原则

为了应对危机事件的发生，幼儿园要秉持事先预防原则，尽可能让危机事件在还未发生之前就得以制止。因此，幼儿园面临可能发生的种种危机事件，坚决不能坐以待毙，要做好事先预防的准备。幼儿园应对可能发生的危机事件进行总结，学习危机预防相关资料，制定出综合预防和应对措施来，并将应对突发事件的紧急处置的过程形成制度，做出具体的应对预案。应对预案要对危机的预防、危机的应对、恢复正常秩序三个主要环节分别设计出具体举措，以便在危机还未发生或已经发生的时刻，幼儿园管理者及教师能够有充足的准备应对危机。危机事前准备完善在一定程度上决定了危机管理的成功。幼儿园应该在危机发生之前，做好充分的准备工作，对各种可能发生的危机做到全面的考虑，才能让幼儿园危机管理者在处理危机事件时能够沉着、冷静，有条不紊地顺利渡过危机时刻。

（三）防灾训练日常化原则

危机事件的发生无法预料，尤其是面对自然灾害危机时，人类更是难以应对，通常会损失惨重，甚至会波及自身的生命安全。因此，面临自然灾害类、人为灾害等危机时，幼儿园危机管理的重点内容不能仅仅着眼于当前的危机，而应该放在危机预防的环节中。首先，幼儿园管理者要吸取危机形成的教训、总结危机管理过程中的经验，进而在今后采取相应的措施，预防危机的发生。其次，幼儿园作为教育场所，对幼儿实施教育活动，应当履行教育的职责，传递人类的文明和智慧，将科学的知识和技能传授给幼儿。因此，幼儿园要将防灾训练作为日常安全教育内容的一部分，将其作为幼儿园危机管理的一项内容。通过危机管理，幼儿也能获得防灾逃生的经验，在日常的生活中加以训练和应用，提高在危机时刻应对灾难的能力。防灾训练让幼儿园管理者、教师及幼儿在面对危机时有经验可循，临危不乱、从容应对。

(四)及时有效沟通原则

沟通存在于人类社会各项活动中，学会有效的沟通是管理者的首要职能，幼儿园危机管理必须遵循及时有效沟通的原则。及时的沟通能够让危机中的各主体在最短的时间内了解彼此的想法和态度，缩短危机应对持续的时间，在心理上也有助于消除危机主体的不安全感，提升危机管理的效率。有效沟通有利于调动幼儿园范围内所有的人力、财力、物力资源，使幼儿园用最少的资源解决危机，减少资源的损耗，让资源发挥最大的作用。此外，有效沟通能够促进管理者协调好危机事件中的各类关系，推动危机管理目标的实现，提升危机管理的效率，降低危机给幼儿园带来的损害。

(五)快速反应协同原则

幼儿园危机发生的重要特点是突发性和连锁性，危机发生的后果是难以预料的，因此，一旦危机发生，幼儿园管理者只有在短暂的时间内及时做出反应，才能避免危机的进一步恶化和扩大。危机的管理不能仅仅靠一个人的力量完成，而应在最短的时间内，集中资源、人员来共同解决。因此，为了保障危机管理全员能够齐心协力，按照统一的目标阻止危机的进一步扩散，幼儿园必须厘清各要素之间的关系，成立危机管理小组，成员间提前协同好，尽可能地缩短事故发生与应对之间的时间，尽量以最快的速度启动应对的方案，将危机破坏性、危害性和负面影响降到最低。

【情景再现】

案例 1-2-4   **"影子"替补**

新冠肺炎疫情期间，每日摸排行程轨迹、体温日报告、零报告等工作看似普通，但由师生员工组成的千人团队要想在上级要求的一小时内摸排、回复完毕，是很不容易的事。

为了精准、及时地上报信息，幼儿园设计了金字塔式的上报路径，由八名主要负责人逐层传达汇总。刚开始时还好，时间一长，次数一多，有的负责人认为反复摸排的必要性不大，我们的城市没有疫情，不用这么紧张。由于这样的心态作祟，不免出现找不到人、传达不及时的情况，园长很难辨识每次个别掉队的人是真的有事没留意还是压根儿没上心。疫情期间，大家都在家办公，鞭长莫及，又不好因为这点儿小事伤了上下级的和气。

为了避免负责人对上报工作认识不足、行动拖拉和个人真有情况无法及时回复上报的问题，园长给每位负责人配备了"影子"替补，并规定，通知下达五分钟内负责人未回复"收到"，本组摸排由"影子"替补完成上报，负责人都怕自己的威信、形象受损，从那以后，上报工作顺利、及时，每个人都在与自己的"影子"赛跑，此项工作在巧妙的设计下再没让园长费过神、操过心。

（本案例来源于北部战区空军直属机关幼儿园，芦宁）

【分析解读】

本案例中的危机源于新冠肺炎疫情。这是一种突发的不可预测的危机，在这样的危机发生时，幼儿园教师队伍需要在有限的时间内完成团队的疫情排查工作。接到任务，幼儿园迅速地设计了能够保证精准上报的管理策略。但是由于幼儿园内的八名负责人对疫情危机的管理意见不一致，因此影响了危机策略执行的效率，疫情危机管理又出现了新的危机。此时，幼儿园园长积极主动地承担了幼儿园管理的负责人的职责，立即提出了应对新的危机的策略，配备了"影子"替补，提高各位负责人的危机应对意识，用间接且巧妙的方式，协同园内全体员工齐心协力完成疫情排查任务。

【出谋划策】

针对本案例的情况，幼儿园在面临危机时，能够第一时间想到应对危机的方法和策略，缩短应对危机的时长，为管理留出了更多的时间。虽然幼儿园对危机应对的反应迅速，但是在危机初期还是出现了负责人危机意识不强烈、不积极配合，危机再次扩大的结果。因此，幼儿园管理者在兼顾快速反应原则之前，还要重视幼儿园危机管理团队的协同作用，在危机发生之前就对幼儿园全体危机管理人员进行关于危机意识的培训。在危机出现时，幼儿园管理者不仅方案策略的制定要快速，而且对相关责任人责任及任务的下发也要准确、迅速，只有让全员都意识到危机管理的重要性，才能共同配合，在最短的时间内应对好已经发生的危机。

（六）依法处理关怀原则

危机事件具有危害性和突发性，在周围人还未感知到时就已经发生了，此外，部分危机事件可能已经对幼儿、幼儿教师和幼儿园产生了一定程度的损害。《中小学幼儿园安全管理办法》总则中的第三条明确规定学校安全管理遵循积极预防、依法管理、社会参与、各负其责的方针。强调了幼儿园管理必须遵循依法管理的方针，依照的法律包括有关幼儿、幼儿园的法律及条例等。法律及条例是幼儿园管理者有义务必须执行的规则，危机的处理必须严格依照法律规定来管理，遵循人性化的原则。尤其是当危机事件较为烦琐，导致危机事件中的各主体无法协商达成一致，或各主体无法独立解决问题时，幼儿园危机管理更应依法处理，保证危机主体的合法权益。

幼儿园危机管理是保护幼儿园正常运转和发展的屏障，是从幼儿园管理各个环节中可能发生的危机出发的。因此，幼儿园危机管理的特点是全员性、全程性和全面性。幼儿园的管理必须遵循生命安全至上、事先预防、防灾训练日常化、及时有效沟通、快速反应协同、依法处理关怀的原则，为幼儿园的生存与稳定发展护航。

第三节　幼儿园危机管理的现状与意义

危机管理是幼儿园管理中的重要组成部分，只有降低危机出现的可能性，才能更好地确保幼儿在一个良好的氛围中成长。只有了解幼儿园危机管理的现状、理解幼儿园危机管理的意义，才能更好地发现危机管理的不足，认识到危机管理的重要性。

一、幼儿园危机管理的现状

幼儿园危机管理虽然已经受到了幼儿园管理者和教师的日益关注，但是仍然存在诸多现实问题，导致危机管理难以落实，实际管理效果达不到预期的结果。

（一）制度层面：缺乏指引，监管不足

幼儿园危机事件的发生是无法完全规避的，因此幼儿园要在危机事件发生之前，根据已经发生或可能发生的危机的内容及特点设计危机管理的机制，建立完善的危机制度来保障幼儿园在危机发生时刻能够有条不紊地应对危机，保障幼儿园持续稳定地运行。

危机管理属于幼儿园管理工作的一部分，但当前大部分幼儿园危机管理工作仍然处于不成体系的状态。虽然幼儿园管理中包含一些危机管理的规章、制度，但是大多数有关幼儿安全危机管理的规章、制度还不够完善和全面。首先，多数幼儿园管理层并未设置专门的幼儿园危机管理组织，这就容易导致在危机发生的时刻，全员的职责分工不明确，容易出现幼儿园园长及其他管理者较为重视而教职工忽视危机管理执行的现象。其次，幼儿园缺乏专门负责危机管理的组织，导致危机管理的主要责任都集中在了园长及其他管理者身上。幼儿园虽然建立了相关的管理制度，但是缺乏专门的经过危机管理训练的人士对幼儿园教职工进行危

机管理的培训。即使进行了相关培训，人们也很难在短时间内看到危机管理培训的效果。教师会将更多的精力投入教育教学能力的提升中，久而久之忽视了危机管理的培训，导致幼儿园危机管理制度停留在文本上，难以贯彻和落实，各项危机制度也只是虚设其中，对危机管理的影响作用不大。

因此，幼儿园应依据危机的内容及特点设计相应的制度，建立起专门的危机管理小组，明确危机管理的责任人及各部门在危机管理中的职责与分工。危机管理小组要确保危机发生时各部门、教师和保育员各岗位能很好地明晰自己的责任，相互之间协调配合，避免遗漏管理细节。危机管理小组还要对幼儿园的教职工进行专门的教育培训，帮助教职工理解危机管理设立的一系列条件限制的原因及具体操作要求，并对教职工危机管理学习的效果进行科学评估和后续跟踪监管，确保各项管理制度得到充分的落实。

【法条链接】

2020年10月17日修订的《中华人民共和国未成年人保护法》中第三十五条提出："学校、幼儿园应当建立安全管理制度，对未成年人进行安全教育，完善安保设施、配备安保人员，保障未成年人在校、在园期间的人身和财产安全。"

第三十七条提出："学校、幼儿园应当根据需要，制定应对自然灾害、事故灾难、公共卫生事件等突发事件和意外伤害的预案，配备相应设施并定期进行必要的演练。"

这就要求幼儿园必须建立危机管理制度和应急预案，预防突发危机的发生，并且要重视危机教育，进行危机预案的演练，将危机管理制度切实地落到实处，发挥最大的预防效果。

（二）意识层面：淡薄滞后，被动补救

人的意识会影响并支配个体行为的方向，缺乏危机管理意识，幼儿园管理者就会疏于对危机的评估和认识，无法从更高角度去思考如何防范危机和应对危机，影响了幼儿园危机管理的水平。

幼儿园管理者及教师作为幼儿园危机管理的主要参与者更倾向于关注幼儿园教学工作的管理和幼儿的安全管理，对危机管理的意识淡薄，对危机的了解犹如雾里看花，对幼儿园危机的认知更是似懂非懂。此外，由于危机事件并不常见，因此幼儿园管理者及教师对于危机事件的了解不足，难以对其有特别的关注，忽视了危机的潜在性，更没能意识到危机事件的产生多数是由预防不及时、不到位或小事应急处理不当引发的继生事件。一方面，意识层面的疏忽和滞后，导致幼儿园管理者及教师在危机爆发之前无法及时感知危机的到来，错过了阻止危机爆发的最佳时期，给予了危机诱因不断滋生和发展的环境；另一方面，缺乏危机意识，导致幼儿园管理者及教师，在危机爆发的时刻毫无准备，处于被动的管理状态。由此可能会造成在不知不觉中将危机的事态扩大到难以控制的局面，危机管理各成员到那时才意识到自己危机管理工作的不足，但不得不投入大量资源和精力来挽回。

危机管理各成员只有不断提高危机意识，才能在危机突然来临的时刻化被动为主动。因此，在幼儿园危机管理中，培养强烈的危机意识十分重要。幼儿园管理者及教师都需要树立起强烈的危机管理意识，加强对危机管理相关知识的学习，不断增强自身处理和抵御危机的能力，从而全面提升幼儿园应对危机的能力。

（三）执行层面：欠缺经验，规范不足

危机应对和恢复，是幼儿园危机管理的重要内容，如果幼儿园管理者缺乏危机管理的经验，对制度内容执行的规范性不足，就会导致危机管理执行的实效性不够、危机管理的效果有限，从而使幼儿园始终面临严峻的形势。

多数幼儿园管理者及教师对危机管理的经验是欠缺的，教师更是缺乏强大的危机应对能力及恰当的危机管理手段和方式。危机管理经验的不足，会让管理者及教师在危机事件面前，表现得较为无助和不知所措，表现得十分被动，更别提在危机管理中镇定自若、灵活地随机应变了，被动的表现更容易促使危机事件的进一步扩散和恶化。对于幼儿园管理者及教师来说，他们大都没有经历过专业的、系统的危机教育培训，对于相关的幼儿园危机事件的了解只能从以往常见的危机事件的经验教训中获得，且收获到的往往是零散的管理经验。因此，幼儿园管理者及教师对危机处置的能力较低，经验不足，无法熟练掌握危机应对的技能。缺乏经验往往会导致无法满足危机管理工作的需要，使得危机应对工作流于形式，给危机事件的发生埋下许多安全隐患，较易处于被动补救的结果中，甚至会出现发生同一类型危机事件的情况。

因此，幼儿园危机管理要通过多种渠道了解相关案例及应对措施，丰富幼儿园管理者及教师的危机管理的经验。当前，幼儿园危机管理时刻面临潜在的社会舆论危机。人们获取信息和传递信息的渠道相比过去发生了明显的变化，新媒体环境下，信息覆盖范围广，传递效率高。幼儿园可以通过网络途径、培训会议等，了解幼儿园危机产生的多种诱因，通过培训和研讨的形式，在幼儿园内分享

危机管理的案例，共同讨论并完善危机应对的措施，丰富管理经验，让危机管理更加规范。

二、幼儿园危机管理的意义

幼儿园危机管理作为幼儿园管理中的重要组成部分，对幼儿园、幼儿及幼儿家长都有着积极的作用。做好危机管理，有助于降低危机事件发生的概率，促进幼儿园与家庭之间的合作，让园所能够健康稳定地发展。

（一）减少幼儿园危机事件的发生

危机管理最主要的目的就是要化解危机、减少危机、避免危机的发生。幼儿园所面对的是复杂、多变的环境，太多事情正在发生变化。幼儿园良好形象的树立需要长时间的努力，但是危机可以在瞬间将之前建立的美好形象毁于一旦。

危机的特性增加了危机解决的成本，为求掌控危机、减少危机对幼儿园带来的损害，维护好幼儿健康安全的成长环境，减少危机对幼儿稳定生活的影响，幼儿园管理者必须重视幼儿园危机管理，通过管理，让危机事件发生的概率降低、强度减小。首先，危机管理可以让管理者增加直接的危机管理经验，在出现同样的或者相似的危机事件时，能够有稳定的心态去应对，知道在危机发生的时候应该做什么，应该怎样与家长、社区等沟通协商，怎样做才能找到阻止危机的关键信息，及时制止危机的进一步扩大，避免危机变为更大范围的或演变成更多的危机。其次，危机管理能够让管理者和教师意识到幼儿园危机管理的重要性，只有亲身经历过，他们才能够体会到一场突如其来的危机对幼儿园造成的损失的严重程度及后续带来的不良后果。在日常的工作环境中，他们才能够有意识地去采取各种措施预防危机的再次发生，如日常的防灾逃生演练、在教育教学活动中重视对幼儿安全教育的内容，关注幼儿的自我保护能力、重视一日常规的培养与训练，增强幼儿的危机意识，将危机管理渗透到一日教学活动中，多方面地降低危机事件发生的可能性。

（二）赢得家长对幼儿园的信任

幼儿园是幼儿的主要活动场所，是幼儿学习的地方，幼儿在园中健康快乐地成长是家长最关心的事情，保障幼儿的身心安全也是幼儿园的首要任务。危机的出现，会让家长感到焦虑不安。尤其是近年来，网络舆论发展迅速，家长可以通过网络接收到更多的有关幼儿园方面的负面信息，这些信息会影响家长对幼儿园的信任关系的建立，不利于家园之间的合作共育。

完善的、可操作的、切实有效的幼儿园危机管理制度，让危机在发生之前或爆发的第一时间就得以解决，能够让家长感受到幼儿园的管理是较为健全的，在危机来临的时刻做好应对准备，能够增加家长对幼儿园的信任程度，有助于提升家长对幼儿园的信任感。对危机可能爆发的事件、规模、是否可控、损失的大小进行预测，做好充足的危机应对的准备，让危机预案在关键时刻发挥作用，在最短的时间内能够迅速做出最优决策，把危机造成的损害降到最低。幼儿园管理者及教师在执行危机管理的制度中所体现出的有条不紊、从容淡定，能够为幼儿园树立起规范、专业的形象。此外，幼儿园危机管理所遵循的生命至上原则，依法处理关怀原则，能够让家长体会到幼儿园管理的以人为本的管理理念，感知到幼儿园对幼儿的关心与爱护，消除对幼儿园的顾虑。家长对幼儿园的信任程度增加，更加有利于家园之间的合作，拉近了幼儿园与家长之间的距离。

(三)有助于幼儿园稳定、持续的发展

无论什么程度的危机事件，它们都会对幼儿园的持续发展带来损害和冲击，有的危机通过有序的管理，能够让幼儿园在危机过后逐渐步入正轨，而有的危机对幼儿园的冲击和影响却是难以挽回的。

幼儿园应该是幼儿愉悦地进行学习和玩耍的乐园，幼儿园管理者要为幼儿营造安全、舒适的学习环境，通过危机管理，让幼儿园发展更加稳定、有序，为幼儿创造稳定的学习环境。因此，幼儿园管理者必须通过采取有效的措施来加强幼儿园的危机管理，增强幼儿园解决发展管理中各类难题的能力，减少各类危机事件的发生，减小危机的影响。幼儿群体较为特殊，幼儿的生活是需要成人来照顾和支持的。幼儿园一旦发生危机事件，首先就会引起广泛的社会舆论关注，非常容易导致幼儿园社会形象的降低，让更多人误以为幼儿园环境对幼儿发展十分不利。尤其是在私立幼儿园中，这样的形象危机会引发出更多的危机。比如，幼儿园在公众心中的不良形象，会直接影响幼儿园后续的招生，产生生源危机，影响幼儿园的正常运行。此外，在不良的形象下，家长对幼儿园的信任度较低，会造成家园合作难度加大，引发更多的家园危机。因此，幼儿园科学有效的危机管理，能够使幼儿园危机得到有效的控制，降低发生危机蔓延的可能性，有利于幼儿园维持住正常的教育活动秩序，对保障幼儿园长期健康发展具有重要的意义。

虽然有些幼儿园管理者及教师已经意识到了幼儿园危机管理的重要性，但是在实际中，危机管理却始终没能切实地落实到幼儿园管理的环节中，在危机管理制度上、意识上及执行上都存在缺乏关注的内容、途径及策略等问题。幼儿园危机管理有助于减少危机事件的发生，对幼儿园与家长建立稳定的信任合作关系、

幼儿园的可持续发展都有重要意义，因此，幼儿园全体成员要重新认识危机管理的现状及意义，积极面对幼儿园危机管理。

【拓展阅读】

[1]秦旭芳，孙丹．幼儿园危机事件的管理现状研究[J]．早期教育（教育科研），2020(10)．（该文章通过对幼儿园危机管理现状进行实证调查，从园所意识、培训演练、处置实施、事后反思等方面提出了化解幼儿园危机事件的建议。）

[2]陈群．幼儿园危机管理实务[M]．北京：中国轻工业出版社，2009：1-17．（该书专门对幼儿园危机问题的现状、概念及其管理意义展开了论述，以案例和理论结合的方式，提出了幼儿园危机管理的重要性与必要性。）

[3]康伟，孙德梅，吕冬诗．学校突发危机事件管理研究以生成、演化与控制为视角[M]．北京：人民日报出版社，2016：27-41．（该书以公共危机管理和教育管理等理论为基础，围绕校园突发事件的管理，运用科学方法分析了我国学校突发危机事件的生成原因、管理现状及存在的问题，提出了在管理策略优化和管理制度安排设计方面的建议。）

【想一想，做一做】

1. 幼儿园危机的概念是什么？有哪些特点？
2. 简述幼儿园危机管理有哪些特点。
3. 试分析在管理幼儿园危机中要遵循哪些原则。幼儿园危机管理的三个阶段是什么？

第二章 幼儿园危机管理的根基
——幼儿园危机管理机制

【导入案例】

"请保持冷静，好吗？先带孩子离园，冷静下来我们才能解决问题。"沙池旁总值班教师正在劝解两位争吵的家长，同时请同班小朋友的家长将两个孩子带到其他场地去玩。"管好自己家孩子，你凭什么这样对别人家孩子？一个大男人居然这样……"两位家长依旧怒火难息的样子。"您二位这样，不仅影响自己的孩子，而且影响其他孩子，冷静一下，你们看不到孩子在哭吗？"随着总值班教师提升音量劝阻，两位家长终于停止了争吵。总值班教师请男家长先带孩子离园，留下情绪较激动的另一位家长（女），等待其平复情绪。

被留下的孩子的爸爸也来到了幼儿园，妈妈到园长办公室聊起事情的经过："离园后我陪孩子在沙池玩，我和同班小朋友的妈妈聊天，突然听到玉玉的哭声。一看，那个小女孩的爸爸正大声地斥责玉玉，玉玉被吓哭了。我跑过去推开那个男家长，质问他凭什么那么对我家孩子。他说我家孩子用沙子扬他女儿，还不止一次，说我家孩子欺负人。孩子的事情，他一个大男人至于吗！真没素质，我和他理论时他居然踢我，他什么人啊？"玉玉妈妈越说越激动，又哭了起来。园长递过纸巾，送上一杯水，心平气和地对玉玉妈妈说："玉玉妈妈，您的心情我们十分理解，您认为您是在保护自己的孩子。也许那位爸爸和您的初衷是一样的，只是您二位表达和处理问题的方式都欠妥。我们总是口头在说教孩子，要谦让，可是今天我们的言行又给孩子带来怎样的影响呢？我不能，也不想评判今天二位的言行、是非，但我希望您心平气和地想一想，如果今天不用这样的方式解决问题，有更好的解决方法吗？换一种方法我们带给孩子的影响又是怎样的呢？"沉默片刻，玉玉妈妈点点头。"今天不早了，您陪孩子回家吧，也再冷静地想一想。我们希望你们两个家庭保持冷静，别再发生类似的事情，好吗？回家后，观察一下孩子的反应，如果孩子不提及，情绪也未受影响，我们也别再和孩子讨论这件事了，我们尽可能淡化这件事情对孩子的影响。"园长和总值班教师送玉玉妈妈下楼了。园长又同玉玉爸爸简单交谈了一下，确认爸爸可以很理性地看待这件事。

同时，爸爸表达妈妈太冲动，给幼儿园添麻烦了，园长拜托爸爸再慢慢开导妈妈。

回到办公室，园长给另一位当事人小蝶爸爸打了电话。爸爸也站在自己及自己孩子的立场上陈述了事情的经过，园长同样表达了幼儿园的立场及希望。

第二天一早，两位当事家长分别向园长道歉。园长请两个班的主班教师关注两位家长及孩子近期的情绪，但不要再主动谈及此事，如果家长谈起，要和幼儿园表达同样的立场，理解但不赞同其行为，相信他们遇到类似的事件一定能很好地解决。

（本案例源于辽宁省沈阳市皇姑区实验幼儿园，张红）

此次的家长争吵危机，家长们起初平静的情绪因为幼儿间的矛盾逐渐变得暴躁，但最终在教师和园长的安抚下逐渐变得平静，这也恰恰体现了幼儿园危机事件的发生总要经过萌芽、积累、爆发、消退等若干个阶段。因此，想要妥善解决危机，幼儿园就要建立相应的危机管理机制，管理机制包括预警机制、预防机制、处理机制、善后机制等子机制，这些子机制与幼儿园危机的每个阶段相对应。教师如果一开始就及时发现了两名幼儿的举动，适时地解决两名幼儿的矛盾，就不会产生后面的家长争吵危机。因此，只有建立起危机管理机制，幼儿园才能在源头预警，发现危机，提前预防，减少危机，有效处理，解决危机，和平善后，结束危机。

第一节　幼儿园危机管理的预警机制

危机前预警是危机管理的首要阶段，也是危机管理的第一道防线。预警系统的建立，可以帮助幼儿园对可能会发生的各种形式的危机事件有充分的估计，提前做好应急准备，选择一个最佳应对方案，以最大限度地减少危机所造成的损失。

一、幼儿园危机管理预警机制的内涵

危机预警，指幼儿园根据有关危机现象过去和现在的资料，运用逻辑推理和科学预测的方法、技术，对某些危机现象出现的约束性条件、未来发展趋势和演变规律等做出估计与推断，并发出确切的警示信号或信息，使幼儿园管理者及教师提前了解事态发展的状态，以便及时采取应对策略，防止或消除不利后果的一

系列活动。危机预警系统是为了能在危机来临时尽早地发现危机，建立一套能感应危机来临的信号，并能判断这些信号与危机之间关系的系统。这样，就可以通过对危机风险源的危机征兆进行不断的监测，在各种信号显示危机来临时及时地发出警报，采取行动。

二、幼儿园危机管理预警机制的构成

危机预警系统包括信息收集系统、信息加工系统、决策系统和警报系统等。相应的危机预警系统工作过程是信息收集—信息分析—将加工整理后的信息与危机预警的临界点进行比较，从而对是否发出警报进行决策，并发出警报。

(一)信息收集系统

信息收集系统的任务是对有关危机风险源和危机征兆等信息进行收集。信息收集系统设计时要保证信息收集的全面性，危机预警系统要确定信息收集的范围，这取决于危机风险源存在的范围。首先，幼儿园在建立危机预警系统时要分析危机风险源的分布状况，不能有所遗漏。否则，从一开始就无法保证危机预警系统对危机的预警功能。其次，幼儿园在信息收集时要注意信息传递的障碍，这些障碍可以分为人为的障碍和非人为的障碍。人为的障碍一般是所要传递的信息与信息传递者之间有利益上的相关性，传递者就根据自己的需要对信息进行加工处理（如增加、删除、篡改等），使信息在传递过程中失真，从而影响了危机预警系统的准确性。例如，危机事件是由教师自身疏忽所导致的，为了保护自身利益，在信息传递的过程中，教师可能会出现篡改事实或瞒报部分细节的情况，导致信息的部分或全部内容丧失真实性，形成虚假信息。解决的办法是通过选择合适的传递者和规章制度的重新制定，来减少或消除信息与信息传递者之间的利益相关性。非人为的障碍一般是由系统本身存在的缺陷或干扰所致的，这就要求信息收集系统要设计得较为完善，并有很强的抗干扰能力。

(二)信息加工系统

信息加工系统包括信息整理、信息识别与信息转化三大功能。危机预警系统收集到信息之后一般需要对信息进行整理和归类，这样信息就显得非常清晰和有条理，信息加工系统也就能从整体上把握所收集到的信息。当然这还不够，系统还需要对信息进行识别，以排除干扰信息和虚假信息。虚假信息可能是某些人为了某种目的，故意发出的不真实信息，也可能是在信息传递过程中自然产生的。那么，如何识别虚假信息呢？

首先，对虚假信息的识别，可以通过审视信息的来源、信息传递过程的各个

环节以及信息传递者加以判断。如果危机信息的来源缺乏客观性，信息的传递经过了许多环节，危机发生后的信息传递过程中有许多噪声，信息的传递者与信息之间有很强的利益相关性，那么信息的可靠性和真实性就非常值得怀疑。通过仔细审视这些过程，系统就可能发现信息是如何失真的，真正客观的信息是什么，并决定如何改进信息传递过程。

其次，对虚假信息的识别，也可以通过信息之间的比较来判断。如果所收集的信息之间存在很大的矛盾，就要怀疑这些信息的真实性。经过信息的整理和分类，并对信息进行识别后，危机预警系统就有了一些较为全面、真实、有用的信息，此时系统就可以将这些信息转化为一些简单、直观的信号，为系统进行决策做好准备。

(三) 决策系统

决策系统的功能是根据信息加工系统的结果决定是否发出危机警报和危机警报的级别，决定是否向警报系统发出指令。如果收集到的信息在信息加工过程中最终被识别为危机信息，那么就需要尽快制定决策，迅速确定危机警报的级别并发出危机警报。在制定决策依据时，决策系统要确定危机预警各个级别的临界点，临界点表明危机发生的可能性有多大，那么就可以根据危机发生的可能性的大小来确定不同危机预警级别的临界点。比如，当幼儿教师发现班级中有幼儿出水痘后立即上报，此时危机发生的可能性很大，决策系统就应该决定发出警报，表明要高度警惕危机的发生。可能性的大小也可以精确地用概率来表示，如可能性大要求概率在80%以上，有可能发生要求概率在60%~80%。在具体的决策中，系统根据信号或指标的水平判断是否达到了危机警报的临界点，达到了哪一个临界点，从而决定是否发出危机警报和危机警报的级别。

(四) 警报系统

警报系统的功能是向危机管理小组成员和危机潜在受害者发出明确无误的警报，使他们采取正确的措施。警报系统要告诉相关人员危机的来临，这就要求警报系统能与危机管理小组成员和危机潜在受害者进行有效的沟通。

首先，警报系统要根据危机管理小组成员和危机潜在受害者的特点选择合适的警报，并要求能被危机管理小组成员和危机潜在受害者迅速、清楚地得知。根据这个要求，警报系统要考虑危机管理小组成员、危机潜在受害者的文化水平和心理特点决定所要采取的警报，使警报能被他们清楚地理解。警报一般要简单明了，具有很强的感官刺激效应。例如，一些急促、刺耳、循环、反复的警报声，区别于幼儿平时听到的舒缓的、愉快的音乐，使幼儿明确意识到危机来临了。

其次，对危机管理小组成员和危机潜在受害者进行教育或培训，使他们理解警报的内容。在大多数情况下，危机管理小组成员和危机潜在受害者，尤其是潜在受害者，对警报所代表的含义只有大概的了解时，会导致他们对危机的反应迟钝。幼儿园中危机的潜在对象一般为幼儿，他们的年龄较小，因此需要对幼儿进行培训，使他们准确地理解危机警报的含义，以便危机发生后拉响警报时幼儿能迅速做出反应。例如，地震来临时，幼儿园拉响地震警报，警报响起后教师和幼儿能立刻知道地震危机来临，有条不紊地向空地疏散或在班级中找到安全位置躲避。

三、幼儿园危机管理预警机制的构建

幼儿园危机管理预警机制的构建通常要经过潜在危机事件信息收集、分析和预测、风险评估、预警决策、预警实施五个步骤。

（一）潜在危机事件信息收集

幼儿园定期开展全园危机检查，全体教职工通过各种手段和工具，适时收集各种潜在危机信息。信息收集要做好以下两方面的工作：一是明确监控危机事件的对象范围；二是明确监控信息的收集时间要求、空间范围要求、收集方式要求以及收集过程要求。

（二）分析和预测

在信息收集之后，幼儿园需通过各种手段，对原始信息进行分析。一方面要去伪存真，剔除无关信息，防止虚假信息，以免造成后续应急管理工作的决策失误；另一方面要透过现象看本质，对收集到的潜在危机事件信息进行深度性、关联性分析，以防关键信息的遗漏。例如，在整理、分析信息工作结束后，幼儿园可以结合本园的危机事件历史记录和已有应急管理经验，对潜在的危机事件进行全面预测，以便及时发现、识别和判定危害的存在。

（三）风险评估

通过对信息进行分析和风险预测，如果发现风险源存在，幼儿园就要对它进行全面、系统的科学分析，进而评估危机事件发生的可能性及其潜在的负面影响程度和范围。风险评估需要做好以下工作：首先，确定危机事件的性质；其次，确定与危机事件相适应的评估方法；最后，要果断实施评估，不要因犹豫不决而贻误应急良机。例如，发生水痘等传染病危机，幼儿园应立刻评估此次水痘传染

的范围，时刻关注幼儿的身体情况，一旦发现幼儿患上水痘应立即让其离园休养，直至康复，幼儿园不能抱有侥幸心理，轻视水痘，否则会导致水痘的大规模传染。

(四)预警决策

幼儿园相关工作人员在确定危机事件的可能性和风险程度后，及时启动预警决策系统，确定危机事件预警的级别，选择发布预警的方式和途径，确定预警发布的范围及对象等。

(五)预警实施

预警实施时，幼儿园要结合危机事件的性质和范围有选择性地告知预警受众，做到公开事态实情，使幼儿园相关负责人及相关幼儿家长做好应对危机事件的各项准备。幼儿园危机事件预警的实施可以通过多种方式来进行，但常用的预警实施方式主要有警报器、口头通知、电话通知等。例如，为防止幼儿在园烫伤，预警的实施可以通过会议的方式向教师传达一些安全预警知识，使教师了解并做好应对幼儿烫伤危机事件的准备。

综上所述，危机预警是个牵一发而动全身的重要问题，预警得好可以将危机可能带来的损失降低到最低，预警得不好，或者说预警失当，则很可能造成更大的损失。因此，幼儿园必须高度重视预警工作，高度重视预警工作的每一个环节。

第二节　幼儿园危机管理事件的预防机制

危机预警可以通过对危机风险源的危机征兆进行不断的监测，在各种信号显示危机来临时及时地发出警报，以便采取行动。而危机预防则强调危机防范的重要性，即在危机发生前进行预防，采取行动，防止危机爆发。危机爆发后的危机管理，往往只能尽可能减少一些损失，很难挽回危机的重大危害。最好的危机管理方法之一是避免危机发生，这就要求危机管理把预防放在首位。

一、幼儿园危机管理预防机制的内涵

预防是管理幼儿园危机事件最经济、最简便的方法之一。对幼儿园危机事件的各个要素进行分析，提出及时、有效的预控对策措施，能最大限度地减少危机事件爆发所造成的损失。希斯的危机管理理论指出，提高缩减危机的管理能力，

减少危机的爆发次数和频率是危机管理的核心内容。① 因此，提高幼儿园危机事件预防能力，预防危机事件的发生和减小危机事件发生后的冲击程度，是幼儿园危机事件预防工作的重中之重。

【情景再现】

案例 2-2-1   "老师，我把小圆片咽到肚子里了"

"老师，我把小圆片咽到肚子里了。"嘟嘟的惊呼打破了寝室的宁静。老师赶紧跑到嘟嘟床边问："嘟嘟，你没有做梦吧，真的把小圆片咽下去了？什么样的圆片？"嘟嘟紧张地回答："嗯，我刚咽下去，就是那种透明的圆片。""你感觉圆片现在在嗓子里还是咽到肚里了？""我一使劲从嗓子里咽下去了。"嘟嘟肯定地回答。"有哪里不舒服吗？"老师边询问边按下了连接保健室的呼叫按铃。嘟嘟摇摇头，表示没有什么不舒服。"没事儿，别紧张，嘟嘟下床，我们把衣服穿上。"老师没有埋怨嘟嘟，安慰并平复孩子的紧张情绪。

保健医赶到寝室，老师将情况简单告知保健医，并和嘟嘟一起到活动室找到咽下的是哪种圆片。那是直径约 2.5 厘米的彩色塑料圆片，是活动区中的材料。保健医和老师看着这么大的圆片，再次让嘟嘟确认："你咽下去的是这个？"嘟嘟再次点头确认。保健医建议老师给家长打电话一起到医院确认。嘟嘟家长直接到医院，班级老师、保健医带嘟嘟前往医院。医生看到圆片后建议当晚回家观察，明早让孩子空腹到医院做胃镜取出圆片。园长和保健医早六点多钟到达医院挂号，老师在医院门口等孩子和家长。等待中，园长与老师向孩子家人再次表达歉意并不断安慰。很快，小圆片就被顺利取出。

（本案例来源于沈阳市皇姑区实验幼儿园，张红）

【分析解读】

本案例中的危机源于午睡前教师没有进行午检，在午睡过程中教师也没有不断地巡视。一方面幼儿园可能没有严格的午检制度，另一方面可能是幼儿教师没有危机意识，没有意识到午检的重要性。幼儿由于年龄偏小，安全知识缺乏，自我保护能力差，对潜在安全隐患缺乏认识，可能将危险物品带到床上，这极可能给自身和同伴带来致命伤害。而幼儿教师通过午检就能尽早发现，并及时处理，从而有效预防甚至避免事故的发生，减少对幼儿的伤害。设想一下，如果幼儿没能告诉教师自己吞咽了圆片，如果幼儿吞下圆片后发生窒息的情况，如果……不

---

① 靖鲲鹏：《非常规突发事件应急管理多元信息分层递阶可视化融合研究》，42 页，秦皇岛，燕山大学出版社，2019。

论发生什么后果都是不堪设想的。在发生任何问题时,教师都不能抱有侥幸心理,幼儿的生命重于天;在发生任何问题时,教师都要镇定,保持幼儿的情绪平稳,不指责不抱怨,主动承担责任,积极、主动解决问题。

【出谋划策】

针对本案例的情况,教师在幼儿午睡环节一定要不间断地巡视,关注每个幼儿的入睡情况。午检环节是幼儿园一日生活中不可或缺的重要一环,做好午检有利于幼儿身心健康。对幼儿进行午检的程序为:一摸、二看、三问、四查。一摸,即在幼儿上床之前要摸一摸,检查幼儿有无发热情况;二看,即检查幼儿一般情况(精神状态、面色等),传染病的早期表现(咽部、皮肤有无皮疹等);三问,即询问幼儿的饮食、睡眠、大小便情况;四查,即一定检查和提示幼儿不携带任何物品上床。尤其是小女孩,教师一定要把幼儿戴的小卡子、皮筋、项链等摘下来,以防幼儿把皮筋、项链系在手上或脚上导致肌肉坏死,或吞食小卡子造成窒息,要定期检查连接保健室的呼叫铃是否保持正常工作状态。幼儿睡中,教师要不间断地巡视,摸一摸带药的幼儿的额头,把睡姿不正的幼儿调整一下,把被子盖好,关注每一名幼儿的入睡情况。幼儿起床后,教师要检查幼儿嗓子是否发炎及精神状况等,发现异常要及时送往医务室。把好每一关,提早预防危机的发生,保证检查到每一名幼儿,发现问题及时处理,进而增强危机事件预防的效果。除此之外,教师还可以就本次事件组织一个小班会,让幼儿对本次事件引以为戒,告诉幼儿这种行为的危险性,对幼儿进行宣传教育,从而提高幼儿对危险的认识。幼儿园也可以把这种案例作为典型案例在新入职教师培训中运用。

二、幼儿园危机管理预防机制的构建

要预防幼儿园危机事件,除了要有正确的思想观念,还需要建立预防机制,使幼儿园危机管理预防工作有一个坚实的组织制度平台。预防机制一般包括预防幼儿园危机事件的规章制度、建立高素质危机事件预防管理队伍及幼儿园危机事件应急预案。

(一)预防幼儿园危机事件的规章制度

制度是组织的基本活动准则,是一个组织正常运转的保证。规章制度是幼儿园的"法",是为了实现幼儿园教育教学和管理目标,对幼儿园各项工作和对各类人员的要求加以系统化、条理化,规定出必须遵守的行为准则和工作规程。幼儿园的规章制度明确了全体教职工在幼儿园工作中的具体行为,并对具体行为进行了规范和约束,是教职工做出正确工作行为的参考标准。建立健全各类危机事件应急预防管理制度,切切实实地把各项预防措施落在实处,才能防患于未然。

(二)建立高素质危机事件预防管理队伍

幼儿园全体教职工是预防危机事件的最主要的人力资源,建立一支高素质的幼儿园危机事件预防管理队伍是顺利开展预防工作的基本前提。

1. 加强幼儿教师队伍建设

幼儿园园长是幼儿园的主要管理者和负责人,在幼儿园危机事件预防工作中处于领导核心地位,园长的危机管理理念和危机事件预防能力及经验直接影响着预防工作的全局。幼儿教师在幼儿园一日生活中时刻伴随着幼儿,是与幼儿接触多、交流多、对幼儿影响广泛的幼儿园教育工作者之一。在危机事件的预防环节,幼儿园要重视幼儿教师队伍的关键作用。

加强幼儿教师队伍建设,重要的是提升教师职业道德素养和工作业务能力。首先,幼儿教师要做到全面关怀幼儿的成长,对幼儿有一颗爱心,对工作具有强烈的责任感,这是做好危机事件预防工作的重要前提。与此同时,幼儿教师要摒弃不良的思想观念和行为,如麻木不仁、粗心大意、玩忽职守等。其次,幼儿教师的工作业务能力是胜任幼儿园工作的基本前提,也是预防危机事件的基本保障。工作业务能力较低和缺乏工作经验的幼儿教师在预防危机事件时难免会出现顾此失彼、手忙脚乱等情况,因此,加强对幼儿教师工作业务能力的培训是十分必要的。幼儿园在招聘新教师时,园长要根据本园现有职工队伍的年龄、学历、素质及能力水平的差异,将那些德才兼备的人吸纳到自己的团队中来。

2. 加强幼儿园非教学员工队伍建设

幼儿园非教学员工主要包括保育员、炊事人员、卫生保健人员、保卫人员等,他们在幼儿园一日活动中虽然没有时时刻刻陪伴着幼儿,没有对幼儿的健康和安全产生直接影响,但是对幼儿的健康和安全发挥着重要作用,在有的时候甚至起着关键性、决定性的作用和影响。因此,加强幼儿园非教学员工队伍建设,也是幼儿园危机事件预防工作中的重要组成部分。

幼儿园保育员是除了幼儿教师之外与幼儿接触最多的幼儿园工作人员,其个人素质及工作技能直接影响着幼儿的健康成长,也是幼儿园预防危机事件的重要人力因素。幼儿园应该遵循《幼儿园管理条例》和《幼儿园工作规程》等文件的要求,聘任的保育员应当接受过卫生保健专业知识培训,具有托幼机构卫生保健基础知识,掌握卫生消毒、传染病管理和营养膳食管理等技能。与此同时,幼儿园要定期组织保育员进行技能培训与考核和危机事件应急演练,提高保育员的工作幼儿园卫生保健人员主要负责指导调配幼儿膳食，检查食品、饮水和环境卫生，密切与当地卫生保健机构的联系，协助做好疾病防控和计划免疫工作等。因此，根据《托儿所幼儿园卫生保健管理办法》《幼儿工作规程》《幼儿园管理条例》等文件的相关要求，幼儿园应聘任按照国家有关规定和程序取得相应执业资格的人，如医师应取得卫生行政部门颁发的医师执业证书。

此外，幼儿园还应加强对炊事人员及保卫人员的培训，提高其关于危机事件预防的意识和技能，从源头上将幼儿危机事件扼杀在摇篮中。

(三) 幼儿园危机事件应急预案

预案具有应急规划、纲领和指南的作用，可以帮助组织或个人做到"居安思危，思则有备，有备无患"。幼儿园危机事件应急预案制定的目的在于预防或阻止某种危机事件的发生，或在某种事件发生后能够进行及时有效的处理。基于对危机事件预防要具有有效性和可行性的考虑，在制定幼儿园危机事件应急预案时要遵循以下原则。

第一，预见性。幼儿园危机事件应急预案不可能预见到危机事件爆发的具体时间、地点、规模、伤害程度等，但是预案必须在如下方面体现出它的预见性，以有利于幼儿园的有效处理。其一，幼儿园不同种类危机事件的性质和大概的诱发原因；其二，危机事件可能发展的方向；其三，不同类型和不同级别的危机事件可能动用的资源；其四，可采取的措施等。

第二，科学性。预案的指导思想、生成程序、预案结构、实施措施等都应是科学的。例如，幼儿园危机事件应急预案的指导思想不能单纯地将预案当作幼儿园危机事件爆发后的应急参考文本，而应通过预案的制定和培训演练，主动发现危机事件的诱发因子并及时制止或消除。此外，实施措施必须科学合理，根据不同的危机事件及其危害程度采取不同的应对策略。

第三，可操作性。预案是为了预防或制止危机事件的发生以及正确、及时处理已经发生的危机事件，降低危机事件的危害，直至消除危害。应急预案应该具有良好的操作性，要密切联系实际，做到切实可行。一个不具有操作性或操作性较差的预案将很难发挥出其应有的价值。因此，预案要有可操作性，如预案中的文字简单易懂、操作程序清晰明了，预案中的实施措施应是教师所掌握的技能等。

第四，动态性。危机事件往往是复杂多变的，显然，任何详尽的预案都不可

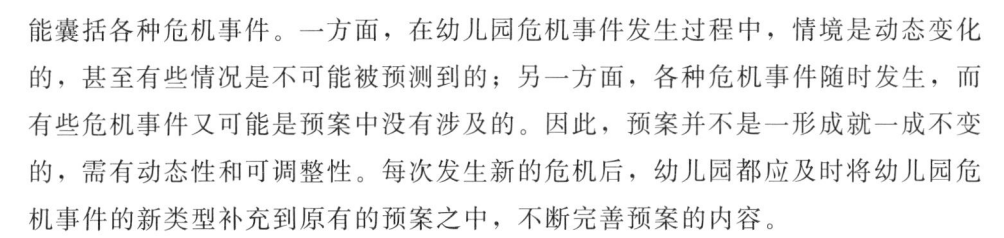

能囊括各种危机事件。一方面，在幼儿园危机事件发生过程中，情境是动态变化的，甚至有些情况是不可能被预测到的；另一方面，各种危机事件随时发生，而有些危机事件又可能是预案中没有涉及的。因此，预案并不是一形成就一成不变的，需有动态性和可调整性。每次发生新的危机后，幼儿园都应及时将幼儿园危机事件的新类型补充到原有的预案之中，不断完善预案的内容。

【法条链接】

《国务院办公厅关于加强中小学幼儿园安全风险防控体系建设的意见》指出："健全学校安全预警和风险评估制度。教育部门要会同相关部门制定区域性学校安全风险清单，建立动态监测和数据搜集、分析机制，及时为学校提供安全风险提示，指导学校健全风险评估和预防制度。要建立台账制度，定期汇总、分析学校及周边存在的安全风险隐患，确定整改措施和时限；在出现可能影响学校安全的公共安全事件、自然灾害等风险时，要第一时间通报学校，指导学校予以防范。"

综上所述，危机事件的发生时间、发生地点、发展方向及危害程度往往具有不可预测性。因此，幼儿园要树立"居安思危"的危机管理思想，牢记"千里之堤溃于蚁穴"的警示，摒弃"亡羊补牢"的不正确的危机管理理念，要经常分析并及时发现影响幼儿园稳定与幼儿人身安全的危险因子和苗头，做到居安思危，防患于未然。

第三节 幼儿园危机管理的处理机制

幼儿园危机管理的处理机制是幼儿园应急管理者为了更好地应对各种危机而建立起来的行之有效的处置系统。幼儿园危机处理机制为幼儿园危机管理者处理各种危机提供了有价值的参考和指导。

一、幼儿园危机管理处理机制的内涵

危机管理处理是指当危机来临时，幼儿园危机管理者能及时做出应对危机或解决危机的反应策略与对策，其涵盖危机沟通、决策制定、决策执行等几个方面。危机事件具有危机性和难以预料性，尽管人们采取有效的预防、预警措施，但是这并不能完全避免危机事件的发生。危机事件一发生，幼儿园就要开展有针对性的应急处置工作，幼儿园危机事件管理也就进入了应急处置阶段。危机事件

处理工作是幼儿园危机管理的重心和关键环节，这个阶段的应急管理目的是最大限度地减少事件对幼儿的危害、降低幼儿生命损失，并为事后的恢复工作奠定基础。危机事件如果处理得当，会尽量减少危机事件带给幼儿和幼儿园的不良影响，提高社会及幼儿家长对幼儿园的认可度。如果处理不当，危机事件可能会演化为深层次的危机。因此，幼儿园必须建立健全危机事件处理机制，建立一整套科学的危机事件处理流程和工作程序，提高幼儿园处理危机事件的反应力。

二、幼儿园危机管理处理机制的构建

要使幼儿园危机事件应急管理工作顺利有效进行，首先需要构建合理、有效的危机事件处理机制，这是做好幼儿园应急管理的基本前提和保障。

(一)幼儿园危机事件处理的工作体系

根据幼儿园危机事件应急处理的实际经验，幼儿园危机事件处理的工作体系包括指挥调度系统、处置实施系统、支持保障系统、信息管理系统、决策辅助系统五个系统。幼儿园危机事件处理的工作体系是一个闭环式的结构，其中各个系统的职能分工明确，且系统之间环环相扣、互相支持、全面联动。

1. 指挥调度系统

指挥调度系统在幼儿园危机事件处理工作体系中处于中枢领导地位，其成员主要是幼儿园领导。该系统的任务是实施应急决策，向各应急管理小组发出指令或进行授权，协调其他系统的功能和动作。例如，当危机事件爆发后，为了使幼儿园相关人员各司其职，幼儿园领导及时组建危机事件应急小组，采取有效措施加以应对。指挥调度系统的主要功能是在幼儿园危机事件应急处理时负责应急资源的调配，按照预案合理安排处理步骤，保证各部分的协调运作并做出应急策略的有效应变。

2. 处置实施系统

处置实施系统是执行指挥调度系统形成的应急方案和指令的系统，在幼儿园中其成员主要是幼儿教师。处置实施系统接到指挥调度系统制定好的应急方案和应急指令后，就要及时执行，并在指挥调度系统的协调指挥下与其他系统倾力协作，共同开展危机事件应急处理工作。由于直接与危机事件发生的第一现场接触，因此处置实施系统显得尤为重要。

3. 支持保障系统

支持保障系统是对现有资源的配置和管理。资源管理包括物资资源管理和人力资源管理,这两部分之间存在相辅相成、相互依托的关系。

第一,物资资源保障系统。该系统主要负责资源状况和支持度的评估,资源的最低保有值评估和配置,优化资源配置(资源的合理布局与动态调配,完成资源的综合利用、整合和共享等)。其主要功能有:资源配置与储备,资源的维护、补充和更新,资源信息库的建立、维护和更新,资源的快速调用和补偿,资源运输和采购等。例如,幼儿园需要配置消防设施设备,储备灭火器,并对消防栓、灭火器等物资适时进行维护、补充和更新;当幼儿园发生火灾时,如果幼儿园消防设备不够,需要快速调用和补偿。

第二,人力资源保障系统。人力资源保障系统是对整个应急管理保障体系提供智力支持和组织保证、促进体系正常运转的系统。组织结构合理是体系顺畅运行的必要条件,人力资源则作为具体的内容丰富了整个组织结构框架,二者合起来形成高效运转的有机体,对整个体系有着举足轻重的影响。幼儿园人力资源系统根据人力资源管理的内容,可以分为师资资源规划、师资资源管理、师资队伍建设和机构人员配备等相关内容。

4. 信息管理系统

信息管理系统是整个保障体系的信息交流平台。它通过多方位、多角度地运用多种手段采集、管理和发布信息,对幼儿园危机事件发生前的各个环节、危机阈值、临界点等方面进行长期监视,对危机事件处理前后的状况进行实时监视,同时收集、发布信息,保证信息在系统内部安全、畅通地传递,从而提高系统内外面对重大危机事件的反应速度,加强系统的整体性和联动性。信息管理的主要内容有信息采集、信息处理、信息传输和数据库建设等。

5. 决策辅助系统

决策辅助系统为整个体系提供方法支持和决策建议。它在幼儿园安全保障的机制机理研究、事件和机构的分类分级方法的研究以及安全保障度评价方法研究的基础上,包含实现预案库管理、提出安全培训和演练方案、形成资源优化配置方案,并进行评估和预警分析,为危机事件的处理提供决策资料和决策建议等。

鉴于幼儿园危机事件的个性,不同类型的危机事件应急管理系统应当具有相应的特性,但是其核心结构与功能应当和上面讨论的内容基本一致。在建成不同类型的危机事件应急管理工作系统后,幼儿园可以根据它们的共性进行有机整合,形成一个综合的"危机事件应急管理系统"。

(二)幼儿园危机事件处理的基本环节

为了科学、高效地处理危机事件,幼儿园必须为危机事件处理确立一个工作流程。幼儿园危机事件处理流程一般包括危机的识别与判断、先期处理、启动应急预案、现场指挥与协调、信息沟通五个基本环节。

1. 危机的识别与判断

幼儿园危机事件相关负责人在接到危机事件的警报后,应详细询问、记录有关危机事件的情况和信息,如记载危机事件发生的时间、地点、性质、类型、规模及人员伤亡情况等。之后,幼儿园接警人员应视危机事件的严重程度,向幼儿园有关领导及时报告。幼儿园有关领导在接到报告后,应尽快组织幼儿园相关工作人员,对危机事件的级别和影响范围进行初步的识别与判断,在危机事件超出幼儿园自身管辖权范围时,应迅速向上级主管部门报告。危机事件处于不断地演变之中,并且幼儿园危机事件的演变并不遵循线性发展的规律。因此,幼儿园危机事件初始阶段的判断往往具有重要意义,为后续的处理提供参考和支撑。

2. 先期处理

由于幼儿抵抗危机事件的能力比较弱,承受危机事件危害的能力比较弱,因此幼儿园危机事件对幼儿的身体健康和生命安全具有消极影响。幼儿园在迅速上报的同时,会对受伤害的幼儿进行先期急救,防止事态的扩大升级。先期处理在幼儿园危机事件应急管理中具有重要影响,如果先期处理得当,可以减缓危机事件的发展速度,控制危机事件对幼儿的危害范围,为后续的抢险救灾工作争取更多的宝贵时间;如果先期处理失当,不但不利于幼儿的急救,而且会使结果事与愿违。

3. 启动应急预案

当幼儿园危机事件的级别被确定后,幼儿园应急管理人员及相关责任人应及时启动应急预案,调集应急救援人员和应急救援物资赶赴危机事件现场,进行抢救。幼儿园危机事件的种类繁多,与之相应的应急预案的种类也较多。当幼儿园危机事件发生后,幼儿园应急管理人员要在判断危机事件类型和危害程度的基础上,选择和启动与之相应的应急预案。

4. 现场指挥与协调

现场指挥部应由幼儿园领导和相关救灾部门(如医院、消防队、公安局)领导联合组成,履行对危机事件进行协调的职能。特别要指出的是,幼儿园危机事件应急处理的实践要求必须是"谁拍板，谁负责"，而不是"谁官大，谁说了算"。对于性质特殊的危机事件，专家应发挥辅助决策的作用，向现场指挥部提出自己的建议。在幼儿园危机事件应急救援的过程中，幼儿园各相关应急小组及相关责任人应各司其职、密切协作，服从指挥、相互配合。在进行危机事件处理时，如果事态恶化，难以遏制，危机事件现场指挥部应启动扩大应急机制，及时向上级主管部门请求支援，加大应急救援队伍、物资等方面的投入，防止危机事件的进一步恶化。

5. 信息沟通

幼儿园危机事件现场指挥部应将危机事件的发展情况和处理的信息及时上报给有关政府领导。如果危机事件会产生严重的社会影响，还应成立新闻发布小组，将处理的最新信息发布给社会公众及相关幼儿家长，以避免谣言的传播，做好社会舆论的引导工作。

综上所述，控制处理是危机管理工作最重要的职能之一。在危机管理中，尽管有了很好的危机应对计划，有了很好的危机应对组织，危机管理者的效率也很高，但是原来制订的应对计划不当或者危机情境的发展与原来的预测不同，造成危机应对计划局部或整体已经不符合现在的状况，使得危机管理者难以实现危机应对计划要求的目标，这就需要强化危机应对过程中的控制处理。所以，一个完整的危机管理过程就必须有危机应对控制处理。

第四节 幼儿园危机管理的善后机制

当危机事态被完全控制，危机事件可最终得到解决。但是，危机事件导致幼儿园出现一种失衡状态，这种状态可能会持续一段较长的时期。而且，一些危机具有明显的多因性、变异性和互动性。因此，危机过后，幼儿园应有特定时期的跟踪、反馈工作，确保危机事件得以根本解决。

一、幼儿园危机管理善后机制的内涵

幼儿园危机事件平息之后，危机事件应急处置阶段也随之结束，幼儿园危机事件管理将会进入善后管理阶段。幼儿园危机事件的善后工作主要是消除事件处理后的遗留问题和影响。为了尽快恢复幼儿园的正常秩序，并对受影响的幼儿家庭进行补偿，追究幼儿园工作不当的相关人员的责任，对幼儿园事故进行反思，

必须适时启动危机管理的善后机制。幼儿园危机管理善后机制是指在危机事件管理过程中，为处理危机事件应急事务、修复危机事件产生的危害、妥善处理危机事件结束后的遗留问题而采取的各种善后措施所形成的制度。

【情景再现】

案例 2-4-1　　　　　　气味风暴

暑期将至，入园的孩子不多，后勤维修操场的工作正如期进行。徐主任看着已经修完的操场露出了满意的笑容。突然，一阵手机铃声打断了徐主任的思绪："好的，园长，我马上到。"原来园长刚刚接到中三班家长的投诉，家长认为幼儿园正在维修的操场有气味，怕影响孩子的身体健康……

面对家长的疑问，徐主任心里也犯了嘀咕，这次维修的操场确实有一些气味，尤其是中午气温高的时候更加明显。难道是厂家为了省钱，偷偷改用了不合格的产品吗？想到这里，徐主任赶紧跑回办公室，找出了关于塑胶操场招标的所有文件，拿到楼下的施工场地逐一核实材料的品牌、制造商等信息，确认无误后长长地舒了一口气。在园领导班子会议上，徐主任提出了自己的想法，虽然塑胶产品符合标准，但是本着对孩子负责的原则，他建议幼儿园在各楼层选取几个点位做空气质量检测。三天之后，幼儿园拿到了空气检测合格的报告，立即召开了园级家委会扩大会议，向家长们公布了检测结果，并以一封信的形式告知全体家长。幼儿园还咨询了施工单位，施工单位对塑胶铺装初期的使用要求给出了专业的指导建议。幼儿园园务信息的透明公开、专业公司出具的权威证明、无障碍的家园沟通，终于让家长们的"担心"变成了"安心"。

（本案例源于辽宁省沈阳市浑南区花语幼儿园，高飞）

【分析解读】

如今的幼儿园越来越看重硬件的配套设施，以拓宽招揽生源的条件。很多幼儿园的操场都有活动空间，操场上通常摆放滑梯、秋千等，这些设施可以使幼儿的在园生活更加丰富多彩。多一些娱乐设施，让幼儿身心健康地发展，家长们也比较满意这样的学校。就本案例而言，许多家长和园方会担心一个问题：幼儿园塑胶跑道施工味道会不会太大？刚装修后，装修材料通常会释放甲醛等有害气体。因此，在幼儿园塑胶跑道施工后，户外环境中是否存在有害气体，便成了家长们最担忧的问题。案例中幼儿园的做法就非常值得我们借鉴，首先，面对家长的疑问，幼儿园先检查塑胶跑道的质量是否出现问题，在得知没有问题后也没有立即告知家长，而是又做了连续三天的空气质量检测，得知空气质量没有问题后立即召开了园级家委会扩大会议，向家长们公布了检测结果，并以一封信的形式告知全体家长。其次，幼儿园还咨询了施工单位，施工单位对塑胶铺装初期的使用要求给出了专业的指导建议。幼儿园在发现危机后及时消除事件处理后的遗留问题和影响，积极与家长沟通，安抚家长的情绪，很好地对危机进行了善后处理。

【出谋划策】

针对本案例中的情况，幼儿园发现问题后第一时间对塑胶跑道的质量进行检测，如果塑胶跑道的质量真的有问题则应该第一时间进行拆除，召开园级家委会向家长解释这一问题，安抚家长情绪，并在家委会会议中提出解决方案与善后措施。如果塑胶跑道的质量没问题，则应开展持续三天的空气质量检测，召开园级家委会向家长们公布检测结果，并在事件结束后积极采取措施减小塑胶跑道的味道。在塑胶跑道彻底干以前，有点儿味儿是正常的。这一过程一般持续三到五天。幼儿园在建设塑胶跑道之前就应该与家长说明这一情况，在取得家长的同意与认可后再进行建设。在建设完成后，幼儿园可以经常在塑胶跑道上多洒几滴水，促进气体的蒸发，在气体蒸发完以前不可以让幼儿去上边运动。在这期间，幼儿教师可以组织一些丰富多彩的室内活动与室内游戏，等塑胶跑道完全没有气味后，幼儿就可以放心在跑道上玩耍了。

二、幼儿园危机管理善后机制的构建

幼儿园危机管理善后机制主要包括幼儿园危机后的恢复机制、幼儿园危机后的补偿与问责机制、幼儿园危机后的反思和再教育机制、幼儿园危机后的公关与法律维权机制等内容。

（一）幼儿园危机后的恢复机制

1. 物质重建

一般情况下，幼儿园危机事件会直接造成幼儿园生命财产的损失。因此，危机事件所造成的破坏性影响必须通过一定的物质方面的重建工作加以减轻。物质重建主要包括以下内容。第一，基础设施的恢复。诸如大型玩具损坏等，危机事件处理后可能仍存在一定的安全隐患，对幼儿的身体健康和生命安全仍存在一定的威胁。重建基础设施设备，消除安全隐患，是幼儿园物质重建工作的第一要务。基础设施的恢复和重建对于重建人们的信心，避免危机事件事态进一步扩大具有关键性的意义。基础设施恢复工作不仅是一项技术工作，而且是一项制度性安排工作，幼儿园需要调动一些有用的资源，充分发挥幼儿园上级主管部门、社区、幼儿家长的积极作用。第二，幼儿生命安全的关注。这方面的恢复工作主要是指对受伤幼儿的救助治疗工作，它在很大程度上依赖于医生及有关心理专家。当然，这也和幼儿园的决策安排有关。危机事件消除后，幼儿园仍要密切关注受伤幼儿的伤势治疗和心理干预进展情况，配合医院的救助工作，安抚幼儿家长激动不安的情绪，陪伴其一起渡过难关。

2. 秩序重建

一般而言，幼儿园危机事件都会对幼儿园教学活动秩序造成局部性或全局性的影响。因此，当危机事件过后，幼儿园应及时做好教学活动秩序的恢复管理工作。幼儿园教学活动秩序重建的具体做法要根据危机事件的性质以及影响范围和程度的不同采取不同的恢复策略，关键要做好以下几个方面的工作。首先，统一思想，协同行动。幼儿园恢复正常秩序的阻力往往来自内部思想认识上的不一致。因此，当危机事件过后，幼儿园主要领导要及时形成对事件发生原因和影响的统一的认识基调，通过各种渠道向幼儿园教职工、上级主管部门、社区及幼儿家长宣传通报，获取大家的一致认可。同时，避免由主流声音的缺失导致的谣言、流言、猜疑等小道消息的传播和蔓延，给幼儿园恢复工作带来不利的影响。其次，制定恢复幼儿园秩序的实施方案。当危机事件结束后，幼儿园领导应尽快制定出恢复幼儿园正常秩序的实施方案。

3. 心理恢复

在危机事件爆发期间，许多幼儿都会面临危机事件带来的压力和恐慌，并会因各种不确定性而身心不安。特别是当危机事件有可能威胁幼儿的生命时，给幼儿造成的心理冲击是很难在短时间内消除的，大多数幼儿会随时间的流逝而慢慢恢复，但也有一些幼儿会因心里过度恐慌而产生心理疾病或者难以摆脱危机事件所造成的心理阴影。幼儿园要高度重视受到危机事件影响的幼儿的心理恢复工作。例如，建立健全幼儿心理问题信息反馈系统，构建幼儿心理危机预防体系，改善幼儿的社会心理环境，为幼儿的心理健康和谐发展创造条件。

(二)幼儿园危机后的补偿与问责机制

危机事件结束后，幼儿园要及时开展安抚幼儿家长情绪的工作，结合实际妥善处理幼儿家长提出的赔偿要求。同时，对危机事件相关负责人进行问责和适当处理，进而消除幼儿家长及社会的愤怒情绪和不满，消除舆论压力。

1. 事故补偿

危机事件结束后，幼儿园要及时调查危机事件爆发的原因。幼儿园如果存在过错或过失,要根据国家法律法规的相关规定,及时处理事后补偿工作。根据我国《民法典》第一千一百九十九条:"无民事行为能力人在幼儿园、学校或者其他教育机构学习、生活期间受到人身损害的,幼儿园、学校或者其他教育机构应当承担侵权责任;但是,能够证明尽到教育、管理职责的,不承担侵权责任。"第一千二百零一条:"无民事行为能力人或者限制民事行为能力人在幼儿园、学校或者其他教育机构学习、生活期间,受到幼儿园、学校或者其他教育机构以外的第三人人身损害的,由第三人承担侵权责任;幼儿园、学校或者其他教育机构未尽到管理职责的,承担相应的补充责任。幼儿园、学校或者其他教育机构承担补充责任后,可以向第三人追偿。"因此,幼儿园若在危机事件中存在过错,应根据幼儿一般伤害、幼儿人身残疾、幼儿精神损害、幼儿死亡等不同情况给出与之相应的补偿或赔偿。

2. 事故问责

幼儿园事故问责机制是危机事件善后机制中不可缺少的一部分,它能够对危机事件管理主体的各种行为做出正确的反馈。从个体角度,事故问责可以警示幼儿园全体教职工在预防和处理危机事件工作中做出合理、负责的行为;从整体角度,事故问责可以提高幼儿园全体教职工的危机意识。幼儿园危机事件的爆发总是存在一定人为原因的,如教师违规操作、工作疏忽、管理不善、教师或者其他工作人员体罚或者变相体罚幼儿等。对幼儿园事故责任人进行问责,可以对其他教师和工作人员起到警示作用,避免类似的危机事件再次发生,也有利于消除幼儿家长的不满情绪。

(三)幼儿园危机后的反思和再教育机制

管理者不仅要随时、及时地排除各种危机,而且要善于从问题中分析原因,总结经验教训,引以为戒。危机事件结束后,幼儿园应组织全体教职工开展经验教训总结工作,对危机管理工作进行反思,对全体教职工进行再教育,避免类似或其他危机事件的发生。

1. 幼儿园危机后的教育和学习

幼儿园发生的每一次危机都是一次新的体验和教训,虽然危机给幼儿和幼儿园带来了或大或小的损害和损失,但是幼儿园可以从中吸取教训,发现原有危机管理机制和管理工作中存在的种种问题,进而加以修正和改进。许多幼儿园在危机的总结中往往敷衍应付、草草了事,未能从危机中吸取经验教训,从而导致同类危机的重复发生。例如,近年来幼儿园校车事故重复发生,这与缺少事故后的学习和总结不无关系。因此,通过对幼儿园危机管理工作的前前后后的每一个环节进行分析，并实事求是地撰写出详尽的评价总结报告，对幼儿教师进行教育，可以为以后处理类似的危机提供参照。在此基础上，幼儿园切实改进危机管理工作，从根本上杜绝此类危机事件的再次发生。

与此同时，幼儿园在事故后及时对教师和其他工作人员开展相关的教育培训工作是十分必要的。例如，幼儿园结合自身特点和需要定期开展危机预防与应急常识培训、应急管理专业知识及应对技能的培训，具体包括预防幼儿外伤培训，预防幼儿烧伤培训，预防幼儿走失培训、被冒领培训、丢失培训等，也可以按照消防部门的要求组织消防技能培训和演练等。通过事故后的不断学习和再教育，幼儿园可以增强幼儿教师、其他工作人员的危机意识，提高其预防、处理危机的能力，进而尽可能地减少危机的发生，降低危机对幼儿的伤害。

2. 幼儿园危机预案修正

在对危机诱因进行全面调查和对应急预案实施效果进行全面评估的基础上，结合危机的具体情况和出现的新问题、新现象，幼儿园需要及时对危机应急预案进行深入研讨，发现其中存在的问题和不足，并进行修正和完善，以便更好地指导今后的危机预防和处理工作。实际上，修正危机应急预案的过程也是一个增强幼儿园领导的危机意识、提高其危机认识水平、提升其应急管理研究与评估能力的过程。

幼儿园理应对危机应急预案适时进行恰当的调整、修正、补充与完善，使其能够适应形势的变化，并满足幼儿园危机管理的需要。从内容上看，危机预案的修正主要应关注以下几个方面。首先，不断改进应急指挥系统的设置和相关人员配备，包括认真检讨幼儿园管理者与各应急管理小组的职责以及应急管理人员之间的协作关系，对应急管理人员不能履行职责时要有必要的应对措施。其次，不断改进和补充危机处理所需的资源，包括物资设备、资金的预算和储备。再次，不断改进幼儿园危机管理的工作程序并加以优化。最后，不断改进信息沟通机制，丰富和完善信息沟通渠道。特别需要强调的是，在完善危机预案的过程中，幼儿园要注意及时借鉴、吸收新的更科学的应急管理知识和技能，并灵活运用到预案中，从而使幼儿园危机预案更加科学、合理。

（四）幼儿园危机后的公关与法律维权机制

一般而言，幼儿园危机事件总会或大或小地给幼儿园的声誉和形象造成一定的损失和消极影响，在善后处理阶段，幼儿园还可能因担心事态扩大而无原则地满足涉事幼儿家长提出的不合理的经济赔偿要求。因此，幼儿园有必要开展危机公关，在必要的情况下可以拿起法律武器维权。

我国已经进入了网络大众化时代。网络媒体的开放性，使每一个网民实际上都成了新闻发布者或新闻制造者，任何一个网民发出的任何一条关于幼儿园危机事件的信息，短时间内都可能形成"舆论风暴"，对幼儿园可能构成新的危机，任何应对或表态失误都会加深危机。因此，幼儿园要结合危机事件造成的社会舆论发展势态，及时采取有针对性的措施开展危机公关工作，消除流言、谣言等社会不良舆论，恢复幼儿园的社会形象和声誉。

幼儿在年龄特点和身心发展水平等方面与成人相比具有一定的特殊性，这使幼儿园危机事件在类型和诱发原因等方面具有多样性的特点。虽然有些危机事件发生在幼儿园，但并不是所有危机事件的责任和后果都必须由幼儿园承担和负责。幼儿园是否承担赔偿责任，主要看幼儿园是否有过错，而不能仅看危机事件发生的地点。如何确定幼儿园有无过错，主要看教职工是否履行了自己的职责。如果依法确认幼儿园没有过错则不应承担责任，或者有过错、有责任但受到来自幼儿家长的无理纠缠、取闹、冲击，使幼儿园及工作人员的合法权益受到不法侵害，幼儿园应及时、合法、正确地报请公安机关或向人民法院依法提起诉讼。幼儿园如果对人民法院做出的未生效的裁决不服，可以依法提起上诉；如果对人民法院做出的已生效的裁决不服，可以依法提起申诉。

【拓展阅读】

[1]冯宝安．幼儿园突发事件管理机制构建研究[D]．重庆：西南大学，2013．（本文以希斯的4R危机处理理论为研究的理论基础，结合幼儿园突发事件发生发展的规律和幼儿园突发事件管理的现实情况，对幼儿园突发事件管理机制的构成进行了理论研究。）

[2]何海燕，张晓甦．危机管理概论[M]．北京：首都经济贸易大学出版社，2006：69-81．（该书基于"居安思危，常备不懈"的理念，着重阐述了危机的预防、预警和长期准备等内容。）

【想一想，做一做】

1．请简述幼儿园危机管理预警机制的构成。

2．请简述制定幼儿园危机事件应急预案时需要遵循的原则。

第三章　幼儿的生活保障
——幼儿园一日生活的危机管理

【导入案例】

　　某幼儿园正在进行晨检，人数较多。小一班的承承瞒着妈妈从家里带来了好看的弹珠，当到承承检查时，保健医与其他老师在交谈，只是用体温枪测量了承承的体温，就让他回了自己的班级。整个上午老师都安排了满满当当的活动，承承没有机会去展示他的弹珠。午睡时，他向旁边的萌萌展示他的弹珠，萌萌看见这个弹珠很漂亮，想知道这个弹珠有没有甜味，于是就把弹珠放进了嘴里，一不小心就把它咽了下去，萌萌害怕极了，用手捂着嘴巴。正在这个时候，承承向萌萌要自己的弹珠，但萌萌没有理承承，承承以为萌萌不把弹珠还给他，就哭了起来。老师听到承承的哭声，走到了承承的身边，问承承为什么哭，承承说明缘由后，老师看向了萌萌。而萌萌一边捂着嘴巴，一边摇头，然后"哇"的一声哭了出来，说："我把弹珠吞下去了。"老师听到后连忙喊来了保健医，并打电话告知了园长，然后把萌萌送往医院。经过治疗，萌萌吞下的弹珠从她的身体里出来了……

　　第二天，萌萌的家长不依不饶地来园里闹，认为这是幼儿园的责任，让幼儿园赔偿，并说如果萌萌以后有什么后遗症，要让幼儿园负责。

　　（本案例改编自许亚文主编的《幼儿园管理的66个细节》，吉林大学出版社）

　　幼儿园一日生活看似平常，但实际隐藏着很多危机。比如在上述案例中，保健医在晨检时的疏忽间接导致了萌萌将弹珠吞进肚子里，为幼儿园带来了晨检危机。我们不禁思考：幼儿园一日生活中的危机有哪些？我们应如何预防危机？当危机发生后我们如何应对危机？这些问题都将在这一章找到答案。

第一节　幼儿园生活活动的危机管理

　　在幼儿一日生活中，生活活动与幼儿的基本生理需求息息相关，也与幼儿的安全紧密联系。教师若长期忽视幼儿在生活活动中的安全问题，就会让幼儿甚至幼儿园陷入危机之中。因此，对生活活动各个环节的危机进行管理是非常有必要的。本节将生活活动分为七个环节，针对当前生活活动中存在的危机进行分析解读，并提出有效的策略。

一、晨间入园的重要性和常见危机

晨间入园是幼儿一日生活的开端，也是幼儿从家庭生活转向幼儿园生活的开端，做好晨间入园的工作，能够帮助幼儿适应幼儿园的环境，让幼儿愉快地开启在园生活。

(一) 晨间入园的重要性

晨间入园是指幼儿在早上进入幼儿园接受保健医的检查以及幼儿进入班级内进行的活动。晨间入园虽然只是一日生活中的其中一个环节，但是它依然承担着重要的教育意义，对幼儿的发展有着重要的作用。首先，幼儿在入园环节有礼貌地与家长告别，并同门卫、值班教师以及在去教室路上遇见的人相互问候，有利于养成文明礼貌的习惯；其次，进入班级后，幼儿有序地自己脱外衣、吃早餐等，有利于培养独立的能力；最后，在晨间活动时，幼儿通过活动可以提高身体素质，懂得安全自护，有一定的规则意识。

【法条链接】

《幼儿园教育指导纲要(试行)》第二部分教育内容与要求明确规定："幼儿园必须把保护幼儿的生命和促进幼儿的健康放在工作的首位。树立正确的健康观念，在重视幼儿身体健康的同时，要高度重视幼儿的心理健康。"

(二) 晨间入园的常见危机

晨间入园是幼儿入园的首要环节，其中的晨检工作是幼儿进入幼儿园的第一个关卡，对幼儿在园一天的身心健康起着重要的作用。正确的晨检流程不仅能够为幼儿的身体健康提供保障，而且保证了幼儿的安全。相反，晨检工作如果不到位，会对幼儿的安全产生不可预估的后果，为幼儿园带来危机。

【情景再现】

案例 3-1-1　　　　　　　　晨检中的多此一举

早上，某幼儿园正在进行晨检。家长将幼儿交到一位保健医手中，保健医对幼儿进行"一看，二摸，三问，四查"的检查。除此之外，幼儿还要挨个接受另一个"关卡"的检验，另一位身穿白大褂的保健医手中拿着中号注射器往幼儿嘴里喷一下，家长见到后也并不惊讶，什么表示也没有。在某市"幼儿园喂药"事件出来后，部分家长对这一行为感到害怕，于是拍摄视频并将其传到网上。这一事件引起了当地教育局的注意，经过调查，发现是季节的原因，该幼儿园的幼儿经常感冒，于是保健医就用了这种"土方法"，用食醋增强幼儿的免疫力。最后，该幼儿园被要求停园整改。

（本案例为原创案例）

【分析解读】

季节的原因导致幼儿园的幼儿经常感冒，保健医出于好心喂幼儿食醋。但保健医并未从专业性的角度考虑这种方法是否对幼儿管用，是否会影响幼儿的身体健康。属于"好心办坏事"，最后导致了幼儿园被停园整改。

幼儿园的保健医一定要掌握专业的儿童保健知识。保健医只有掌握了扎实的理论知识，才能做好晨检工作，才能更好地为幼儿的安全健康服务。而在本案例中，保健医为了增强幼儿自身的免疫力而让他们食用醋，说明该幼儿园的保健医缺乏儿童保健专业知识。

【出谋划策】

针对上述案例中的具体情况，幼儿园可以从两个方面着手解决。

其一，从保健医自身出发。保健医要掌握丰富的儿童保健知识，做好晨检工作。要想掌握丰富的保健知识，最主要是学习专业的儿童保健知识，如《儿童保健学》《幼儿卫生保健》等；还可以向专业的儿科医生请教，借助别人的经验来充实自己。除此之外，保健医还应注重阅读卫生保健的杂志、报纸，并对其中的重要内容进行摘录。

其二，从幼儿园层面出发。幼儿园除了在招聘保健医时提出具有保健医师资格证的条件，还要制定定期培训的规章制度。幼儿园要为保健医提供参与培训的机会，让其参加市级、省级等组织的幼儿园卫生保健知识培训会，提升保健医的工作质量。

二、饮水环节的重要性和常见危机

水是人体生命活动的基础，它有利于人体的新陈代谢。学龄前的幼儿对于一天的喝水量没有概念，在幼儿园里需要教师的引导，这就体现了饮水环节存在的必要性。

（一）饮水环节的重要性

饮水环节是幼儿在幼儿园一日生活中的重要组成部分，饮水环节的工作开展得好坏与幼儿的身体发展、常规培养等多个方面息息相关。首先，在饮水环节，通过教师的指导，幼儿能够知道喝水的重要性，能够喜欢喝白开水，保证自己身体的健康；其次，幼儿自己接水、端水杯，有利于手部动作的发展，也有利于大动作的发展；最后，在饮水环节中，幼儿能够独立地、有秩序地排队接水，有利于培养规则意识。

（二）饮水环节的常见危机

饮水是幼儿一日生活中重复进行的活动，因此，教师常常对其掉以轻心，殊不知隐患总藏在平时不注意的细节中。在饮水环节教师稍不注意，就容易出现幼儿受伤的事故，从而引发幼儿园的危机。

【情景再现】

案例 3-1-2　　　　　　　　是你先抓我的

方方和小泽是非常要好的朋友，不论干什么两个小朋友都会一起，有时候也会吵架，但很快两个人又会和好。一天，刚结束区域活动，黄老师让男生先去喝水，方方和小泽一起向排队喝水的队伍跑去，两个人一起到达队伍的尾部，为了谁在前谁在后争吵了起来。争吵的过程中，方方抓伤了小泽，小泽不甘心，也抓伤了方方。到离园的时候，家长看到了双方孩子身上的伤，就争吵了起来。黄老师认为事情虽然是在幼儿园里发生的，但是幼儿没有跟她说，于是黄老师并没有劝阻两位家长。家长的争吵愈演愈烈，园长出来劝架，但家长依然不依不饶，甚至惊动了警察。经过此次事件，方方和小泽都转园了，幼儿园也因此"出名"，在很长一段时间里，该事件对幼儿园的招生造成了消极的影响。

（本案例改编自张燕、邢利娅主编的《幼儿园管理案例及评析》，北京师范大学出版社）

【分析解读】

从表面上看，本案例中危机出现的原因是幼儿园没有处理好家长与家长之间的矛盾，但根本的原因是方方和小泽在饮水环节中互相打闹。幼儿园的一日生活常规要求，幼儿在饮水环节接水时要做到排队不拥挤、不打闹，不浪费水。而本案例中，方方和小泽在饮水环节中互相抓伤，没有遵守一日生活中的常规要求，这可以从侧面反映出教师对幼儿的常规教育不到位。同时，在家长出现矛盾时，黄老师并没有进行劝阻。幼儿教师的职责不仅是教育幼儿，而且要解决幼儿园公共关系产生的矛盾，更好地开展班级内的工作。

【出谋划策】

上述案例中，幼儿在饮水环节中互相打闹，从而引发家长之间的矛盾，并且当家长之间发生纠纷时，教师选择了袖手旁观，一步一步地导致了幼儿园的招生危机。因此，为了避免再次因为饮水环节中的常规问题出现危机，幼儿园可以采取以下措施。

第一，管理层整体把控幼儿园一日生活常规教育的方向，将一日生活教育的目标与幼儿园的实际情况相结合。管理层要深入各个年龄组的班级，了解不同年龄组班级教师进行常规教育的真实情况，拟定幼儿园一日生活常规教育的要求与标准。

第二，教师要加强对幼儿的常规教育，让常规成为幼儿的自觉行为。常规教育的目的在于让幼儿在生活中合理利用，并逐渐变成幼儿的自觉行为。[1] 教师结合幼儿的实际情况，开展各种各样的科学的教育活动，为幼儿提供足够的练习机会，在对幼儿进行常规教育时，教师所提出的要求和规则要与幼儿自身的年龄特点相契合，做到因材施教。

三、盥洗环节的重要性和常见危机

养成良好的盥洗习惯，是幼儿保护自身健康的防线。养成洗手的良好习惯是保障幼儿身体健康的第一道防线，养成用肥皂洗手的良好习惯是帮助孩子远离细菌、预防儿童腹泻和肺炎的好办法之一。[2] 因此，看似简单的盥洗环节对幼儿来说是很重要的。

（一）盥洗环节的重要性

盥洗环节是指幼儿在幼儿园内进行的洗手、洗脸、漱口和梳头等活动。它与一日生活中的饮水环节、如厕环节交叉进行。盥洗环节的常规工作做得好，对幼儿预防疾病有很大的益处。细菌无处不在，幼儿活动时，会触碰大量的暴露在外的设施，如果不用肥皂、洗手液洗手，附在幼儿手上的细菌就会进入他们的身体内，加之他们年龄小，抵抗力弱，因此就容易生病。幼儿能够做到勤洗手、正确洗手，就能较好地阻止细菌进入身体内，预防生病。

（二）盥洗环节的常见危机

在幼儿园一日生活中，盥洗发生的频率高，教师比较容易忽视该环节。教师常常让幼儿自己进盥洗室，却不知盥洗室是很容易发生危险的地方，长期不重视

---

[1] 薛璇璇：《幼儿园一日生活常规教育的实施策略》，《新课改教育理论探究》研讨会，武汉，2020。

[2] 宋文霞、王翠霞：《幼儿园一日生活环节的组织策略》，39页，北京，中国轻工业出版社，2012。

容易造成危机，如因地面有水导致幼儿滑倒摔伤，教师组织不当导致幼儿拥挤从而受伤等。

【情景再现】

案例 3-1-3　　　　　　　　　小调皮又闯祸了

小一班小朋友们正在排队盥洗，忽然，调皮的鸿鸿跑了进来，在队伍后面又推又挤，导致前面几个小朋友没站稳，向前倒去，最前面的小威额头撞到了洗手池的水龙头上，瞬间肿了起来。听到哭声的齐老师看到小威的额头是红肿的，立即带他去了保健室进行消肿处理。从保健室回到班级后，小威哭个不停，一直说疼，齐老师问他哪里疼，小威也说不出来什么。于是，齐老师和保健医带着小威去了医院，经过医院检查，发现小威的小拇指骨折了。齐老师第一时间联系了小威的家长，并说了前因后果。小威的家长认为幼儿园应该承担大部分的责任，向幼儿园索要 5 万元的赔偿金。幼儿园承认园方在小威受伤的事情上存在过失，但 5 万元的赔偿金是不合理的，双方因为赔偿金的问题展开拉锯战。最后，幼儿园被小威的家长告上了法庭。

（本案例改编自天跃图书工作室主编的《幼儿园的 50 个安全管理问题》，福建教育出版社）

【分析解读】

案例中调皮的鸿鸿在排队时推挤，导致小威撞到水龙头上，额头青肿，小拇指骨折。虽然小威及时地接受了治疗，但是小威家长在和幼儿园的沟通中因为赔偿金的问题出现了分歧，幼儿园被告上法庭，出现了危机。此案例反映出班级常规管理方面存在漏洞，案例中的教师没有承担起监管每一个幼儿行为的责任，并且小班幼儿自我保护能力差，在面对一些突发的事故时，并不能很好地保护自己。因此，教师应该加强班级的常规管理，时刻注意，维持幼儿盥洗的秩序，对于一些调皮的幼儿要多加关注，防止其出现危险的行为。

【出谋划策】

针对上述案例中出现的危机，教师可以采取以下措施。

第一，针对班级常规管理存在的漏洞，教师可以和小班幼儿一起制定班级常规规则，引导幼儿学会自我管理。在建立本班的常规时，让幼儿参与其中，教师仅仅是作为引导者帮助幼儿，让幼儿明确一日生活中各个环节的具体要求。例如，让幼儿清楚自己在盥洗环节做哪些行为是正确的，做哪些行为是不安全的。此外，还要增强幼儿的自主意识，提高幼儿自控能力。

第二，针对小班幼儿调皮的现象，教师可以采取相应的措施，尤其是在遵守班级常规规则方面。当幼儿出现调皮行为的时候，教师要对其进行严格教育，例如，在盥洗环节，幼儿出现推挤的行为，教师可以采取不给其小红花的方式降低该类行为出现的次数，从而让幼儿能够遵守班级常规。但要注意的是，采取严格教育的同时，不能对其过于严格，伤害幼儿的自尊心。通过上述措施，从源头上预防由幼儿发生突然事故引发的危机。

四、如厕环节的重要性和常见危机

幼儿园的如厕环节包括幼儿的大便和小便，是在一日生活中多次出现的环节，这一环节对培养幼儿基本的生活自理能力有相当重要的意义。

(一)如厕环节的重要性

如厕环节也是幼儿一日生活中频繁出现的环节，它是幼儿在指定时间进行的上厕所的行为。如厕是幼儿园生活教育的重要内容，对幼儿的生活自理能力、智力、情感、独立性等各个方面的发展有很大的意义。首先，在如厕环节，幼儿学会便后冲水、洗手，培养了良好的生活习惯；其次，幼儿学会独立如厕，会使用厕纸并整理衣裤，锻炼了生活能力；最后，幼儿排队如厕，有利于常规意识的培养，也有利于幼儿的安全自护。

(二)如厕环节的常见危机

如厕环节是一个很重要的环节。在幼儿集中上厕所这个环节中，若教师管理不到位、要求不严，加之幼儿年龄小，身体弱小，就有可能发生安全事故，稍不注意就会由事故发展到危机。例如，教师站的位置不合理导致幼儿脱离教师视线而发生的危机，地面没有保持干燥导致幼儿摔伤的危机等。

【情景再现】

案例 3-1-4　　　　　　　　厕所失足案

下午户外活动时间到了，小一班的幼儿都高兴地走出教室，选择各种器械玩耍着。过了一会儿，浩浩与小朋友一起上厕所，老师帮另一个幼儿提裤子的时候，浩浩不小心在台阶上磕了一下。老师立刻对浩浩进行了检查，没有发现他被磕伤的痕迹，就没有告诉家长。当晚，浩浩出现了疼痛难忍的情况，家长在和老师的沟通中得知浩浩在幼儿园被磕到过。浩浩的家长带着浩浩到医院检查，发现浩浩左侧锁骨骨折。家长找到幼儿园，以幼儿园隐瞒幼儿受伤的事实为由让幼儿园进行赔偿，要求赔偿医疗费、护理费等共 2 万元。

(本案例来源于山西省人民政府机关幼儿园，张瑶)

【分析解读】

浩浩因为在上厕所时，不慎摔倒，导致左侧锁骨骨折，幼儿教师虽然检查了浩浩的身体，但是没有将浩浩摔倒的事情如实告知家长，使幼儿未能及时地接受治疗，给幼儿造成了身体和心理上的伤害，引起了家长不满，导致幼儿园陷入了危机。本案例反映出幼儿园工作存在两点错误：一是当浩浩磕了一下时，教师只是检查了浩浩身体的外表，没有询问其是否有不舒服的地方，说明该教师处理幼儿受伤的能力不足；二是浩浩磕到后，并没有磕伤的痕迹，因此教师并没有告知家长，为家长以幼儿园隐瞒幼儿受伤事实为理由要求赔偿埋下了隐患。家园关系是幼儿园工作的重要部分，因此一定要将幼儿在幼儿园的情况与家长沟通，教师更要提升自身处理意外伤害事故的能力，做好幼儿的保育工作。

【出谋划策】

针对上述案例中出现的问题，幼儿园可以采取以下措施。

其一，幼儿园要对教师进行处理幼儿意外伤害事故的培训，提高教师处理意外伤害事故的能力，同时，组织教师开展交流会，加强对教师在一日生活中如厕环节的指导，让教师了解如厕环节存在的隐患以及应对措施，尽量避免危险、意外的发生。

其二，幼儿园要重视与家长的沟通工作。家园有效沟通是教师更好地对幼儿进行教育的重要桥梁，因此，教师应该具备及时发现幼儿园问题的敏感性。当幼儿在幼儿园受伤后，教师一定不能因害怕被家长追责就选择隐瞒，而应主动告知幼儿受伤的原因以及幼儿的伤情，并且第一时间积极与家长沟通，通过类似"我知道您很担心……看到××受伤，我也很难过，但您一定比我更加难过"这种话语，给家长一种没有推卸责任的感觉，避免矛盾升级，也便于后续沟通。

五、餐点环节的重要性和常见危机

餐点环节也是幼儿一日生活中重要的内容，幼儿在幼儿园进行大量的运动，因此需要良好的进餐环境、良好的进餐习惯。

(一)餐点环节的重要性

餐点环节是指幼儿在指定时间内于幼儿园进行的进食餐点的活动环节。它一般是指三餐两点。餐点环节对幼儿的发展是重要的。第一，进餐为幼儿的身体发育提供了营养。一般来说，幼儿的餐点都由营养师进行指导，所以幼儿园的餐食营养均衡，能够为幼儿提供身体发育所需的营养物质。第二，进餐是幼儿在幼儿园进行学习的物质前提。幼儿在幼儿园进行各种活动，消耗了大量的体力，充足的餐点能够让幼儿保持精力去完成各种丰富的活动。

(二)餐点环节的常见危机

幼儿园的餐点环节是集体进餐。人数多且集中，加上幼儿活泼好动，如果教师在餐点环节管理不善，就容易出现幼儿被热汤烫伤等事故，严重的话会影响到幼儿正常的学习和生活，从而引发幼儿园危机，如幼儿进食时因打闹引起窒息危机，盛饭、汤的用具摆放不当导致的烫伤危机等。

【情景再现】

案例 3-1-5　　　　　　一锅被打翻的汤

午餐环节，大班的幼儿们都在进行有序的餐前活动，不一会儿就有五六个幼儿已经在保育老师的取餐车前面排好队。小米取完餐离开，轩轩不往前走。保育老师多次提醒他取餐，但轩轩还是不走。这时候，阳阳着急地推了轩轩一下，只见轩轩身体失去平衡，撞在汤桶上，汤桶应声而倒。保育老师见势冲上前，用身体挡在轩轩的前面，可汤水四溅，轩轩的右腿还是被汤泼到了一半，轩轩大哭起来。班级老师带着轩轩去了保健室，保健医建议立刻带轩轩去专业的烧伤医院。经过检查，轩轩脚上的烫伤被判定为Ⅱ度烫伤，需要回家静养一个月。次日，轩轩的家长在了解到来龙去脉后，向阳阳的家长和幼儿园索要赔偿，阳阳的家长给了赔偿，但幼儿园答应赔偿的治疗费却迟迟没有兑现，也没有老师和园长去家里看望轩轩。最后，轩轩的家长求助电视台，曝光了幼儿园，幼儿园的社会形象大大受损。

(本案例来源于上海市某幼儿园，李伟伟)

【分析解读】

在取餐的时候，轩轩没有及时取餐，阳阳着急取餐推了轩轩一下，导致轩轩撞到了汤桶上，形成Ⅱ度烫伤。虽然班级教师及时将其送医，但是在后续的处理中，幼儿园没有关心轩轩的伤势，没有兑现园方的承诺，让轩轩的家长寒了心，最终导致了幼儿园的社会形象危机。造成这种结果的原因在于幼儿园缺乏危机处理的意识与能力。在就餐过程中，由于人数多，教师忙，幼儿容易出现意外伤害事故，一旦出现后，幼儿园往往会因为管理不力而受到处罚，甚至会有法律责任。因此，幼儿园要以真诚的态度对待遭受意外伤害事故的幼儿家长，并在必要时进行合理的赔偿。

【出谋划策】

上述案例中出现的危机的导火索是幼儿园对待轩轩家长的消极态度，直接原因是轩轩在就餐过程中被烫伤。针对这种情况，幼儿园可以采取以下措施。

第一，幼儿园要制定幼儿食用餐点标准，规定幼儿餐食的温度，避免出现幼儿因为高温餐食被烫伤的情况。关于幼儿餐食的温度，在冬季保证菜、汤、粥等温度低于60℃（夏季低于50℃）才能够进入班级教室，食物要低于40℃才能让幼儿食用。[①] 在取汤的方式上，根据不同年龄阶段选择不同的方式，中、小班幼儿由教师分配，大班幼儿则可以尝试在教师引导下自己取汤，但需要注意的是，幼儿在取汤时，必须保证至少有一位教师在旁指导。

第二，幼儿园要以正确的、积极的态度对待遭受突发意外事故的幼儿家长。作为幼儿受教育的重要场所，幼儿园应该承担起教育、管理、保护幼儿的责任。当幼儿在园发生危险、受到伤害时，幼儿园除了要及时为幼儿进行急救，还要以真诚的态度进行善后处理。幼儿园要向家长说明幼儿在园受伤的真实情况，做到不隐瞒，并且要多关心幼儿的伤势，直到幼儿能够入园学习。

六、午睡环节的重要性和常见危机

幼儿园的午睡环节是一日生活中的中间环节。相较于其他环节，午睡环节时间长，需要安静的环境，是幼儿身心得到放松、恢复体能的环节。

（一）午睡环节的重要性

午睡环节是幼儿结束一上午的活动，身心放松、身心得到休息的阶段。它是教师了解幼儿睡眠习惯的重要环节，也是幼儿一日生活中非常重要的环节。第一，幼儿在午睡时独立入睡、独立脱穿衣，有利于生活自理能力的发展，同时也提升了自我服务的意识。第二，幼儿经过一上午的活动，身心疲惫，通过午睡，幼儿的全身肌肉能够得到放松，疲惫的身体得到休息。在午睡后，幼儿可以有精力应对下午的活动，有利于幼儿学习的发展。

（二）午睡环节的常见危机

在现实生活中，不少教师认为午睡环节是一个轻松的环节，认为幼儿入睡以后，自己的工作强度就不会那么大了，但殊不知，午睡环节也是幼儿园危机常发的环节。午睡环节的常见危机有午睡环节值班教师擅离岗位而引发的危机，午睡前教师没有进行常规性检查导致幼儿受伤的危机，午睡时因教师没有定时巡查而发生的危机。

[①] 雷思明：《幼儿园安全策略50条》，63页，上海，华东师范大学出版社，2013。

【情景再现】

案例 3-1-6　　　　　　　老师到底去哪儿了

一天中午，幼儿园的寝室里，赵老师正在组织午睡。她坐到小叶子的床边，轻轻地拍她入睡，小叶子中午入睡困难，赵老师希望她今天能早一点睡觉，因为隔壁班的老师从网上买的鞋子既便宜又漂亮，她想问问那个老师是从哪家店买的。拍了一会儿小叶子后，发现小叶子闭上了眼睛，赵老师就站起来去了隔壁班，同隔壁班的老师聊起了买鞋子的事情。

等到赵老师再回到寝室时，就看到明明在哭，其他幼儿也都醒了。赵老师赶紧走过去抱起明明，发现明明的额头上有个很大的包。这时，幼儿开始七嘴八舌地说，原来是小叶子和明明在打闹，明明的额头撞到了床边上。赵老师拿了冰块给明明消肿。到了离园的时候，赵老师发现明明的额头不肿了，担心家长知道后会问责，就没有跟明明的家长说这件事情。但赵老师班的幼儿跟明明妈妈说今天明明受伤了。当知道是午睡时赵老师不在班级导致明明受伤的，明明的妈妈立即冲到了园长办公室要一个说法，问午睡值班老师为什么在幼儿午睡时不在班级里，要求辞退赵老师。

（本案例改编自许亚文主编的《幼儿园管理的66个细节》，吉林大学出版社）

【分析解读】

在本案例中，值班教师在幼儿午睡时擅离职守，幼儿在无人看护的情况下受了伤。幼儿的午睡是教师容易忽视的环节，有些教师认为午睡环节等幼儿睡着就没有任何问题了，但其实幼儿会因为兴奋、睡觉习惯等不能很好地午睡。因此，教师应该在幼儿午睡时投入更多的精力。显然本案例中的教师没有认识到这一点，并且当明明受伤后，教师没有把明明受伤的事情告诉家长，这种不负责任的工作态度和不诚实的态度，直接导致了幼儿园危机的发生。当明明撞伤后，他的伤情并不严重，教师为了避免被家长问责，选择隐瞒家长，结果让幼儿园陷入了信任危机。

【出谋划策】

教师在午睡值班时擅离职守，反映出幼儿园在午睡值班方面存在制度上的漏洞。针对这样的问题，幼儿园要制定教师午睡值班制度。制度要明确规定午睡值班人员应由两人一起值班，以免教师有事外出时，造成无人照看的情况；在幼儿午睡的过程中，值班教师要每隔15～20分钟巡查一次，观察幼儿的睡姿、精神状况。并且，幼儿园要加强在午睡环节对教师的监管和督查，严防教师在幼儿午睡时空岗、脱岗，避免幼儿发生意外。

在本案例中，教师担心被问责，并没有把明明受伤的事情告诉家长，这反映出的是幼儿教师师德师风的问题。针对这样的情况，首先，幼儿园要开展师德师风案例分享会，组织本园教师一起剖析此次事件的问题所在，并分享自己的心得体会，让赵老师意识到自己的行为是不可取的，以此为鉴。其次，幼儿园要制定教师师德师风建设制度，建立负面清单和正面清单，明确教师的责任，规范本园教师的行为。最后，幼儿园要对赵老师的不可取的行为进行处罚，规范幼儿园的秩序。

七、离园环节的重要性和常见危机

幼儿园的一日生活主要面对的是年龄幼小的幼儿，一日生活中的各项工作是烦琐而细致的。而对教师来说，在所有的环节中，离园是较难处理的环节，因为在这个环节教师除了应对幼儿还要应对家长，向家长说明幼儿在园一天的情况。

（一）离园环节的重要性

离园是幼儿度过了一天的在园生活，等着家长来接的环节。它是幼儿一日生活中的最后一个环节，也是幼儿在园一日生活的结束环节，还是家园交接、教师和家长高频率互动的环节。离园环节是幼儿身心放松的阶段，对幼儿的发展有重要的意义。教师利用这个环节，有计划地组织幼儿进行离园的整理，整理幼儿的仪容仪表，让幼儿回顾在园的一日生活，帮助幼儿整理在园的活动和收获，对幼儿获得情感认知和情绪体验、自我服务的意识等多方面有积极的影响。

【法条链接】

《幼儿园工作规程》第十二条规定"幼儿园应当严格执行国家和地方幼儿园安全管理的相关规定，建立健全……食品、药物、幼儿接送交接、活动组织和幼儿就寝值守等安全防护和检查制度，建立安全责任制和应急预案。"

（二）离园环节的常见危机

在离园的这个环节，班级往往处于一种松散的状态，幼儿会比较兴奋，容易出现打闹、随便乱跑的现象，同时家长喜欢在离园环节和班级教师进行交流，这时幼儿就会处于一种无人看管的状态，因此容易发生幼儿受伤的突发事故。并且在离园环节，家长人多且集中，容易出现接错幼儿或者幼儿走失的事故，从而引发幼儿园的危机。

当然，在幼儿的一日生活中总会有保育员的身影存在，离园环节也不例外。

在离园环节，保育员需要对班级的设施进行清洁和消毒，如果清洁和消毒工作做不到位，也会引起事故的发生。如果事故严重，还会导致幼儿园危机。

【情景再现】

案例 3-1-7　　　　　　　　幼儿走失的"乌龙"

下午，丫丫妈妈来接丫丫，却被告知丫丫已经被孩子母亲的熟人接走了。听到这个消息，丫丫妈妈一脸惊愕地说并没有让熟人来接，老师开始慌了，立马去查监控，发现是一个陌生男子把丫丫接走了。丫丫妈妈怀疑是人贩子，立即报了警。警察询问后得知，离园时，有个男子说要接走孩子，但是没有拿接送卡，刚开始老师并未同意，但该男子与孩子的母亲通了电话，孩子母亲在电话里说她在外地，想看看孩子，于是让朋友来接，而且当时丫丫也喊了妈妈。于是，老师就让该男子接走了丫丫。警察经过查询车辆信息，联系上了该男子，并确定了男子的位置。经过询问，警察发现该男子接错了孩子。最后，丫丫回到了自己的家。但丫丫的爸妈觉得幼儿园要为丫丫走失承担一定的责任，让幼儿园给一个说法。最后，幼儿园对丫丫及其家长表达了园方的歉意，并扣除班级教师20%的奖金，以示惩戒。

（本案例改编自项家庆主编的《幼儿教师常规工作指南》，天津教育出版社）

【分析解读】

在本案例中，当有陌生男子接丫丫时，教师并没有仔细询问陌生男子关于丫丫的信息，也没有询问丫丫是否认识该男子，更没有亲自打电话给丫丫的家长确认。只是在听到该男子给所谓孩子母亲打电话后就让其接走了丫丫，从而导致了丫丫的走失，引起丫丫家长对幼儿园的不满。同时给丫丫及其父母的心理造成了一定程度的伤害，也给幼儿园带来了信任危机和社会形象危机。

此次危机出现的原因主要是教师没有严格执行接送制度。离园环节是幼儿在园的最后一个环节，也是教师容易懈怠的一个环节，离园环节容易发生幼儿被错接、幼儿走失等事故。因此，教师应该严格执行幼儿园接送制度，避免危机的发生。

【出谋划策】

为了避免出现上述案例中幼儿被接错的情况，教师要严格执行幼儿园的接送制度，明确自己在离园环节的职责。

第一，当家长来园接孩子时，教师要查看家长是否有接送卡，并且在家长有接送卡的情况下，也要对自己不熟悉的面孔进行询问，避免陌生人持卡接走幼儿。在家长没有接送卡的情况，教师要联系幼儿的爸爸妈妈进行询问。

第二，在离园环节教师分工要明确。主班教师或下午班教师要站在门口迎接家长，配班教师则负责照看幼儿，让幼儿保持安静、稳定的情绪，避免因为打闹而出现事故。

第三，教师要和家长沟通清楚，提醒家长携带接送卡接送幼儿，并准时接送幼儿，如果不能准时接送幼儿或需要他人代接，要提前以打电话或者发微信、短信的方式告知幼儿教师，以免造成幼儿被陌生人领走的严重危机。倘若幼儿被骗子接走，教师要第一时间报警，并把幼儿园门口的监控保留好，以作为警察寻找幼儿的证据，同时幼儿园要根据监控信息分配人员帮助寻找。

八、幼儿园生活活动的危机管理策略

幼儿一日生活中的危机与幼儿的安全工作有很大的关系。如果幼儿一日生活中的安全隐患没有被及时发现，或者没有被很好地管理，那么，久而久之，安全隐患就会暴露出来，引发突发性事故，从而使幼儿园陷入危机之中。但幼儿园的危机不仅仅是安全方面的危机，还有许多潜在的危机，因此，在面对幼儿一日生活中的危机时，幼儿园可以采取以下管理策略。

(一) 落实管理者责任，增强危机预防意识

面对生活活动中的危机时，幼儿园先要落实管理者的责任，增强管理者的危机预防意识。第一，管理者是幼儿园危机管理的第一责任人，管理者必须牢固树立"预防为主，防范胜于抢险"的思想，坚持以忧患意识来思考和构筑幼儿园危机管理的第一道防线。管理者只有时刻保持对危机的高度警惕，才能把危机管理扎扎实实落实到幼儿园生活活动的每个环节中，及时发现可能发生的危机和隐患，采取一系列强有力的措施把可能发生的危机扼杀在萌芽状态。第二，管理者要让每个教职工意识到危机管理工作是幼儿园工作中的重要部分，做好组织培训教职工的工作，提升其危机预防意识。

(二) 建立长效工作机制，提高危机处理能力

首先，幼儿园要成立危机管理领导小组，明确职责，落实责任，制订幼儿园生活活动中的危机管理计划，包括撞伤、摔伤、烫伤、走失等的管理计划。计划要明确相关人员的基本职责、可能遇到的不安全因素、排除不安全因素的具体措施以及危机发生时的应对策略等。其次，幼儿园要健全各类危机管理制度，确保危机管理有效运行。面对幼儿园生活活动中可能遇到的危险和伤害，制定切实可行、具体明确、可操作性强的各种制度，涵盖幼儿园生活活动中所有的方面，让全体教职工有章可循、有据可依，并严格执行制度，奖惩分明，共同担负起危机

管理的义务，把危机隐患降到最小。

(三) 加强各类隐患排查，建立危机管理记录册

幼儿园要加强各类隐患排查，定时或不定时对全园设施建设、制度落实、日常管理、保卫力量、治安环境等进行全面的排查。坚持每天小检查，每月大检查，做到及时记录，及时反馈上报，及时落实整改。幼儿园还要建立各类隐患记录册，在每月深入排查隐患的基础上，将各类隐患分门别类地登记、统计、汇总，明确哪些已整改，哪些暂时还无法进行整改，明确整改责任人。记录册的建立能够使管理者对造成危机的隐患做到了如指掌，心中有数，更会有一种压力，使管理者时刻牢记，防范意识和执行力会更强。

幼儿园的一日生活是烦琐的。正因为是烦琐的，所以对一日生活的危机进行管理是幼儿园危机管理的重要课题。一日生活的危机管理对幼儿园更好地开展工作有重要的意义。

第二节　集体教学活动的危机管理

集体教学活动不仅是解决幼儿园师生问题的有效途径之一，而且是促进幼儿有效发展的策略之一，它在幼儿成长过程中有着很重要的地位。

一、集体教学活动的重要性

集体教学活动反映出了教师在观察幼儿最近发展区基础上对幼儿发展的把握，教师依据教学目标、教学原则，为幼儿选择教学内容，集体教学活动对幼儿的发展有着非常重要的影响。

在集体教学活动中，幼儿可以获得循序渐进的学习机会，有利于从教师身上获得系统的知识和间接经验；在集体教学活动中，幼儿体会到了集体生活的乐趣，体验与同伴互动的乐趣，锻炼了与同伴交往的能力。集体教学活动一般是教师预设的活动，能够让幼儿学习各种领域的知识与经验，促进幼儿德智体美劳等各方面的发展。

二、集体教学活动的常见危机

集体教学活动是一个要求具备集体主义精神的活动，在这个活动中，教师要细致周到，关注到每一个幼儿。教师如果组织不到位，管理不到位，加之幼儿人数集中且多，就会出现隐患，给幼儿园带来危机。

第三章 幼儿的生活保障——幼儿园一日生活的危机管理

(一)集体教学活动前的常见危机

在集体教学活动开始前，教师要做一些教学活动前的准备，如果没有关注到幼儿的一举一动，加上幼儿天性活泼好动，就可能会发生一些带有伤害性质的突发事件，引发幼儿园的危机。

1. 教师疏忽危机

在进行集体教学活动前，由于幼儿人数多、教师数量少，教师在做一些准备工作时，难免会因为太忙、太乱而出现疏忽，这种疏忽有时候也是导致意外出现的导火索。

【情景再现】

案例 3-2-1　　　　　　　　我的手好疼呀

某一天上午，孔老师想要进行科学活动，让幼儿感知蒸汽的现象。于是，孔老师带来了熨斗。因为熨斗需要提前预热，所以孔老师就把熨斗插上电源放在桌子上，然后去洗毛巾了。另一位老师在忙着做别的事情。元元对熨斗好奇，就上手摸了熨斗，结果烫伤了手，大哭起来，孔老师在盥洗室听到哭声连忙跑到活动室，发现元元的手指已经变红了，孔老师抱着元元就跑到盥洗室给他冲凉，然后带着元元来到了保健室，这时元元的手指已经出现水泡了，于是保健医和孔老师一起带着元元到专业的医院进行治疗。经过医生检查，元元的手指被鉴定为Ⅱ度烫伤。等治疗结束，元元的妈妈到了幼儿园，直接质问老师为什么要把熨斗放在孩子能够到的地方，并要求幼儿园为元元的手指负责，让孔老师辞职。

（本案例改编自苏晖主编的《幼儿园安全管理实用手册》，中国农业出版社）

【分析解读】

案例中的元元对熨斗好奇，但她没有意识到预热中的熨斗是不安全的，因触碰熨斗导致了自己被烫伤。元元被烫伤主要是由教师疏忽导致的。孔老师想要用熨斗熨湿毛巾，让幼儿感知蒸汽的发生。为了能让教学活动顺利进行，孔老师要提前准备热熨斗、湿毛巾等。由于幼儿年龄小，对生活中的新鲜事物很好奇，缺乏自我保护能力，因此，预热中的熨斗对于幼儿来说是危险的，教师应当提醒幼儿，显然案例中的孔老师并没有事先提醒幼儿。并且教师不清楚危险教具的摆放规则，没有将预热中的熨斗放在幼儿够不到的地方，从而导致了元元被烫伤。

【出谋划策】

在本案例中，教师的疏忽导致了幼儿受伤。为了避免这种情况再次出现，教师可以采取以下措施。首先，教师要多进行教学活动安全知识的学习，提升自身的安全意识。在进行教具的准备时，清楚地知道哪些教具对幼儿来说是具有危险性的，并将其放在安全的地方。同时，教师要关注幼儿的年龄特点、心理特点，为幼儿开展各种教育活动，有针对性地培养幼儿的安全意识，提高幼儿自我保护的能力。

其次，教师要在教学活动前给予幼儿必要的监督、管理与保护。当要进行的教学活动中需要用到对幼儿来说比较危险的教具，如剪刀、小球等时，教师要事先提醒幼儿，给予幼儿使用这些教具的安全指导。

最后，教师在准备教学活动前要对教具进行质量、产品性能等的检查，以免在使用教具的过程中对幼儿造成伤害。

2. 点人不清危机

在集体教学活动开始前，尤其是教师交接时，由于幼儿人数众多，教师没点清楚人数就进行交接，因此会发生由点人不清引发幼儿走失的危机。

【情景再现】

案例 3-2-2　　　　　　老师，我找不到你了

根据一日活动安排，上午户外活动结束后，要上一次室内集体教学活动课。一天，小一班在户外活动完回班，穆老师就让幼儿去小便，为进行集体教学活动做准备。过了一会儿，穆老师被中二班的老师喊到保健室以后才知道自己班里丢了一个幼儿，并且幼儿的胳膊上有擦伤。穆老师很困惑，幼儿队伍的前后都有老师，幼儿为什么还能走丢并且受伤呢？于是，穆老师去幼儿园的监控室调查发现，原来，在操场集合时，该幼儿看到中二班的幼儿在长廊里玩，就溜出了队伍，但队伍后面的老师在跟另一位老师交流，并没有发现。该幼儿在玩的过程中不小心摔倒，擦伤了胳膊。离园时，穆老师把该幼儿擦伤的情况跟他的妈妈说了，但没有告诉家长擦伤的真正原因。次日，该家长找到幼儿园里，让老师赔礼道歉。原来，回到家后，幼儿说是自己跑出队伍的，家长认为如果老师能够细心一些，就不会让孩子受伤，因此，要求老师赔礼道歉。

（本案例为原创案例）

【分析解读】

幼儿活动欲望强烈，喜欢玩耍。因此看见其他幼儿在玩耍，就很想加入他们。本案例中走失的幼儿看到中班幼儿在长廊里玩耍，就溜出队伍去了长廊里面，在玩的过程中擦伤了胳膊。因此，教师将幼儿领出教室后，教师的站位、职责，教师之间的配合和及时沟通尤为重要。案例中教师将幼儿领到户外后，虽然一位教师在前,另一位教师在后,但站在后面的教师对自己的职责认识不清,和其他教师聊天,没有看到溜出队伍的幼儿,导致幼儿在玩耍中受伤。并且在班级幼儿户外活动结束回到班级后,教师并没有清点人数,而是直接让幼儿小便,进行接下来的教学活动。这也反映出教师对于一日生活常规要求不熟悉,其安全意识不强。在教学活动前后,教师都应该清点幼儿的人数,做到心中有数。

【出谋划策】

针对上述案例中教师点人不清、幼儿被遗留在户外且受伤的情况,教师要对一日生活常规要求烂熟于心,能够严格执行幼儿园的常规要求,交接班的教师要相互清点人数后再交接,让每次活动前后清点人数成为教师的习惯;教师还要严格执行各环节的衔接制度并做好记录,眼观四路、耳听八方,不谈论与活动无关的话题,保证幼儿一切的行为不离开自己的视线,能够对幼儿的不安全行为或超出其能力范围的行为及时制止。在活动前,教师要及时清点幼儿人数,避免因为其他事情忽视幼儿,同时,要和幼儿讨论容易出现的危险事情,提高幼儿的自我保护能力,避免危险事故的发生。

(二)集体教学活动中的常见危机

集体教学活动中也常常会发生一些突发事件。幼儿年龄小,调皮好动,自我保护能力差,稍有不慎就会有安全问题。例如,在集体教学活动中,幼儿使用教具不小心引发危险,教师的过激行为不小心导致幼儿受伤等,都可能引发幼儿园的危机。

【情景再现】

案例 3-2-3　　　　　　　　可怕的"怪兽"

某天,章章妈妈回到家后,章章跟她说不想去幼儿园了。在章章妈妈的追问下,章章终于说出了缘由。原来,在班级老师进行集体教学活动时,章章因为没有集中注意力听,老师就让他在教室的后面"罚站",而且班级老师说:"上课不好好听,一点儿人事儿都不干,怪不得什么都不会,跟个笨蛋一样。"班上的幼儿听到老师这么讲,全都哈哈大笑。次日,章章妈妈找到幼儿园,把情况和园长讲清楚,园长再三表示一定会对班级老师进行处罚。但过了一周,章章又哭着说不愿意去幼儿园了,原来被处罚的老师回到班级后,又让章章站着听课。章章妈妈直接将情况反映到了当地教育局。教育局经过调查发现,该教师经常辱骂幼儿,影响恶劣。教育局责令幼儿园与该教师解除聘用关系,责令幼儿园停园整顿,并将这件事情在全市进行通报。

(本案例改编自苏晖主编的《幼儿园安全管理实用手册》,中国农业出版社)

【分析解读】

上述案例发生在集体教学活动中，由于章章在教师进行集体教学活动时没有集中注意力听讲，因此受到了教师的惩罚以及语言侮辱。无论是幼儿还是成人，每个人都有人格尊严。该班级教师对幼儿进行语言侮辱，伤害了幼儿的人格尊严。而且案例中班级教师的做法是变相体罚的一种。变相体罚是指用身体责罚以外的形式来惩罚幼儿的一种惩罚方式，包括教师辱骂幼儿、大声呵斥幼儿等。这种做法会对幼儿的心理造成极大的伤害，甚至会让幼儿产生厌世的想法。这种做法也是国家明令禁止的，严重的甚至需要承担刑事责任。

【出谋划策】

教师对幼儿进行变相体罚，其实是在宣扬暴力，不仅教育效果有限，而且会影响幼儿的身心健康，不利于教育目的的实现。因此，幼儿园和教师都应做出努力，加强师德师风建设。

第一，幼儿园定期开展禁止体罚与变相体罚的培训，加强教师的职业道德建设。在培训中让教师了解并熟读相关法律，如《中华人民共和国教师法》《中华人民共和国未成年人保护法》等；让教师观看相关案例，并进行现场讲演，提升教师的职业素质，针对已经做出变相体罚的教师，幼儿园应予以辞退。

第二，教师自身要树立正确的教育观、儿童观，保护幼儿的人格尊严。在进行集体教学活动时，教师要有足够的耐心，对于犯错误的幼儿，不能采用体罚或者变相体罚的教育方式，应依法使用教师的教育惩戒权。在对幼儿进行批评教育的时候，教师要就事论事，不应该对幼儿的能力以及个人品性进行攻击，更不能用带有侮辱性的言语批评幼儿。

三、集体教学活动的危机管理策略

集体教学活动是幼儿一日生活中的重要环节，是教师每天要准备的活动，由于是面对全部幼儿的活动，因此可能会因为组织不科学、措施不到位等存在很多安全隐患，进而引发各种危机。为此，幼儿园应该从危机预防、危机处理、危机善后三个方面采取措施进行危机管理。

（一）加强危机教育，提升教师危机预防意识

幼儿园要对全园教师进行危机教育，通过邀请专家进园的方式让教师了解幼儿园危机是什么、幼儿园危机的特征是什么，了解幼儿园危机发生的类型以及如何避免幼儿园的危机，简单说就是让教师从理论上明白什么是幼儿园危机以及如何应对在工作中遇见的危机，提升教师的危机预防意识。同时，以宣传栏、宣传图片、宣传标语、宣传墙饰为阵地，组织开展形式多样的、富有成效的危机预案写作活动，真正形成"以人为本、防范为先"的幼儿园危机预防氛围。

(二) 做好危机处理培训，提高教师危机处理能力

当危机发生后，教师对危机的及时处理能够为幼儿园在后续的危机处理工作中赢得先机。因此，幼儿园可以通过对教师做好相关培训，提高教师处理危机的能力。首先，幼儿园要为教师做好急救培训，教给教师更多的急救知识，提高教师的急救能力，以便当幼儿发生意外事故时，教师可以为幼儿采取急救措施。其次，幼儿园要给教师做好危机处理流程的培训，提高教师危机处理的能力。当幼儿发生意外事故后，教师先采取急救措施，立即送医院治疗，然后查明事情发生的过程，报告园方领导和家长，做好幼儿和家长的安抚工作。

(三) 加强家园交流，做好危机善后工作

幼儿园要加强家园信息互动和交流，正确处理危机发生后的工作。幼儿园要将事故发生的具体原因如实告知家长，做到不隐瞒、不谎报；主动承担相应的责任，对相关负责人进行一定的处罚，让家长感受到幼儿园的歉意和善意，用爱心和真诚换取家长的谅解，用积极的态度和正确的方法赢得家长的理解，创造妥善处理危机的良好氛围，从而顺利平息风波。

集体教学活动是以教师为主导、面向全体幼儿的活动。幼儿活泼好动、年龄小，自我保护能力低下，教师若在集体教学活动中考虑不周全，可能会给幼儿带来意想不到的危险，从而引发危机。因此，教师要科学组织集体教学活动，思虑周全，注意保护幼儿健康成长。

第三节 区域活动的危机管理

区域活动是近年来在我国学前教育中兴起并迅速发展的一种教育活动方式。它可以弥补以往教育中以集体活动为主的不足，旨在为幼儿提供自由的活动空间，促使幼儿个性与创造性都得到充分、主动的发展。自由选择、自发探索的区域活动也会发生危机。本节将具体介绍区域活动中所发生的常见危机，并提出相应的预防危机策略。

一、区域活动的重要性

区域活动是根据幼儿园的教育目标，以幼儿的兴趣与需要为主，创设不同的区域(如美工区、建构区、益智区等)，投放适宜的活动材料，引导幼儿在特定的环境中按照自己的意愿和能力进行个别化的自主学习，并通过与材料、环境、同伴以及教师的充分互动获得全面发展的一种教育活动。[①] 在区域活动中，幼儿参与的积极性高，积极动脑、大胆创作，能更好地实现"玩中学、做中学、做中求进步"的目标，又通过互相交往、合作，提高处理问题与解决问题的能力，从而促进幼儿的社会化发展，为适应未来的社会生活奠定基础。

二、区域活动的常见危机

区域活动是幼儿在园自主学习和游戏的时间，有着相对开放、宽松、自由的环境与氛围，教师干预和介入较少，幼儿可以自由结伴游戏。但幼儿在区域活动中的自控能力较差，易发生矛盾与冲突，从而引发危机；加之活动空间小，活动通道狭窄，活动区域分散，教师难以做到"面面俱到"，以及活动材料的质量和安全性能参差不齐等都会引发危机。因此，幼儿教师应提高危机防范意识，将危机发生的频率降到最低，增强危机应对能力，保证区域活动顺利开展和幼儿健康快乐成长。

(一)活动设置危机

教师在设置区域活动时，会综合考虑各种因素，形成具有本园特色的活动空间。但在区域活动中，幼儿因活动空间小、通道狭窄，易出现碰撞、被绊倒等情况；因物品摆放位置不当，未有明显的标志，幼儿触手可及，从而引发危机。因此，为了幼儿的安全和家长的安心，教师应合理设置区域活动，避免危机的发生。

1. 通道狭窄危机

每个幼儿园区域活动的空间分布不均，配班额数不等，有的幼儿园只追求活动形式多样化、美观化和活动材料具有丰富性，将各个区域内、区域之间以及通往盥洗室的"交通路线"设置得非常狭窄、拥挤，幼儿在区域内来回跑动就可能引发危机。因此，教师要对区域活动的空间设置科学规划、加强管理、排除危机，以促进幼儿发展。

---

① 黄玉娇、周霞：《幼儿园区域活动新思考》，3页，成都，西南交通大学出版社，2019。

第三章 幼儿的生活保障——幼儿园一日生活的危机管理

【情景再现】

案例 3-3-1　　　　　　　　挡我路啦

周五下午，大二班拼图活动结束后，轩轩要把游戏材料放回原处，但活动通道窄，小珠又蹲在玩具柜的旁边整理着拼图，轩轩就小心翼翼地从小珠的身旁走过去。这时，小珠的腿一伸，轩轩就被绊倒在地上，老师跑过去把他扶起来后发现他满嘴都是血，便急忙给他冲洗。洗干净后，老师发现他的嘴巴有点儿肿，问他哪里疼，轩轩摇摇头说不疼。下午吃饭时，老师喂他吃饭，边喂边问他还疼不疼，他依然摇摇头。可是到了晚上10点钟，轩轩的家长打电话来质问老师，说孩子的两颗牙齿松动了，到医院检查才发现牙根已经断掉，牙齿也保不住了。家长非常生气，指责老师为什么没有及时治疗，让孩子受了一天的罪，让老师必须给个说法，否则这个事情就没完。

（本案例改编自张建岁主编的《幼儿园安全工作指南》，东北师范大学出版社）

【分析解读】

本案例中的危机主要是由区域活动空间小，活动通道狭窄、拥挤引发的。首先，区域活动设置不合理，活动空间小，活动通道狭窄，幼儿进出区域、往返于各区域间的道路不通畅，导致轩轩被绊倒在地。其次，轩轩知道要慢慢地走过去，但因幼儿年龄小，反应能力差，小珠的"伸腿"以及活动通道狭窄，轩轩未及时做出反应。再次，轩轩受伤后，教师没有第一时间请专业医生对幼儿进行诊治，只是对幼儿的伤口进行简单、随意的处理并询问幼儿的感觉就草草了事。最后，教师虽一直在关注并询问轩轩"还疼不疼"，但幼儿的伤势是肉眼看不到的，幼儿也不能清楚地表达自己的感受，这一系列的行为引发了家长的不满，使家长对教师、幼儿园失去信任。这一事件甚至会给幼儿园带来生源流失的危机。

【出谋划策】

针对本案例中的具体情况，教师可以采取以下策略。第一，在设置区域活动时，教师应根据幼儿园的区域活动空间，考虑每个区域活动的范围以及可容纳人数，创设大小适宜的区域，防止过度拥挤，并保证幼儿的活动在教师的视线范围之内。第二，区域设置既要满足不同幼儿的不同需求，又要保证各个区域内的进出口、各个区域之间，以及通往盥洗室的"交通路线"相对固定和畅通无阻，不在过度狭窄的地方放置容易绊倒的物品，避免幼儿碰撞、被绊倒。第三，教师要把区域中的柜子、桌角和锋利墙边的边角贴上防撞角或防撞条，避免幼儿撞伤。第四，教师在轩轩受伤后，必须第一时间请专业医生对幼儿进行诊治，还要与家长取得联系，向家长说明事情的真相以及幼儿的伤势。第五，幼儿园和教师要跟进幼儿后续的情况，做好安慰工作。第六，幼儿园要加强对区域活动设置的管理，并安排相关人员进行监管，发现不当之处及时调整，保证幼儿在活动中能够自由、快乐、健康地成长。

2. 物品摆放危机

物品摆放危机是幼儿园活动区物品的摆放既不符合相关法律法规的要求与规定，也未考虑到幼儿的身心发展规律，如玩具柜太高，幼儿够不到，易造成幼儿摔倒而引发的危机；活动中存在易碎物品、危险物品，且其位置摆放不当，使幼儿触手可及而引发的意想不到的危机等。

【情景再现】

案例 3-3-2　　　　　　　　　吐泡泡

陈老师在大五班担任保育员，某天上午，孩子们在区域中进行游戏，陈老师在盥洗室里打扫卫生，手洗毛巾。由于洗衣粉清洗的毛巾可能会伤害孩子皮肤，因此陈老师用饮料瓶装了一些洗衣液拿到班级来，在洗毛巾时放一点，用完后再把它放到幼儿衣柜的二层，心想这么隐蔽，孩子们肯定够不到。但是万万没想到，陈老师取放洗衣液这一过程被骅骅看见了，趁着陈老师出去晾毛巾和主班教师没注意的时候，骅骅爬上衣柜二层，拿起"饮料"，往嘴里灌了一大口。这时，陈老师走进来，看到骅骅正趴在衣柜二层，骅骅还笑嘻嘻地说："陈老师，我会吐泡泡啦!"陈老师吓出了一身汗，立马跑过去把他抱下来，拿上杯子就让他漱口，让其赶紧把嘴里的洗衣液吐了出来；又迅速抱起烨烨，冲向保健室，为其做相关检查，为了安全起见，保健医和陈老师带烨烨去医院进行了诊治。幸好及时发现并处理得当，骅骅的身体没有受到很大的损伤，但事后家长非常愤怒，指责教师不负责，这次是洗衣液，那下次呢？

（本案例来源于山西省人民政府机关幼儿园，陈彦妹）

【分析解读】

本案例中的危机主要是由物品摆放位置不当引发的。首先，陈老师未把洗衣液放到物品专用柜里，还装入饮料瓶里，洗衣液的颜色又正好与饮料的颜色相似，导致骅骅误认为洗衣液是饮料，喝了洗衣液。其次，3~6岁幼儿年龄小，好奇心强，看到陈老师把"饮料"放在幼儿衣柜的二层，骅骅心想肯定是一个宝物，必须去看一看到底是什么东西。再次，带班教师和陈老师在幼儿活动中均存在失职行为。陈老师把洗衣液放在幼儿衣柜的二层，想当然地认为幼儿够不到，

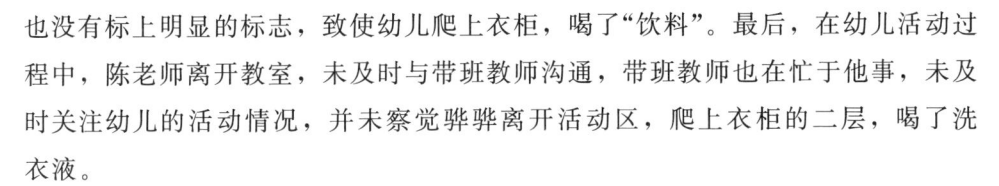

也没有标上明显的标志,致使幼儿爬上衣柜,喝了"饮料"。最后,在幼儿活动过程中,陈老师离开教室,未及时与带班教师沟通,带班教师也在忙于他事,未及时关注幼儿的活动情况,并未察觉骅骅离开活动区,爬上衣柜的二层,喝了洗衣液。

【出谋划策】

针对本案例具体情况,幼儿园可以采取以下几个方面的策略。第一,幼儿园应制定区域活动物品管理制度,明确规定物品摆放的位置以及注意事项。消毒剂、清洁剂等物品必须放在专用柜,专用柜要放在幼儿接触不到的地方,并做上明显的标志,切勿放在饮料瓶里,防止幼儿误服。第二,教师在日常生活中对幼儿开展关于危险物品的危机教育,让幼儿了解危险物品的种类与伤害并嘱咐幼儿不能乱抓、乱摸、乱尝陌生的东西。第三,带班教师与保育教师应各司其职,做好本职工作,及时沟通本班班级的情况与幼儿各方面的情况,保教结合、预防危机,促其健康成长。第四,当幼儿发生危机后,教师应及时与幼儿家长取得联系,向家长解释清楚事情的真相以及幼儿目前的状态,并向家长道歉,检讨自己,获得家长的谅解,后续还要与家长及时沟通,多多关注幼儿的情况。

(二)活动材料危机

皮亚杰说儿童的智慧源于材料。在区域活动中,影响幼儿活动效果最主要的因素之一就是材料。[①] 在区域活动中因省钱、省力与省时选择安全性、卫生性差的学习材料而导致幼儿过敏、中毒,幼儿之间争抢材料导致幼儿受伤以及材料使用方法不当导致幼儿受伤和误吞微小物品等引发的危机,均被称为活动材料危机。

1. 材料选择危机

一些幼儿园和教师为了"一己私利",不遵守相关法律法规的规定,购买有毒、有害物质的材料,选择有污染、不卫生的材料,从而影响幼儿活动的质量,损害幼儿的身心健康,甚至给幼儿造成了无法弥补的伤害。

【情景再现】

案例3-3-3　　　　　　　　省小钱,坏大事

9月份,某民办幼儿园要开园,为了节省资金与时间,就随意地从批发市场

[①] 全晓燕:《幼儿园区域活动设计与指导》,32页,上海,华东师范大学出版社,2016。

购置了一批价格低廉、外表鲜亮的彩色喷涂的结构游戏材料。开学后，家长、幼儿对幼儿园的新设备纷纷表示欣喜不已。过了一段时间，教师陆续发现幼儿身上起了很多红疙瘩，又痛又痒。保健医对幼儿体检后并未发现什么，就猜测可能是季节的原因，过段时间就没事了。但是，几天后，教师发现这种情况越发严重。幼儿园决定彻查此事，邀请专业人士进行相关的检查与检测，经调查发现，是幼儿园新购置的结构游戏材料导致幼儿体内铅含量过高、身上起红疙瘩、瘙痒疼痛的。家长们得知后，非常愤怒，向教育局状告此事，还要求马上退园与赔偿。于是，教育主管部门立马介入此事，追究责任并勒令幼儿园停园整顿，还要求幼儿园对受害幼儿及家长负责并给予相应的赔偿。

（本案例改编自雷思明主编的《幼儿园安全策略50条》，华东师范大学出版社）

【分析解读】

本案例中的危机主要是由活动材料选择不当引发的。首先，幼儿园为了一己私欲、贪图小便宜，既不遵守法律法规的相关规定，也不符合幼儿园活动配备的要求，选择了劣质、不卫生、不合格的游戏材料，造成幼儿摄入性金属中毒和过敏。其次，幼儿园未制定区域活动材料定期检查的相关制度，未及时发现幼儿园使用劣质、有污染的游戏材料，导致幼儿铅中毒与过敏。再次，教师既没有在幼儿使用材料之前对材料进行检查、清洗和消毒，也没有在幼儿使用材料之后及时督促幼儿洗手，导致有害物质入侵到幼儿的体内。最后，部分幼儿已出现过敏现象，园领导、教师与保健医掉以轻心，不加重视，导致危机愈演愈烈，给幼儿的身心造成了极大的伤害，使幼儿园也面临停园整顿的危机。

【出谋划策】

针对本案例的具体情况，幼儿园应从以下几个方面采取有效的策略。第一，幼儿园在购置活动材料时，应遵循相关法律法规的规定，为幼儿选择安全、卫生、促发展的材料，符合幼儿园玩教具配备标准的要求，保证材料的安全。第二，幼儿园在购买材料时注意从正规的生产商、经销商进货，并索要购买凭证；注意查看活动材料是否标注生产厂家的名称、厂址、电话、主要材质或成分、使用年龄段、安全警示语等信息，是否有产品合格证，不要购买"三无"产品及假冒伪劣产品；查看其相关金属含量是否超标，是否符合国家的安全标准。[①] 第三，幼儿园定期对活动材料进行检查、消毒，及时维修或更换，发现不合格的、不能

---

① 雷思明：《幼儿园安全策略50条》，45页，上海，华东师范大学出版社，2013。

安全使用的活动材料应立即淘汰，在维修前要采取安全可靠的措施来防止幼儿接触与使用活动材料。第四，教师、保育教师要培养幼儿良好的卫生习惯，不啃、咬材料，玩完材料后不能用手揉眼睛，要及时洗手，注意防护；在幼儿发生危机后，应及时上报给幼儿园彻查此事，寻找根源。第五，幼儿园与家长做好沟通，安抚好家长的情绪，彻查此事以及相关人员，做好整顿，主动承担责任，做好危机公关。

【法条链接】

《幼儿园工作规程》第三十六条规定："玩教具应当具有教育意义并符合安全、卫生的要求。"

《幼儿园管理条例》第十九条规定："幼儿园应当建立安全防护制度，严禁在幼儿园内设置威胁幼儿安全的危险建筑物和设施，严禁使用有毒、有害物质制作教具、玩具。"

《学生伤害事故处理方法》第九条规定：因学校提供给学生使用的学具、教育教学和生活设施、设备不符合国家规定的标准，或者有明显不安全因素而造成的学生伤害事故，学校应依法承担相应的责任。

这就要求幼儿园为幼儿投放的任何材料一定要注意安全、卫生，材料表面要平整光滑、无锐利的棱角、涂料要无毒，还要注意经常清洗消毒。一旦发现材料出现问题马上向上级报告，采取危机应急预案，配合卫生部门的相关调查，进行整顿，做好危机公关。

2. 材料争抢危机

材料争抢危机是幼儿年龄小，自制能力差，易受到同伴的干扰，加之教师准备的游戏材料不足或未满足个别幼儿的需求，在区域活动中出现两个或两个以上的幼儿争抢同一游戏材料而引发的危机。

【情景再现】

案例 3-3-4　　　　　　我先拿的，这是我的

周五下午，小三班在"娃娃家"活动，欢欢抱着大眼睛、穿着公主裙的漂亮娃娃，月月看见了也想玩玩，可是欢欢玩得正开心，不舍得放手，说："这是我先拿的，是我的！"两人僵持了一会儿后，月月上前抢欢欢手里的娃娃，可欢欢就不放手，月月气不过，转身把欢欢的脸抓伤了，欢欢不甘示弱地也抓了月月的脸。两人都害怕被老师批评而没有告知老师，老师因忙于他事也没注意到这边的情况，直到双方家长来接孩子时才发现各自孩子脸上的伤痕，于是双方家长就争吵了起来。老师则认为孩子已经交到家长手里了，又不曾向我报告，那与我无关，就没有调查此事，也没有做劝架的疏导工作，导致双方家长越吵越激烈，谁也不肯让谁。欢欢的家长甚至还恐吓月月的家长，说："如果我的孩子有什么问题，你的孩子也别想活！"结果，月月的家长就因为这句话感到既害怕又担心而报了警。

（本案例改编自张燕、邢利娅主编的《幼儿园管理案例及评析》，北京师范大学出版社）

【分析解读】

本案例中的危机主要是由幼儿之间争抢游戏材料引发的。首先，因区域游戏材料准备不足，导致幼儿争抢材料，抢不过就抓伤对方的脸，从而引发了家长之间的争吵，甚至到了报警的地步。其次，小班幼儿以自我为中心，只考虑自己的感受和需求，易受到同伴的干扰，看到别人玩什么自己也要玩什么。再次，幼儿年龄小，语言表达能力、交往能力都比较差，处理事情的方法比较直接、简单，自己看中的东西就得要，不给就抢，抢不过就哭、闹、打。最后，教师存在严重的失职行为。家长争吵发生在离园时间，家长争吵的原因是幼儿在园内发生的事情，带班教师理应负责和解决此事。但在活动过程中，教师因忙于他事，全然不知幼儿在活动中发生的情况，家长来接时才知道幼儿受伤了；在发生危机后，教师既不对事情的真相进行调查，也不顾幼儿家长的谩骂、争吵，以致把事情闹到了报警的地步。

【出谋划策】

针对本案例的具体情况，教师和幼儿园领导应采取以下策略。第一，教师按需投放材料。教师结合幼儿的需求与想法投放丰富的具有层次性与可操作性的游戏材料，避免幼儿发生争抢。第二，教师及时给予引导，引导幼儿充分表达自己的想法与意愿，并引导他们学会协商。第三，教师应鼓励幼儿在活动中与同伴多多合作、沟通交流，减少攻击性行为，也不要争抢材料，不能用材料打同伴，不能抓、咬同伴。第四，教师应教给幼儿基本的合作技能和语言表达方式，如"请你给我玩一会儿好吗""咱俩能换一换吗""你玩一会儿后，我再玩一会儿"等；还可以教幼儿以石头剪刀布的方式来决定谁赢谁先玩。第五，教师应及时了解事情的来龙去脉，并向双方家长详细说明，做好劝架与疏通工作。第六，幼儿园领导应与双方家长面谈，先代表园方与教师向家长道歉、做出检讨，解释清楚事情的真相，劝说双方家长，分析报案对此事产生的负面影响，对幼儿幼小的心灵产生的阴影，促使他们销案和解，冰释前嫌。

3. 材料使用危机

材料使用危机是指幼儿的年龄小，各方面发展水平低，手指的灵活度不高，动作协调性差，在区域活动中使用小刀、剪刀等物品时不会运用正确的方法或是灵活性差，从而给自己及其他幼儿带来一些隐患而引发的危机。

【情景再现】

案例 3-3-5　　　　　　　　挥舞的剪刀

"小朋友们，小青蛙的腿需要你们用剪刀修剪，剪刀（儿童美工剪刀）就在美工区的收纳盒里，现在请每组的组长去取，你们用剪刀时要注意安全，用完后必须放回去。"

没过一会儿，小朋友们就把小青蛙剪好了，纷纷向老师展示自己的成果。这时，默默悄悄地把剪刀放在自己口袋里，心想："一会儿我要去美工区，给晨晨做一个小青蛙。"终于到了心心念念的区域活动时间了，辰辰邀请默默去角色扮演区，但默默偷偷给晨晨展示自己拿的剪刀，邀请他去美工区继续剪小青蛙，可是在剪的过程中，默默用力一抬手，不小心戳到了晨晨的眼角，只听"啊"的一声，晨晨捂住眼睛，哭了起来。班级所有老师闻声而来，询问原因并抱起晨晨直冲保健室，保健医检查后发现晨晨只是眼角瘀青有点肿，没什么其他问题。为了避免出现更大的伤害，老师又迅速带领晨晨去医院进行深入的检查，经医院诊治发现，晨晨没什么问题，眼角瘀青与肿过几天就会自动消除，也可以拿点药膏涂抹。放学后，奶奶来接晨晨，看到晨晨的眼睛，大声地质问："这是怎么回事？我早上送来的时候好好的，你们老师又做什么了？把我们孩子弄成这样！"在场的家长也议论纷纷，有的甚至拿出手机进行拍摄，发到朋友圈、微博。

（本案例改编自天跃图书工作室的《幼儿园的 50 个安全管理问题》，福建教育出版社）

【分析解读】

本案例中的危机主要是由幼儿使用剪刀的方法不当引发的。首先，剪刀是幼儿园日常教学中经常使用的工具，它对发展幼儿的小肌肉群，提高幼儿的动手操作能力与手眼协调能力具有重要的作用。但小班幼儿年龄小，自制力差，不能很好地遵守使用剪刀的正确方法与规则，导致幼儿在日常练习中会给自己及其他幼儿带来一定的伤害。其次，教师在幼儿活动过程中忽略了幼儿的好奇心及对剪刀的兴趣，忽略了幼儿对一切新鲜的事物都想去尝试，未及时清点剪刀的数目，未及时观察与关注幼儿在活动过程中的行为，使默默和晨晨成为"漏网之鱼"，给晨晨带来了伤害。最后，在晨晨发生危机后，教师未及时与家长取得联系，说明晨晨目前的具体情况，也未及时向园领导报告此事，直到放学家长来接孩子时才发现此事，使教师自己和幼儿园处于非常被动的地位，危机也爆发到了"顶点"，给幼儿园带来了声誉与生源危机。

【出谋划策】

针对本案例的具体情况，教师应采取以下几个方面的策略。

第一，教师结合手指游戏，使幼儿快速了解剪刀的正确使用方法与规则，在日常生活中让幼儿加强训练并逐渐掌握。第二，活动前，教师应向幼儿清楚地讲解剪刀正确的使用方法，强调使用剪刀的注意事项，使幼儿掌握并运用。第三，活动时，教师分配好站位，一定要确保每个幼儿都在自己的视线范围内活动，并告知幼儿不可随意拿着剪刀乱走动、打闹、嬉戏。第四，活动后，教师应强调用完剪刀后一定要合上剪刀，放入剪刀套中，必须放回原处，不能私自放入口袋或书包；教师还要清点剪刀数目，以防出现遗漏。第五，幼儿被戳伤后，教师必须迅速带幼儿到保健室进行处理，必要时要去医院进行专业诊治，还要及时上报园方领导，与家长取得联系，安抚好家长的情绪，说明当时的情况与经过，做好检讨并倾听家长的意见，共同商讨解决方案，处理好危机公关。

三、区域活动的危机管理策略

区域活动是一种以快乐和满足为目的，以操作、摆弄为途径，满足幼儿个性发展的自主性活动。但幼儿年龄小，自我保护能力差，会因活动设置不当，材料污染、不卫生以及与同伴争抢材料受到伤害。因此，幼儿园和教师应采取合理的危机管理策略，保证幼儿在区域活动中能正常有序地进行活动，促进幼儿身心健康发展。

(一)合理设置活动区域，预防危机发生

创设适宜的环境，保证区域布局的合理性。在活动空间设置上，要兼顾科学性、合理性，满足不同幼儿各方面的需求，还要保证各个区域内、区域之间的"交通路线"相对固定和畅通无堵，避免发生危机。在材料选择上，既要符合玩教具设备标准，选择安全、卫生、促发展的材料；又要根据活动区域的大小合理限定人数，保证每个区域都具有丰富的活动材料，避免幼儿因争抢玩具而受到伤害。

(二)明确教师职责，及时处理危机

当危机发生后，作为危机的第一接触人，教师应及时对幼儿进行急救。例如，当幼儿磕伤、摔伤时，教师要第一时间为幼儿处理伤口，保证幼儿的伤势不再继续加重；还要请专业医生仔细地检查，方可解除危机。在活动过程中，教师应明确自己的职责，注意自己的站位，时刻关注幼儿。发生危机后，教师要及时上报园方领导并与家长取得联系，做好沟通，倾听家长的意见，共同商讨解决方案，避免事情向坏处发展。

(三)重塑幼儿园形象，做好危机公关

处理好危机的善后工作，做好危机公关。教师要先做家长的安抚工作，时刻关注幼儿的情况，经常发微信、打电话进行慰问，必要时要陪同幼儿进行检查；还要对幼儿负责，帮助幼儿克服发生危机后形成的心理障碍，鼓励幼儿勇敢面对、健康成长。幼儿园要就典型案例对教师进行培训，处理好危机公关，恢复幼儿园信誉，维护幼儿园的形象。

综上所述，幼儿园区域活动作为实现个别化教育的重要组织形式，受到越来越多的关注，但在区域活动中会因活动设置不当，活动材料污染、不卫生，使用方法不当，材料争抢而发生危机，这就需要幼儿园、教师与家长多主体联合管理，采取合理的策略，预防危机发生，及时处理危机，做好危机公关，为幼儿构建一个安全、健康的乐园，使幼儿度过一个美好的童年。

第四节　户外活动的危机管理

户外活动深受幼儿喜爱，是幼儿园一日生活中必不可少的环节。相较于室内活动，幼儿在户外可以进行奔跑、攀爬、跳跃等活动量大的活动，这有利于提高幼儿肌体的灵敏度、节奏感和平衡能力，增强幼儿的身体素质。但开放、自由的户外活动也隐藏着诸多危机，本节将详细阐述户外活动中所发生的常见危机，并提出相对应的预防策略。

一、户外活动的重要性

户外活动是指幼儿园教师有目的、有计划地组织幼儿在室外活动场地里，以阳光和新鲜空气为伴，以个体或群体的方式，动用全身感官共同参与的活动。其内涵丰富、形式多样，分为园内户外活动和园外户外活动。园内户外活

动主要指在幼儿园园区内，除去教学教室和居住场所以外的活动，如户外游戏、各种体育活动、观察和游玩等活动；园外户外活动主要指幼儿园园区以外的活动，如远足、短途旅游、野炊等活动。在户外活动中，幼儿园开展丰富多彩的户外游戏及体育活动，既能培养幼儿参加体育活动的兴趣和习惯，促进幼儿身体协调与平衡能力的发展，增强体质及幼儿对外界环境的适应性，又能提升幼儿的语言交流与合作交往能力，促进幼儿社会性发展，为适应未来的生活做好准备。

二、户外活动的常见危机

丰富多彩的户外活动，对幼儿的发展起着至关重要的作用。但幼儿的年龄小，活泼好动，加之家长的溺爱、过度保护，幼儿缺乏对户外活动危机的预测能力。幼儿园户外设施年久未修以及教师缺乏周密的组织与安排，致使幼儿在幼儿园户外活动中出现各种各样的危机，给幼儿带来一定的伤害，家长不放心，教师也不舒心。因此，幼儿园必须采取一定的危机预防策略，降低危机事件在户外活动中所发生的频率。

(一) 园内户外活动的常见危机

在园内户外活动中，幼儿不受场地的限制，自由地跑、跳、攀爬、嬉戏、打闹，但幼儿因园内户外活动设施，如滑梯、木梯、跷跷板等在外日晒雨淋出现老化、损坏等，以及不遵守园内户外活动规则，容易受到各种各样的伤害。因此，加强园内户外活动管理，幼儿园应提出一定的危机预防策略，防止危机的发生。

1. 活动设施危机

活动设施危机是指幼儿园户外活动设施，如滑梯、跷跷板、旋转飞椅、荡船、秋千等常年在外风吹日晒，易产生老化、损坏等问题，幼儿园的维修人员也未遵守幼儿园户外活动设施的管理制度，未及时对户外设施进行维护、检修以及更换零部件，致使幼儿在户外活动中受到伤害而引发的危机。

【情景再现】

案例 3-4-1   会飞的螺丝

周四上午，中三班正在进行爬梯子活动，在活动之前，老师要求孩子们爬梯子时不能推拉、不能打闹，一次最多只能三个孩子爬。正当孩子们玩得开心的时候，只听"哐当"一声，三个孩子与梯子重重地摔倒在地上。老师立马把孩子们扶起来，只见被压在最下面的彤彤，嘴唇被强烈的撞击，破皮出血了，胳膊也不敢动了，一直哭着说疼。老师立马请保健医对彤彤进行检查，保健医经检查得知彤形的手脚多处软组织被压伤，必须马上送往医院进行治疗。事后，维修人员对梯子进行检查发现，梯子第三层交接处的螺丝没有了，孩子们又在梯子上你追我赶地爬着，导致梯子难以承受如此强大的重量，直接从第三层处断开，孩子们也因此受到了伤害。

（本案例改编自郑丽圆主编的《幼儿园班级管理问题与处理》，中国轻工业出版社）

【分析解读】

本案例中的危机主要是因户外设施——梯子的螺丝脱落引发的。首先，梯子在室外经常日晒雨淋，致使梯子上的螺丝生锈。其次，幼儿园的维修人员未及时，尤其是在遇到刮风下雨天后，未及时对户外活动设施进行维护、检修以及更换零部件。再次，教师在活动之前未对梯子进行仔细的检查，未及时发现梯子有松动、螺丝脱落的现象，致使幼儿在爬梯子时受到伤害；在活动过程中未关注幼儿的情况，未及时制止幼儿争抢爬梯子的行为，加剧了梯子的断裂。最后，幼儿年龄小，应变能力较差，当梯子发生摇动、断裂时，并未做出自我保护的行为，反而重摔在地，发生了危机。

【出谋划策】

针对本案例的具体情况，幼儿园和教师应采取以下几个方面的策略。第一，幼儿园应制定定期检查与维护幼儿园的户外活动设施的相关制度，并监督相关维修人员认真执行，对户外活动设施的损坏，如螺丝脱落、棱角破损以及活动架子受损等，要及时更新与替换，不能及时修复的应立即停用，挂出"停用"标志，并转告相关人员。第二，教师在活动前对相关的户外设施进行检查，重点查看螺丝是否松动、部件是否损坏、有无会擦伤幼儿皮肤的掉漆、有无会戳痛幼儿的尖角。如果可以，教师应在幼儿活动设施的下方或者周围铺上胶垫，防止幼儿摔伤。第三，教师应在活动前带领幼儿做好热身准备，活动身体，肌肉放松，防止幼儿受伤。第四，教师在活动过程中，应严格按照户外活动组织流程操作，注意观察与关注幼儿的活动情况，第一时间对他们有可能出现危机的行为及时制止，并对其进行教育。

2. 活动规则危机

活动规则危机是指幼儿在园内户外活动中，只顾及自己的感受与需求，不遵守活动规则，扰乱活动秩序，不运用正确的做法来玩游戏，给自己和同伴带来了一定的危机，使自己和同伴的身体受到了一定的伤害，从而引发的危机。

【情景再现】

案例 3-4-2　　　　滑梯可以这样玩吗？

周二下午，薄老师领着中二班的孩子们在户外玩滑梯。活动前，薄老师着重强调了玩滑梯的正确玩法和注意事项。刚开始，孩子们还能按序排队、正面坐着玩滑梯，但玩了三分钟后，孩子们越玩越兴奋，玩滑梯的速度越来越快，也就不遵守玩滑梯的规则了。尤其是天天最为典型，他既插队又连蹦带跳地冲向旋转滑梯，滑到一半时，突然身体前倾，慢慢停下，再侧着身子滑一半，最后趴着滑到底。以同样的方式滑了第二次后，他边跳边喊真好玩。第三次也是如此，正当薄老师准备过去制止他时，他已经快到滑梯尾端，没控制住身体，直接摔到了地上，紧接着就是一阵哭声。薄老师赶忙跑过去一看，天天的上嘴唇被磕破了，牙齿也被磕掉了一颗。

（本案例来源于山西省人民政府机关幼儿园，薄凡）

【分析解读】

本案例中的危机主要是幼儿在户外玩滑梯时不遵守活动规则引发的。首先，3~6岁的幼儿天性爱玩、好玩，户外活动又深受幼儿的喜爱，能够使幼儿释放天性、尽情玩耍，但幼儿在进行户外活动时还须遵守一定的活动规则，才不会使自己的身体受到一定的伤害。然而天天在玩滑梯时一次次地做着危险动作，只享受玩滑梯给自己带来的快感，全然不顾玩滑梯的规则与要求，不考虑自己的安危，势必会发生危机。其次，在活动过程中，天天已经连续三次这样玩滑梯，教师未及时制止他这样滑滑梯，未提醒他遵守玩滑梯的规则。最后，幼儿园未制定园内户外活动组织流程操作的相关规定，来监督教师组织幼儿进行园内户外活动时是否认真执行相关规定与要求。幼儿园应强化教师的责任意识，增强其责任感，使其排除危机、消除隐患。

【出谋划策】

针对本案例的具体情况，教师应采取以下策略。第一，教师在活动前应组织幼儿做热身运动，为随后更为强烈的身体活动做好准备。第二，教师要向幼儿说清楚本次活动的目的、要求并通过不同的方式使幼儿了解各种游戏及体育器材的玩法、规则以及违反规则的后果。第三，在活动开始后，教师可以巧妙地运用游戏情境，采取不同的策略，提醒幼儿遵守活动的相关要求；对于不遵守规则的幼儿，教师必须立即介入，适当地运用"冷处理"方法，让幼儿停止游戏。第四，在户外活动结束后，教师要根据幼儿活动的情况进行相应的总结与评价，其内容主要包括：今天我们在户外玩了什么游戏，幼儿在游戏中的表现如何，以及哪些小朋友遵守规则并用什么方法来保护自己与同伴等，这样才能提升幼儿的规则意识，促使幼儿由被动遵守变成主动遵循活动规则，避免因活动规则而引发的危机。第五，利用同伴效应来规范其他幼儿的行为，加强整体规则的建立。

（二）园外户外活动的常见危机

开展园外户外活动有利于开阔幼儿眼界，培养幼儿的创造性思维。但园外户外活动中会发生危机事件的频率要远远高于园内，如意外伤害危机与擅自离队危机，都是无法预料的危机。因此，幼儿园要制定详细、周密、合理的活动方案，落实到每位管理人员，尽量降低危机发生的频率，保证园外活动顺利地进行下去。

1. 意外伤害危机

意外伤害危机是指幼儿园在组织幼儿进行园外户外活动时，因幼儿年龄小，自我控制能力差，家长过度保护以及园外活动场地大，教师的精力有限，无法照看好每个幼儿，致使幼儿意外受到伤害，如扭伤、摔伤、砸伤与蜇咬伤等，从而引发的危机。

【情景再现】

案例 3-4-3　　　　　　　　我要看航模

儿童节前夕，某职业技术学校玩具专业的学生在校园组织大规模的自制玩具表演，附近的某幼儿园得知这个消息后，就组织大班幼儿前去观看。到某职业技术学校后，幼儿被安排在离舞台最近的观看区。然而在表演中，一架在空中飞翔的玩具飞机突然不受控制，向坐在看台上面的幼儿冲了过来，玩具飞机的机翼把平平的头皮刮伤了，老师见状立马抱起平平，到医院治疗，并垫付了医药费。经医治，平平头皮上缝了5针，留下了非常明显的疤痕，平平的父母非常气愤，状告幼儿园并索要赔偿，但幼儿园觉得平平受伤的原因是某职业技术学校的学生技术不到位，与幼儿园无关。

（本案例改编自线亚威主编的《幼儿园安全教育手册》，高等教育出版社）

【分析解读】

本案例中的危机主要是由幼儿园组织幼儿外出参观发生意外引发的。首先，组织方举办此次活动前未考虑到各种因素，未做好充足的物质准备，玩具飞机没有充足的飞行空间以及在玩具飞机飞行前未进行试飞检查，致使平平头皮被玩具飞机的机翼刮伤。其次，幼儿园临时安排幼儿去参观表演，既未征得上级教育行政部门的同意,也未取得家长的同意,更没有做好幼儿外出活动的防护工作,导致幼儿受伤。再次,教师在活动前,未向幼儿说明户外活动的注意事项;在幼儿受伤后,未及时上报园方领导,未及时与家长取得联系并解释事情的来龙去脉。最后,园方领导、教师未与家长商讨此事的解决方案,未给予相应的赔偿,致使平平父母向法院状告幼儿园,给幼儿园带来形象危机、生源危机甚至是生存危机。

【出谋划策】

针对本案例的具体情况,各方应采取以下几个方面的策略。第一,某职业技术学校应在表演之前对所有玩具飞机的各个方面进行仔细的检查,以及提前进行试飞查看,保证演出的万无一失。第二,幼儿园应该把幼儿的观看区安排在出入方便、宽敞、安全的地方,避免幼儿发生危机。第三,幼儿园组织园外户外活动时,应选择有利于幼儿健康成长的活动,而不是组织超出幼儿承受范围以及与实现教育教学目的无关甚至是有害于幼儿身心健康的活动。第四,在组织户外活动前,幼儿园应向上级教育行政部门报批并采取自愿的原则征得家长的同意,方可组织并让幼儿参加此次活动。第五,教师在外出前一定要对幼儿进行园外户外活动的危机教育,不能乱跑,听从教师的指挥与安排。第六,教师在幼儿发生危机后第一时间向园领导汇报并与家长取得联系,向家长解释清楚事情的来龙去脉,并给予相应的赔偿,后续还要定期慰问幼儿,跟踪幼儿的情况。

【法条链接】

《中华人民共和国未成年人保护法》第三十五条规定:"学校、幼儿园安排未成年人参加文化娱乐、社会实践等集体活动,应当保护未成年人的身心健康,防止发生人身伤害事故。"

这就要求幼儿园在组织幼儿进行园外户外活动时,制订周密而详细的计划,做好预案,确保万无一失。一旦发生无法预料的危机,马上向上级报告,采取危机应急预案,调动一切资源,处理好危机,尽量减少损失与伤害。

2. 擅自离队危机

组织幼儿外出活动,是提高幼儿综合素质的一个重要途径。在活动中,幼儿一定要服从教师的安排,遇事教师要及时汇报,避免出现幼儿走失、擅自离队危机。

【情景再现】

案例 3-4-4　　　　　　　小鱼的"诱惑"

周一上午,幼儿园组织大班幼儿去郊区参观植物园,9点30分到达植物园门口,王老师点完人数后,就开始参观了。过了一会儿,夏天与晨晨要去小便,由于一个班里只有两位带队教师,而且厕所离得也比较远,因此王老师只好让植物园的工作人员带领她俩去厕所。可是,十分钟过去了,迟迟不见她们的踪影,王老师有点着急了,与李老师商量之下,决定先去找找他们。这时,工作人员着急地跑过来问:"夏天和晨晨回来了吗?"原来,夏天和晨晨上完厕所后趁工作人员不注意偷偷跑了。李老师听了召集大家赶紧去找两个孩子。后来,老师在池塘旁边找到了夏天和晨晨。原来,她俩看到了小鱼,一时玩上了,就忘了去找老师。

(本案例改编自张春炬、李芳主编的《幼儿园安全管理策略》,中国轻工业出版社)

【分析解读】

本案例中的危机主要是由幼儿擅自离队引发的。首先,幼儿年龄小,好奇心强,自控能力差,看到小鱼,抵挡不住好玩的心,就玩了起来,全然不顾教师的着急和这样做的后果。其次,在活动参观前,教师未向幼儿说清楚外出参观的注意事项,去哪里、干什么事情必须第一时间告诉教师,不能私自离开,不能离开教师的视线范围。再次,园外户外活动的空间大,幼儿园领导未制定详细而周密的活动方案、园外户外活动危机应急预案,安排的教师人数又少,教师不能及时地关注每一个幼儿在活动中的状况。最后,幼儿园未提前派专人对活动场地实地考察,排查各种隐患并与管理人员做好沟通,请求多安排工作人员,落实到个人,明确职责,组织好活动秩序。

【出谋划策】

针对本案例的具体情况,幼儿园和教师应采取以下几个方面的策略。第一,幼儿园在活动前应请专业人员、园领导以及本次活动的负责人对活动场地进行考察,做好规划,制定出详细而周密的活动方案,还要与工作人员核实活动细则,要求安排充足的工作人员,共同做好周密的防护工作。第二,幼儿园应配备足够的教师,出发、集合和分散活动都要确定具体的责任人,保证活动顺利地进行下去。第三,教师在出发前,应清点人数、整理装束,组织幼儿有序地上车、下车,还要向幼儿交代清楚园外户外活动的注意事项,切记想去干什么必须第一时间向教师报告,不能随意走动,不能擅自离队;更要特别关注那些活泼好动的幼儿,防止出现各种危机,避免造成意想不到的后果。第四,在活动过程中,教师也要随时清点人数,保证幼儿在教师的可视范围之内。第五,活动结束后,教师清点人数,整理好物品后再散场。

三、户外活动的危机管理策略

幼儿园户外活动是课堂教学、游戏的主要形式之一。相比于课内活动组织形式，户外活动有更多变性因素，对安全有更高的要求。因此，幼儿园要制定户外活动危机预防方案，强化危机意识，增强危机应对能力，做好各项危机防范措施，保证幼儿户外活动的安全，促进幼儿户外活动的顺利开展。

（一）预防危机，创设安全的户外环境

创设良好的户外环境，综合考虑各方面的因素，对可能出现的各种危机进行准确的预判。在户外活动的设计上，幼儿园应该根据实际场地的特点进行设置；在场地的选择上，幼儿园要为幼儿创设安全的户外设施，定期检查、维修或更换活动设施，对近期不能修复的设施，要设置"停用"标志，并转达相关人员。在幼儿活动之前，教师要向幼儿清楚地介绍活动规则、注意事项和大型玩具的玩法。这样才能鼓励幼儿大胆创造、积极探索，促进幼儿安全、健康成长。

（二）处理危机，承担相应的责任

户外活动场地大，人流量大，教师精力有限，因此更要在户外活动中加强管理。首先，教师应明确职责，注意自己的站位。其次，危机发生后，教师应第一时间对幼儿进行救治，还要请专业医生做进一步的检查。再次，为避免出现幼儿擅自离队危机，教师既要在活动前、中、后清点人数，也要制定危机预防方案。最后，一旦发生危机，教师要及时上报给园方领导，与家长做好沟通，共同商讨解决方案，做好危机公关。

（三）善后危机，进行户外危机教育

处理好幼儿在户外活动发生危机的善后工作，进行户外危机教育。首先，幼儿园、教师要做好后续工作，以免引起家长的不满或出现更大的问题。其次，制定幼儿园户外活动危机应急预案，若发生危机，幼儿园应启动应急预案，要"有知有序"地进行。最后，幼儿园要对全体教职工进行户外危机教育，增强教师危机防范与处理能力，促进幼儿健康成长。

户外活动作为实现幼儿园教育目标和幼儿发展水平的重要渠道，有利于促进幼儿的全面发展，但因活动空间大，幼儿自我控制能力、自我保护能力差，易发生意外伤害危机和擅自离队危机。因此，幼儿园、教师应加强危机管理，保证幼儿在户外活动的安全，发挥户外活动最大的效益，促进幼儿发展。

【拓展阅读】

[1]张春炬，李芳．幼儿园安全管理策略［M］．北京：中国轻工业出版社，2017：34-71．（该书以河北省保定市某幼儿园为例，介绍了教育教学安全管理、幼儿园后勤安全管理、幼儿心理安全管理和幼儿园常见事故应对方法与策略，涉及幼儿园安全管理的各个方面，为幼儿教师和幼儿园管理者更好地进行幼儿园安全管理提供了借鉴。）

[2]张燕，邢利娅．幼儿园管理案例及评析［M］．北京：北京师范大学出版社，2002：220-252．（该书整合并分析了国内真实且典型的幼儿园管理案例，对大量感性经验进行归纳、概括，从而帮助幼儿教师和幼儿园管理者将理论与实践相结合，使其充分认识幼儿园管理的现象，并起到一定的指导实践的作用。）

[3]翁榕萍．危机管理理念下的幼儿园一日生活中的危机预防策略［J］．教师，2012(28)．（该文章通过对幼儿园一日生活中常见的危机类型进行分类分析，从危机意识、危机管理机制、构建管理平台、强化教育等方面提出了危机预防的策略。）

[4]夏艺珊．幼儿园一日生活组织与指导［M］．北京：中国轻工业出版社，2017：2-178．（该书从幼儿园一日生活入手，详细说明在幼儿园一日生活的各个环节中幼儿和教师应怎样做，帮助幼儿掌握生活中的必备知识、技能，锻炼幼儿生活自理能力，从而使幼儿能够预防一日生活中的危机。）

【想一想，做一做】

1．因教师疏忽造成幼儿意外伤害危机，幼儿家长不依不饶，你应该如何做？
2．详细制定一份关于一日生活的危机预案。

第四章 幼儿健康的守护伞
——幼儿园卫生保健的危机管理

【导入案例】

某幼儿园大班老师在晨检时,发现一名幼儿疑似出水痘。经保健医确认后,老师当场让家长将幼儿带回去治疗,没有让幼儿过多停留。可是,接下来的一两天内,还是有家长反映自己家孩子也得了水痘。家长们很生气,认为幼儿园工作不到位,集体找老师讨要说法,可老师也很疑惑:明明每次发现病例,就立刻让家长带患儿回家治疗了,怎么还是有这么多幼儿都感染上了水痘?

家长和老师们都很不解,最后园长出面,仔细地询问了整件事情的经过,还专门约谈了几乎所有相关的教职工,终于弄清了事情的真相。原来,虽然老师发现病例后,马上通知家长将患儿带回家,但是没有做彻底消毒与隔离工作。老师和保育员认为,患儿在园的时间较短,而且一经发现就马上回家治疗,不必做彻底消毒,只要喷一喷消毒水就可以了。另外,在等待家长来接患儿时,老师和保育员也没有将患儿单独隔离开来,而是让其待在教室一旁休息。由于老师和保育员没有彻底消毒,并且没有将患儿隔离开,因此导致有的幼儿被传染了。

最终,园长和老师、保育员向家长道歉,承认园方工作的不足之处,并承诺承担部分的医疗费用,家长们也表示了原谅。在这次传染事件后,幼儿园进行暂时的停园整顿,对教职工进行紧急培训,并建立健全了幼儿园卫生保健制度。

(本案例为原创案例)

在上述案例中,幼儿园教师及保育员没有认识到消毒与隔离的重要性,导致班级中的幼儿被传染。这除了体现出教职工个人的错误认识外,还体现出幼儿园卫生保健的相关制度,包括消毒制度、隔离制度等不够完善的问题,而且幼儿园对教职工的培训工作也不到位,最终导致严重的后果。

幼儿园卫生保健工作主要包括膳食营养、卫生消毒和疾病预防等方面,其中,食品的卫生安全、伤情的处理和疾病的预防是幼儿园中比较常见的问题,且通常会直接威胁幼儿的身体健康，容易引发幼儿园危机。因此，本章将主要从食品卫生危机和幼儿伤病危机两方面介绍幼儿园卫生保健的危机管理。

第一节 幼儿园食品卫生的危机管理

幼儿园食品卫生安全是幼儿身心健康的首要保证，一旦出现食品卫生危机，往往会涉及整个幼儿园，且有重大的安全威胁。因此，保障食品安全需要幼儿园对食品严格把关，正确处理食品的选购、储存、制作、消毒等各个环节。

一、常见的食品卫生危机

幼儿园的食品从选购到制作，再到对环境的消毒，任何一个环节稍有失误都可能导致幼儿园发生食品卫生危机。因此，下面主要从食材选购、食品储存、食物制作、环境消毒四个方面阐述在处理食品时需要注意的问题以及可能产生的危机。

（一）食材选购

幼儿园选购食材时，应注意选择安全、卫生的食材，避免选购被污染的、有农药残留的食材。具体应注意以下几点。

1. 从正规渠道选购食材

在选购食材时，幼儿园应选择正规场所售卖的食材，如大型连锁超市或知名食品生产企业，并记录食品源以便以后查找。在购买个别食材时，应注意其包装是否完整，查看生产日期及保质期，不购买过期和将要过期的食材。

2. 保证选购食材的质量

幼儿园在选择鱼、肉、蔬菜、水果等没有包装的食材时，要仔细观察食材的颜色、形态、味道是否正常，是否有异味、霉变等情况。例如，肉类食材不新鲜时，其颜色发暗，且用手触摸时会感到粘腻；再如，蔬菜类食材不新鲜时会发黄、发蔫、腐烂。幼儿园尽量将当天购买的食材在当天用完，不放到次日，以保证幼儿吃到新鲜的食物。

3. 警惕不宜选购的食材

有些食材不适宜幼儿食用，因此在选购食材时应予以排除。例如，咖啡、浓茶等刺激性食材不可让幼儿食用，容易致癌的腌制、熏制的食物，也不能让幼儿食用。另外，幼儿园要注意避免让幼儿食用含有过量的食品添加剂或含有违法的添加剂的食物。

在食材的选购环节，幼儿园要注意食材的来源是否正规，且食材的安全性能否得到保证，否则不卫生、不健康的食材做出来的食物不利于幼儿的身体健康，甚至会威胁到幼儿的生命安全。

【法条链接】

《学校食品安全与营养健康管理规定》第三十二条明确规定："学校食堂采购食品及原料应当遵循安全、健康、符合营养需要的原则。有条件的地方或者学校应当实行大宗食品公开招标、集中定点采购制度，签订采购合同时应当明确供货者食品安全责任和义务，保证食品安全。"

【情景再现】

案例 4-1-1　　　　　　　农药残留闯大祸

某次，市场监督管理局在对某幼儿园进行例行抽查后，发现该幼儿园采购的青菜中农药甲拌磷的含量远远超过《食品安全国家标准 食品中农药最大残留限量》的要求。家长们对于幼儿的健康状态感到担忧，经过检查发现，多名幼儿被诊断出有机磷农药中毒，于是家长们聚集到幼儿园讨要说法，并找到了电视台报道此事。

幼儿园园长对此事进行了回复，称幼儿园已被罚款，并将进行整改。市场监督管理局也对该幼儿园立案调查，同时开展对青菜的溯源工作。

（本案例为原创案例）

【分析解读】

本案例中的危机主要源于幼儿园在食材选购环节出现了疏忽和漏洞。从幼儿园的角度来看，首先，幼儿园采购人员失责，对于食材的选择出现了严重的失误，对于蔬菜、水果等食物，要尤其重视农药残留问题，但采购人员对采购的蔬菜疏于检查，导致部分幼儿出现农药中毒；其次，幼儿园采购人员能力不足，缺乏对食材采购的正确认知，导致有农药残留的蔬菜被送上餐桌。最终，造成了幼儿农药中毒、家长问责、幼儿园被整改的后果。

【出谋划策】

针对本案例的具体情况，首先，幼儿园应立刻进行园内的自我整改，积极配合相关部门的调查，支付幼儿的医疗费用，并向家长和幼儿道歉，争取取得他们的谅解。其次，幼儿园及采购人员应严格遵守相关规定，在选择商家和食材时应仔细斟酌，到正规场所购买，与质量有保障的商家合作，选择稳定的供应商，购买高质量、信得过的食材。在日常活动中，幼儿园要时刻关注幼儿的健康状况，当幼儿出现身体不适的情况时，尤其是身体不适的幼儿数量较多时，幼儿园应立即联系家长，将幼儿送往医院检查，早发现、早治疗，避免因为时间过久耽误幼儿治疗。

（二）食品储存

食品储存的目的是使食品保持新鲜、避免污染。幼儿园在进行食品的储存时，应根据食品说明书的要求进行科学储存。具体应注意以下几点。

1. 保持储存场所的清洁卫生

储存食品的场所要保持清洁卫生、干燥通风的状态，避免高温、潮湿，并有防潮、防鼠、防蟑螂和防火等措施。另外，储存食品的场所禁止存放有毒物品、有害物品、个人生活物品和杂物。

2. 将不同类别食品分类储存

食品的储存应当依据食品类别将食品分类、分架、隔墙、离地存放。幼儿园应将蔬菜类、蛋类等食品冷藏储存，将肉类、水产品等食品冷冻储存，将米、面、油、调味品等不易腐烂的食品常温储存。冰箱、冰库存放的食品必须粘贴上生熟标志，并把生食和熟食分开存储，避免成品、半成品混放。

3. 做好食品的验收登记工作

幼儿园应做好食品放入储存场所时的质量验收工作，禁止存放不符合卫生标准的食品。平时，幼儿园也要经常检查食品的数量、质量，查看生产日期和保质期。在食品进、出储存场所时，要进行登记，对于食品的使用做到先进先出、易坏先用。

食品的储存也是需要注意的地方，因为食品在储存过程中可能会遇到很多外界环境的变化，如可能会遭到虫蚁的侵害和破坏，也可能会因为天气和水电的变化而改变储存条件。因此，相关人员要注意经常查看食品是否变质，否则可能会导致工作人员对食品状态的错误认知，造成重大食品卫生危机。

【情景再现】

案例 4-1-2　　　　　　　　豆奶变"酸奶"

在吃午点的时候，有的幼儿觉得豆奶有酸味，便问老师："今天喝的是酸奶吗？"老师闻言，很是不解，便回答道："今天喝的是豆奶呀！"这时，又有一名幼儿过来告诉老师:"今天的酸奶不好喝。"老师这时意识到可能是豆奶有问题,立即叫幼儿不要再喝,随即又去查看了今天的豆奶。但此时已经有很多幼儿喝下了不少豆奶,老师立即将此事报告了园方领导。幼儿园立即对豆奶进行检查,结果发现豆奶变质。这时部分幼儿已出现恶心、呕吐、肚子痛等现象,园方立即派车将出现不良反应的幼儿送到医院治疗。

经过调查发现,原来是因为前一天夜里幼儿园停电了,加上天气炎热,提前购买的豆奶在冰箱里变质了,于是豆奶变成了"酸奶"。这次食品变质事件发生后,幼儿园不仅一一向家长道歉,而且赔付给这些家长医药费,但还是有一些家长对幼儿园的食材卫生不满意,给幼儿办了转园,幼儿园因此流失了不少生源。

(本案例改编自线亚威主编的《幼儿园安全教育手册》,高等教育出版社)

【分析解读】

本案例中的危机源于幼儿园的食品储存不当。首先,幼儿园在停电后没有及时检查豆奶是否变质,没有意识到储存环境的变化会导致食品变质,说明幼儿园没有建立食品安全管理制度,或者建立了制度,但没有严格按照制度执行。在停电的第二天,相关人员没有到储存场所进行检查,在制作、分装和分发过程中,也没有教职工对食物进行检查,导致食物变质并没有被发现。其次,在预防措施方面,幼儿园没有设置临时应急电源。部分食物储存对外界供电的依赖性较强,食物储存的场所容易受到外界供电情况的影响。停电后,储存在冰箱中的食材容易变质。幼儿园未设置临时应急电源,在幼儿园停电后,没有采取相应措施保证食物的储存环境保持正常状态。最后,幼儿园提前一天购买豆奶,可能会造成食物不新鲜,且在储存过程中有变质、被污染的可能,幼儿食用过后可能会出现腹泻,甚至食物中毒的情况。

【出谋划策】

针对本案例的具体情况,首先,幼儿园应该赔付相应的医疗费用,向家长和幼儿道歉,承认园方的错误,并向家长保证今后不再犯此类错误,争取取得家长的谅解。其次,幼儿园应建立健全食品安全管理制度,并严格按照制度执行,以改善食品卫生状况。幼儿园还要设置相应的工作人员确认食品的卫生与安全,科学、正确地储存食物,防止食品变质。最后,幼儿园应设置临时应急电源,防止冰箱、冰库中的食品因停电而变质,导致食品浪费。若条件不允许,幼儿园应有专人负责关注食物储存条件,及时查看。尤其是夏季,气温较高,食品容易变质,幼儿园更应该确保供电正常。对于食材,幼儿园要尽量保证将新鲜食材当天买来当天食用，避免提前购买或留到下一天，以保证幼儿吃到新鲜的食物。

(三) 食物制作

幼儿园在进行食物的烹饪制作时，应该尽量减少食物中营养物质的流失，使幼儿能够从食物中得到足够的营养物质，并且要避免在食物的烹饪制作过程中产生有毒、有害物质，要按照幼儿的消化特点来进行食物的烹饪制作，便于幼儿消化，利用多种方式使食物呈现出良好的形态，以增加幼儿的食欲。具体应注意以下几点。

1. 保证营养物质的含量

大多数食物在经过加工和烹饪后都会损失一部分的营养成分，因此，幼儿园不仅要认真选择食材，而且要科学、合理地加工和烹饪这些食材，最大限度地保留营养物质的含量。另外，食物种类不同，其制作方法也不同，相对应的营养成分的损失程度也会不同。比如，蔬菜中的营养物质在经过烹饪后，往往会损失一部分，所以幼儿园可以减少蔬菜加热的时间和高温烹调，以保持蔬菜的营养价值。

2. 避免产生有毒、有害物质

在进行食物的烹饪制作时，幼儿园要避免使用烘烤或烟熏的方法，因为这种烹饪方法会使食物中的蛋白质、脂肪和碳水化合物焦化，进而产生变性氨基酸、有毒多环芳香烃等致癌物质，幼儿食用之后会对其身体产生危害。另外，也要避免使用铁锅来熬煮一些酸性食物或者用铁器来盛放酸梅汤、山楂汁等酸性食物，因为酸会与铁发生化学反应，幼儿食用用铁锅熬煮或盛放的食物之后可能会出现呕吐、腹泻等症状。

3. 适合幼儿的消化特点

幼儿的食物应该与成人区别开，单独进行加工烹饪，使用合适的烹饪方式和加工方法。比如，在烹饪幼儿的食物时，幼儿园需要注意将食物切碎、煮烂，以便幼儿咀嚼、吞咽和消化。同时，幼儿园也要注意处理好食物的皮、骨、刺、核，避免幼儿出现被食物卡住或吞咽困难的情况。在烹饪方法方面，可以采用蒸、煮、炖等方式，不宜采用油炸、烘烤等方式。烹饪时尽量不用或少用鸡精、味素等调味料，口味以清淡为主，不宜过咸、过油腻，或过于辛辣。

【情景再现】

案例 4-1-3　　　　　"提高免疫力"的生大蒜

新学期，幼儿园保健医基于健康的角度考虑，要求幼儿每天吃两瓣生蒜，但一部分幼儿白天吃过蒜后，回家出现了上吐下泻的不良反应，一连几天都不怎么吃东西，还一直呕吐、闹肚子。家长向保健医反映情况，保健医却认为这是免疫力低下的表现，这种情况下，幼儿更是要吃大蒜来提高免疫力。结果，幼儿继续吃，继续呕吐，继续腹泻。家长们不能接受这个结果，找到园长直接要求转园，园长无奈，只能取消吃蒜的措施挽回生源。

原来，该幼儿园保健医是因为看到网络上的养生课程，了解到坚持吃蒜对提高免疫力很有效果，考虑到幼儿免疫力低下容易生病，所以学习了这种提高免疫力的方法。但实际上，这个方法是否具有科学依据还有待考察。就算可以，生吃大蒜对于部分成年人来说都不适合，更别说是肠胃较弱的幼儿。

幼儿园保健医提出的新方法不但没有提高幼儿免疫力，反而导致了幼儿生病。最终损害了幼儿园形象，影响了幼儿园的后续招生。

（本案例为原创案例）

【分析解读】

本案例中的危机源于幼儿园学习了错误的膳食理念。首先，幼儿园要求幼儿每天吃两瓣生蒜，不仅没有避免幼儿食用刺激性食物，而且要求幼儿直接食用，导致幼儿上吐下泻，身体不适。其次，幼儿园保健医在学习膳食理念时，没有认真考察其科学性，也没有结合实际情况，而是对学习到的知识生搬硬套，导致好心办了坏事。最后，幼儿园明显违反了《学校食品安全与营养健康管理规定》的相关规定，规定要求幼儿园食堂不得制售冷荤类食品、生食类食品，但幼儿园相关负责人都没有意识到这个错误，缺乏对相关法律法规的了解。

【出谋划策】

针对本案例的具体情况，首先，幼儿园应该承认园方错误，为幼儿园的错误决定向家长和幼儿道歉，并赔偿给家长相应的医药费用，表明态度，挽回幼儿园形象。其次，幼儿园应改正其错误做法，对保健医的错误做法表示批评，马上改正错误的膳食理念。同时，园长及管理人员应对监督管理工作进行自查与反思。例如，加深对幼儿园相关法律法规的了解，幼儿园在采取新措施或新方法之前要查阅相关资料，坚决抵制和避免违反相关规定的做法。最后，不管是幼儿园的哪项决定，幼儿园在面对家长的质疑时，都应充分考虑家长的意见和建议，共同协商，促进幼儿的健康成长。

4. 增加幼儿对食物的食欲

在进行食物的烹饪制作时，幼儿园要注意利用多种方式使食物呈现出良好的形态。食物要注意色、香、味俱佳，并且能够以良好的形态吸引幼儿的兴趣，以便增加幼儿的食欲。

幼儿园要对幼儿的膳食负责，确保烹饪方式的正确性，避免用错误的方式导致幼儿身体不适。一般来说，忌生食，尤其是刺激性食物，要通过一定的烹饪方式改变其味道，减少刺激性。对于某些食物，要保证其烹饪后的安全性，比如，菜豆没有煮熟会导致幼儿食物中毒。

在幼儿的饮食方面，幼儿园既要科学合理地搭配，也要参考家长的意见，双方沟通协商，达成一致。幼儿园不能一意孤行，执意坚持自己的错误想法，否则容易引起家长的负面情绪，失去家长的信任，最终损害幼儿园形象。

(四) 环境消毒

幼儿园应按照相关规范做好厨房环境的安全卫生工作，坚持对环境的清洁和消毒，保持良好的厨房环境。具体应注意以下几点。

1. 有效隔离厨房与不清洁场所

厨房要与厕所或其他不清洁场所有效隔离开来，厨房内不得设置厕所，且厨房的门、窗也不得面对厕所。

2. 保持厨房内的设施和环境清洁

厨房内的设施设备要定期清洁。例如，抽油烟机的油垢应定期清理，排出的污油也应该适当处理；厨台和橱柜的内侧和厨房死角也要特别注意，仔细打扫；厨房的墙壁、天花板不能出现霉斑滋生、墙皮脱落、积灰的情况。

3. 正确处理剩菜剩饭和厨房垃圾

厨房的剩菜剩饭应及时倾倒在指定的容器中，加盖盖好，若当地对垃圾分类有特殊要求的，应按照要求将垃圾分类倾倒。在平时，厨房垃圾应密闭存放，不宜敞口。工作人员下班前应清除垃圾，清洗容器，并消毒控干。

4. 设有防蝇、防蚊、防蟑螂、防鼠等卫生措施

厨房应采取防蝇、防蚊、防蟑螂、防鼠等卫生措施，保证厨房的整洁与卫生，确保厨房内无蝇、无蚊、无蟑螂、无老鼠，不出现容易污染食物的"厨房

四害"。

做好厨房环境的清洁与消毒工作是非常重要的，因为厨房是食物烹饪制作的地方，若不能保持厨房环境的干净清洁，那么食物在制作过程中有很大可能被环境污染，导致幼儿腹泻、食物中毒，进而引发幼儿园食品卫生危机。

二、食品卫生的危机管理策略

当幼儿园发生食品卫生危机时，幼儿园危机管理小组要立即报告给相关领导，并将相关幼儿送往医院进行救治，如实地反映情况，配合相关部门的调查，做好善后处理工作。

（一）及时并逐级报告相关领导

首先，当班教师应该及时向幼儿园领导或幼儿园危机管理小组报告相关情况。其次，幼儿园危机管理小组也应及时向食品卫生监督检查所、医院和上级教育主管部门报告，将其所在的幼儿园名称、幼儿园地址、时间及涉及人数报告给有关部门，以便有关部门能够积极采取措施，组织抢救工作，并调查分析其食品卫生危机发生的原因。另外，幼儿园若怀疑或有明确证据表明有人故意投毒，可以向公安部门报告。

（二）立即联系医院并救治幼儿

幼儿园危机管理小组应该在第一时间组织人员进行救治，包括幼儿园教师及保健医等。同时，幼儿园应该拨打120急救电话，在有条件的情况下也可以立刻将相关幼儿送往医院救治。

（三）保护现场并保留食品样品

幼儿园危机管理小组在向有关部门报告的同时，也要组织教职工保护好现场，并且要封存一切剩余的可疑食品以及相关原料、厨房工具、设备等，将食品留样保存，尤其是患儿吃剩的食品不要倒掉，盛放食品的工具、容器和餐具也不要急于冲洗，患儿的呕吐物、排泄物也要保留，以便卫生部门等机构的采样检验。

（四）如实反映情况并联系家长

幼儿园危机管理小组以及参与本次危机的有关人员，如食堂的工作人员、分餐教师以及患儿等，都应该如实地反映本次危机事件的具体情况，将患儿所吃的食品，进餐的总人数，同时进餐而没有生病的幼儿所吃的食品，患儿生病的主要特点，可疑食品的来源、质量、存放条件、加工烹饪的方法和加热温度、时间等情况如实反映给有关部门。同时，幼儿园可以在条件允许的情况下联系患儿的家长，将患儿情况如实告知家长。

(五)稳定师生情绪并善后处理

幼儿园要做好师生的思想工作，稳定师生的情绪，给予安慰，避免其产生心理障碍。另外，幼儿园要负责疏导家长，向家长说明情况，安抚家长的激动情绪，维持秩序。同时，如果有新闻媒体关注到此次危机时，幼儿园也要向新闻媒体部门做出真诚的解释并做好善后处理工作。

本节主要从食材选购、食品储存、食物制作和环境消毒四方面阐述了幼儿园食品安全问题可能会引发的幼儿园危机，结合案例进行了分析，提出了相应建议，并根据食品危机特点总结出幼儿园食品卫生的危机管理策略，帮助幼儿园正确处理食品安全问题引发的危机。

【法条链接】

《学校食品安全与营养健康管理规定》第五十条明确规定："学校应当建立集中用餐食品安全应急管理和突发事故报告制度，制定食品安全事故处置方案。发生集中用餐食品安全事故或者疑似食品安全事故时，应当立即采取下列措施：

(一)积极协助医疗机构进行救治；

(二)停止供餐，并按照规定向所在地教育、食品安全监督管理、卫生健康等部门报告；

(三)封存导致或者可能导致食品安全事故的食品及其原料、工具、用具、设备设施和现场，并按照食品安全监督管理部门要求采取控制措施；

(四)配合食品安全监管部门进行现场调查处理；

(五)配合相关部门对用餐师生进行调查，加强与师生家长联系，通报情况，做好沟通引导工作。"

第二节 幼儿伤病的危机管理

幼儿的生长发育十分迅速但尚未完善，幼儿的可塑性很强但知识经验缺乏，幼儿有强烈的活动欲望但自我保护能力很低。对于幼儿来说，保护其生命安全是尤为重要的，应放在幼儿园工作的首位。

一、常见的受伤危机

由于幼儿身体骨骼发育不成熟，身体协调能力还有待提高，因此幼儿在园活动期间经常会有磕磕碰碰。当幼儿伤势严重时，幼儿园需要谨慎对待，以免耽误患儿救治，引发生命危险。

（一）骨折

1. 骨折的含义

骨折是指由外伤等造成的骨结构的连续性完全或部分断裂。幼儿骨折时，因其骨质中有机成分较多而较软韧，骨完整性虽受到破坏，但未完全断裂，导致不完全骨折。此种骨折像青嫩树枝被折，因此又叫青枝骨折。

2. 骨折的主要症状

（1）疼痛

骨折部位疼痛，活动时会疼痛加剧，局部有明显的压痛，可能有骨摩擦音。

（2）肿胀

由于骨折端小血管的损伤和软组织损伤水肿，骨折部位可能会出现肿胀的情况。

（3）畸形

由于骨折端的错位，肢体常发生成角、旋转、缩短等畸形，当骨折处完全断裂时，会出现假关节样的异常活动。

（4）功能障碍

骨骼折断后，肢体原有的杠杆支持功能丧失，如上肢骨折时不能拿、提，下肢骨折时不能行走、站立。

（5）大出血

当骨折端刺破大血管时，患儿往往发生大出血，出现休克的情况。一般来说，大出血多见于骨盆骨折。

3. 骨折的处理措施

当幼儿在园发生骨折时，教师和保健医要立即进行紧急处理，然后将患儿送往医院进行治疗。骨折的紧急处理原则是：首先要注意观察患儿的全身情况，若有大出血，先止血；其次要对骨折处进行固定，限制伤肢活动，避免断骨进一步损伤周围组织。教师和保健医要注意对不同部位的骨折采用不同的紧急处理方法。

(1)肢体骨折

若幼儿四肢骨折,则使用薄木板或竹片、硬纸板、雨伞等物品将伤肢固定,固定物的长度必须超过伤处的上下两个关节。在伤肢下垫一层棉花或多层布,用三角巾或绷带把木板等固定在伤肢上,将伤肢的上下两个关节都固定住,露出手指或脚趾,以便观察肢体的血液循环情况。若手指或脚趾苍白、发凉、发紫或发麻,可能是由于绷带绑得太紧,保健医要放松绷带,重新固定。如果是开放性骨折,保健医不要把骨折的断端强行推回去,可盖上干净纱布(伤口上不要涂红药水等),然后做简单固定,将患儿送往医院。

(2)肋骨骨折

如果仅肋骨骨折,患儿不觉呼吸困难,未伤及肺,保健医可用宽布带将断骨固定,让患儿深呼气,用宽布带缠绕断骨处的胸部,以减小呼吸运动的幅度。如果患儿感到呼吸困难,可能已伤及肺,保健医不要处理断骨,应尽快将患儿送往医院。

(3)颈椎骨折

保健医可先在患儿颈下垫一个小枕头,保持颈椎的生理弯曲度,再在头的两侧各垫一个小枕头,并固定在担架上,以避免头部晃动。需要注意的是,保健医和教师搬运患儿时不可硬搬头部,应将其头部和背部同时抬起,保护颈部。

(4)腰椎骨折

若怀疑腰椎骨折,应严禁患儿弯腰、走动,也不得搀扶、抱持患儿而使其腰部弯曲。此时,应由数名教师或保健医动作一致地托住患儿的肩胛、腰部和臀部,使患儿的腰部不致弯曲,将患儿"滚"到木板或硬担架上俯卧,用宽布带将其身体固定在木板上。如果处理不当,可能会造成患儿脊髓神经损伤,导致截瘫。在运送过程中,要尽量保持平稳。如果怀疑患儿伤及骨盆,也要选用木板做担架。

由于患儿骨骼发育不完全,骨折时多为青枝骨折,且患儿不能很好地表达自己的伤势,伤情不易被教师发现,因此教师要时刻关注患儿的伤势,若发现或怀疑患儿骨折,则要及时、尽早治疗,避免耽误患儿治疗,危及生命安全,造成不可挽救的后果。

【情景再现】

案例 4-2-1　　　　　　　　看不见的伤

在花样玩球活动中,老师正在组织幼儿进行滚球接力赛,嘉明和乐乐听到口令同时冲进赛道,边滚球边向终点线跑去。在行进到半程时,乐乐的球偏离跑道和嘉明的球发生碰撞,两个人都想去捡球,嘉明被乐乐绊倒在地,但是他很快爬起来继续参加比赛。老师在比赛后夸奖嘉明是个勇敢的小朋友。

午睡起床时,嘉明告诉老师他的脖子疼,老师摸了摸、看了看,没发现异常,认为是午睡时落枕了,还帮忙轻轻揉了几下。晚上9点多,老师接到嘉明妈妈的电话,说嘉明回家后脖子疼得不能转头,到医院被确诊为锁骨骨折。老师顿时慌了,园长知道后和老师连夜赶到医院,嘉明的爷爷奶奶情绪非常激动,认为幼儿园老师在意外发生时和午休时都没有及时关注孩子的伤势,缺乏最基本的保健知识,不能再继续胜任幼儿教师这一工作,要求幼儿园处理当值教师,并承担一切后果。

(本案例来源于沈阳军区政治部幼儿园,管晓旭)

【分析解读】

本案例中的危机源于教师处理幼儿意外伤害事故的能力不足,疏忽了幼儿的身体状况,在幼儿受伤后没有仔细检查,耽误了幼儿的治疗时间。首先,教师在嘉明受伤后没有仔细检查嘉明的伤势,不够认真、仔细,考虑得不够周全,也没有带嘉明去保健室查看伤势,导致嘉明错过了最佳治疗时间。其次,在午休后,教师在嘉明又一次的强调下还是没有重视嘉明的伤势,而是凭借主观想法,认为嘉明只是落枕了。由此可看出,该教师对于意外伤害重视不够,经验和能力不足。最后,教师在嘉明离园时,没有将嘉明在活动中摔倒的事情告知家长,导致嘉明再一次错过治疗的机会。最终,教师的行为引来家长的不满和不信任,家长认为其不具有成为教师的资格。

【出谋划策】

针对本案例的具体情况,首先,园长应及时安抚嘉明家长的情绪,在调查清楚事情的起因、经过和结果后,与教师一同向家长和医生说明事情发生的经过,解释清楚嘉明骨折的原因,便于医生进行治疗。其次,园长和教师应向家长承认错误,为自己工作的不细心道歉。尤其是教师,几次错过发现嘉明伤势的机会,导致嘉明晚上才得到救治。最后,园方应积极配合各项治疗和护理工作,表现出园方的诚意,并定时派教师看望、陪伴嘉明,帮助他尽快恢复,回到幼儿园。除了以上措施,幼儿园还应该加强教师的卫生保健知识学习,提高教师的卫生保健常识和技能,以便更好地应对幼儿的突发事件。

(二)烧(烫)伤

1. 烧(烫)伤的含义

烧(烫)伤是指幼儿的皮肤或黏膜接触高温(如沸水、蒸汽、热油、火等),电或化学物质而引起的局部或大面积组织损伤。因为幼儿皮肤细嫩，所以同等强度的伤害对幼儿造成的伤害会比成人更为严重。在幼儿烧（烫）伤中，因开水、热粥、热汤等烫伤的幼儿数量最多，因火焰烧伤的次之，因化学烧伤的最少。

2. 烧（烫）伤的等级

根据烧（烫）伤的深度，烧（烫）伤可分为三个等级，如表4-2-1所示。

表4-2-1 烧烫伤的分级

深度		表现
Ⅰ度		仅伤及表皮层，局部红肿、无水疱，有灼痛感，3～5天自愈，不留瘢痕
Ⅱ度	浅Ⅱ度	伤及真皮浅层，创面肿胀发红，有水疱，剧烈疼痛，两周可痊愈，遗留色素斑
	深Ⅱ度	伤及真皮深层，水疱较小，创面浅红或红白相间，可见网状栓塞血管，疼痛较迟钝，3～4周痊愈，留有瘢痕
Ⅲ度		伤及皮肤全层，可累及肌肉、骨骼，皮肤坏死，创面蜡白或焦红，可见树枝状栓塞血管，皮肤痛觉消失，肉芽组织生长后留下瘢痕

3. 烧（烫）伤的处理措施

幼儿在园发生烫伤事件后，教师和保健医应立即对烫伤处进行降温处理，将烫伤处置于冷水中，使血管收缩，减少渗出。对于被衣物覆盖的部位，先要用冷水使烫伤处冷却20～30分钟，然后剪开衣服并脱下来，注意保持创伤面的清洁。如果患儿身上还粘有热粥、热菜等，要轻轻拭去。教师和保健医要根据伤情给予不同的处理，对于严重的烧（烫）伤，应在紧急处理后，将患儿送往医院。

（1）烫伤处理

①Ⅰ度烫伤

保健医可在患儿烫伤处涂抹烫伤药膏，3～5天后烫伤处便可痊愈。

②Ⅱ度烫伤

保健医尽量不要弄破水疱，以保证幼儿烫伤处皮肤的完整性，防止皮肤破损后的感染。若烫伤面积不大，可涂抹烫伤膏；若面积较大，用干净的毛巾、纱布覆盖创面，将患儿送入医院进行治疗。

③Ⅲ度烫伤

保健医要对烫伤处进行冷却处理，同时尽量不要弄破水疱，用干净的毛巾、纱布覆盖创面，将患儿送入医院进行治疗。若患儿烦躁口渴，可少量、多次给其饮用淡盐水。

【情景再现】

案例 4-2-2　　　　　　　　危险的汤桶

幼儿园午饭时间到了，全班共 40 名幼儿等着吃午饭，却只有一个老师在照看。班上的陌陌聪明能干、非常懂事，平时经常给老师做助手，老师也很喜欢她。由于忙不过来，老师让陌陌帮忙给其他幼儿分碗，结果陌陌不小心被放在地上的汤桶绊倒，一屁股坐在了装满豆腐汤的汤桶里。

经诊断，陌陌为Ⅱ度大面积烫伤（身体 14% 面积烫伤），最快也需要住院治疗半个月才会好，而且秋冬交替季节会影响孩子神经，造成肢体麻木、疼痛等。家长十分生气，认为老师将自己的工作交给幼儿做，让幼儿走来走去分发餐具是很危险的行为，老师在这个过程中严重失责。另外，家长对于陌陌的烫伤十分气愤，认为小女孩如果留下瘢痕，对自信心的打击非常大，要求幼儿园对老师做出开除的严肃处理。

（本案例改编自罗长国主编的《幼儿园管理》，高等教育出版社）

【分析解读】

本案例中的危机源于教师人数少，没有足够精力周到地照看幼儿。首先，幼儿数量过多，教师的数量不足。《幼儿园工作规程》第十一条中明确规定："幼儿园每班幼儿人数一般为：小班（3 周岁至 4 周岁）25 人，中班（4 周岁至 5 周岁）30 人，大班（5 周岁至 6 周岁）35 人。"而在本案例中，一个班级有 40 名幼儿，却只有 1 位教师负责，而且这位教师还要负责分发午饭，没有足够的精力照看到所有幼儿。其次，教师没有将危险的汤桶放在远离幼儿的、安全的位置，而是放在距离幼儿较近的位置，这对幼儿来说十分危险。最后，教师让幼儿帮忙是可以的，幼儿帮助教师做一些力所能及的事情，在帮助教师的同时也能锻炼自己的能力，但是在午餐环节，情况混乱，教师不能保证幼儿的帮忙行为是安全的，所以不应让幼儿在这个情形下帮忙。

【出谋划策】

针对本案例的具体情况，首先，幼儿园应该立即用干净的毛巾、纱布覆盖患儿的烫伤创面，将患儿平稳送入医院进行治疗。在处理烫伤事件的同时，其他教师要维护好班级秩序，防止其他幼儿因慌乱再次跌入汤桶被烫伤的事件出现。其次，幼儿园应该及时安抚家长的情绪，向家长表达歉意，并承诺赔付相应的治疗费用，以及后续的祛除瘢痕费用，适当赔付患儿的精神损失费，争取取得家长的谅解。再次，幼儿园应该进行整改，按照《幼儿园工作规程》的要求，招收足够数量的教师，控制每个班级的幼儿数量，保证每一名幼儿都能被照看到，避免因为教师的疏忽大意而导致幼儿受伤。最后，幼儿园应配备专门分发午餐的教职工，将危险品远离幼儿，防止烫伤事件的再次发生。

(2) 火焰烧伤的处理

教师和保健医应立即扑灭患儿身上的火焰，脱去或剪去衣服，用干净纱布包裹烧伤部位，不要弄破水疱，不要弄脏烧伤部位，立即送医院治疗。

(3) 化学烧伤的处理

幼儿被腐蚀性药品烧伤后，教师和保健医应立即用大量凉水冲洗创面。但是当幼儿被生石灰烧伤后，保健医应先将固态生石灰从创面除去，再用水冲洗，最后进行冷疗。否则，生石灰遇水生热，会加重伤势。

在幼儿园中，热汤、热水是幼儿较常接触到的易导致烫伤的物品，因此幼儿园要注意避免幼儿接触汤桶、热水桶等危险物品。否则，烫伤不仅会给幼儿带来巨大的痛苦，而且有可能会留下永久的瘢痕，给幼儿带来一生的创伤。

(三) 割伤

1. 割伤的含义

割伤，同切伤，是指被刀或锐利物切割而引起的开放性创伤。割伤会导致皮肤出血，由于幼儿血液量较少，在短时间内失血量过多可能会危及生命。因此，当出血量过多时，特别是大动脉出血，首先应采取有效的止血措施，然后再做其他处理。

2. 割伤的出血类型

皮肤割伤会导致皮肤出血，一般外出血可分为毛细血管出血、静脉出血和动脉出血三种类型。

(1) 毛细血管出血

血液像水珠一样渗出，一般能自行凝固。

(2) 静脉出血

血液慢慢流出，血色暗红。

(3) 动脉出血

出血量多，血色鲜红，呈节律性喷射状，时间稍长就可能危及生命，是最危险的出血类型，需要尽快止血。

3. 割伤的处理措施

一般情况下，当幼儿出现割伤时，教师和保健医应立即对伤口消毒、止血；若患儿伤口较为严重，保健医将血止住后，应立即将患儿送往医院进行治疗。针对不同的情况，采取不同的止血方法。常用的止血方法有加压包扎法、指压止血法等。

(1)加压包扎法

当患儿静脉、毛细血管出血时，保健医可以采用加压包扎法，将数层消毒纱布、干净毛巾或布块等盖在创口上，再用三角巾或绷带扎紧，将患儿受伤部位抬高，达到止血的目的。这是最常见的止血方法之一。

(2)指压止血法

当患儿动脉损伤出血，出血量较大时，保健医应采用指压止血法，在出血部位的上端(即近心端)，用手指将出血动脉压向骨骼，从而达到止血的目的。但是这种止血方法较难持久，保健医只能将其作为应急措施暂时为患儿止血。因此，当患儿出血量较大时，应立即采用指压止血法，并将患儿送往医院进行治疗。

【法条链接】

《幼儿园工作规程》第十五条明确规定："幼儿园教职工必须具有安全意识，掌握基本急救常识和防范、避险、逃生、自救的基本方法，在紧急情况下应当优先保护幼儿的人身安全。"这就要求教师掌握基本的急救常识和技能，在意外伤害事故发生时能保护幼儿的安全。

一方面，割伤会导致幼儿皮肤受损，严重时会留下瘢痕；另一方面，当出血量较大时会导致其生命安全受到威胁。因此，教师要掌握一定的急救方法，避免幼儿因出血过多致死，引发严重的后果。

【情景再现】

案例 4-2-3 滑梯"生"钉

幼儿园放学时间，有的孩子不愿意回家，由家长带着在幼儿园玩耍。一个生龙活虎的小男孩爬上了滑梯，满面带笑地滑向正在下面等候着的妈妈。这时，只听一声惨叫，随着孩子滑向地面，血顺着滑梯流成一行。妈妈着急地抱起孩子跑向幼儿园保健室。医生立即为孩子检查伤口，发现孩子的裤子被划破，孩子的臀部、大腿，形成了一条整齐的裂口，血不停地流着。孩子又立即被送到医院，缝了二十几针。

事后，园长在木制的滑梯面上发现有一处突起的生锈铁钉尖露着，找到了事故发生的原因。家长对幼儿园疏忽的管理和老旧的设备意见很大，认为幼儿园应该为此事负全责，并且给予额外的赔偿。园长则认为是家长接了孩子后发生的事故，幼儿园只需负责一部分的医疗费用。

（本案例改编自陈群主编的《幼儿园危机管理实务》，中国轻工业出版社）

【分析解读】

本案例中的危机源于幼儿园疏于管理，没有及时检查幼儿园内的玩具设施，没有发现设备老旧、有危险。首先，幼儿园的设备老旧，且有安全隐患，导致幼儿割伤，血流不止，并且有留疤的风险。因此，幼儿园在此案例中是存在过错的。其次，幼儿园保健医在为幼儿查看伤势后，应先做紧急止血处理。案例中的保健医没有帮助幼儿止血，可能会导致幼儿失血过多，引发严重后果。

【出谋划策】

针对本案例的具体情况，首先，如案例所述，幼儿园的保健医立即为幼儿查看伤口，判断伤口情况，在伤势严重、血流不止的情况下，立即送幼儿到医院治疗，但事实上保健医应先为幼儿进行简单的止血操作，避免幼儿失血过多，并且在送医过程中要全程陪护，防止路上发生意外情况。其次，《学生伤害事故处理办法》第九条明确规定因学校的校舍、场地、其他公共设施，以及学校提供给学生使用的学具、教育教学和生活设施、设备不符合国家规定的标准，或者有明显不安全因素而造成学生伤害事故的，学校应当依法承担相应的责任。因此，幼儿园要承担相应的责任。在协商赔偿的过程中，幼儿园应与家长摆事实、讲道理，冷静协商。最后，幼儿园应该更新老旧设备，定期检查，避免因玩具设施的老旧而造成幼儿受伤。

【法条链接】

《幼儿园工作规程》第十三条明确规定："幼儿园的设备设施、装修装饰材料、用品用具和玩教具材料等，应当符合国家相关的安全质量标准和环保要求。"

在此案例中，由于幼儿园的设备存在安全隐患，因此幼儿园应该承担相应责任。

二、常见的传染性疾病危机

幼儿园是幼儿集中生活的场所，一旦发生传染性疾病极易造成传染病的流行。因此，幼儿园要注重传染性疾病的防控工作，避免出现由传染性疾病造成的幼儿园传染病危机。

(一)流行性腮腺炎

1. 流行性腮腺炎的含义

流行性腮腺炎是由腮腺炎病毒引起的急性呼吸道传染病，多发于儿童及青少年。早期患者和隐性感染者为传染源，腮腺肿大前1天至肿大后3天均具有传染性。该病主要通过打喷嚏、咳嗽和说话等产生的飞沫经呼吸道传播，亦可经被该病毒污染的日常生活用品、玩具、衣服等接触传播。人群对本病普遍易感，但主要以儿童为主，感染后可获持久的免疫。一年四季均可发病，以冬春季多见。

2. 流行性腮腺炎的表现

流行性腮腺炎的潜伏期为14～25天，平均18天。部分患儿会出现发热、头痛、乏力等前驱症状。发病1～2天后腮腺逐渐肿大，常一侧腮腺先肿大，2～4天后对侧或双侧同时肿大。肿大的腮腺以耳垂为中心，向前、后、下发展，局部不红，与周围组织界限不清，轻度压痛，同时伴有周围组织疼痛，张口、咀嚼，特别是进食酸性食物时胀痛加剧。腮腺管口早期可红肿呈脐形，挤压腮腺无脓液流出。颌下腺、舌下腺、颈淋巴结可同时受累。腮腺肿大2～3天达高峰，持续4～5天后逐渐消退。

3. 流行性腮腺炎的护理

在幼儿患流行性腮腺炎后，幼儿园除了要做好园内的隔离、消毒工作，后续还要指导家长对幼儿进行家庭护理，主要包括减轻疼痛、降温和病情观察三个方面。

在减轻疼痛方面，患儿常会感到疼痛，因此幼儿园教师及保健医要提醒家长给予患儿富有营养、易消化的半流质食物或软食，忌酸、辣、硬、干燥的食物，以免引起唾液分泌增多，肿痛加剧。另外，也可以采用局部冷敷的方法收缩血管，减轻炎症充血程度及疼痛。在日常生活中，家长要提醒患儿用温盐水漱口或多饮水，以预防继发感染。

在降温方面，家长要保持室内空气新鲜，监测患儿体温，根据情况选择适合的降温方法，如头部冷敷、服用退热剂等。

在病情观察方面，因脑膜炎多在腮腺肿大后1周左右发生，所以家长应密切观察患儿，及时发现异常情况，若患儿为男孩，还应注意观察患儿睾丸有无肿大、触痛，有无睾丸鞘膜积液和阴囊皮肤水肿。

4. 流行性腮腺炎的预防

一般采取以保护易感人群为主的综合性预防措施。

(1)控制传染源

对患儿采取隔离措施，至痊愈为止，并对其呼吸道分泌物及其污染物消毒。

(2)切断传播途径

腮腺炎流行季节，易感幼儿尽量少去公共场所或探亲访友。患儿使用过的房间要每天通风换气，保持空气新鲜，必要时用紫外线照射进行空气消毒；患儿的衣物要在阳光下暴晒或用肥皂水清洗。

(3)保护易感人群

在腮腺炎流行期间，幼儿园应加强托幼机构的晨检，接触者要检疫3周；也可给幼儿接种腮腺炎减毒活疫苗或腮腺炎-麻疹-风疹三联疫苗。提高疫苗接种率是预防腮腺炎暴发的有效手段，因此幼儿园应建立疫苗接种制度，提高幼儿的接种率，避免因流行性腮腺炎的大范围流行而导致家长问责，产生危机。

(二)手足口病

1. 手足口病的含义

手足口病是由肠道病毒引起的传染病。多发生于5岁以下儿童，可引起手、足、口腔等部位的疱疹，少数患儿可引起心肌炎、肺水肿等并发症，重症可能导致患儿死亡。患者、隐性感染者及带病毒者均为本病的传染源，主要通过消化道（粪-口途径）和呼吸道（飞沫）途径传播，亦可经接触患者皮肤、黏膜疱疹而感染，还可通过患者的排泄物、分泌物、污染物传播，在潜伏期的后期及发病后1周内的传染性较大。该病一年四季均可发病，以夏秋季节多见。各年龄组均可感染发病，以婴幼儿发病率最高。由于肠道病毒传染性强、隐性感染比例大、传播途径复杂、传播速度快，因此手足口病容易在幼托机构集体发生。

2. 手足口病的表现

(1)一般病例表现

大多数患儿症状较轻，可伴有或不伴有发热，以手、足、口腔和臀部等部位的散在皮疹或疱疹为主要特征。

(2)重症病例表现

少数患儿(尤其是小于3岁的婴幼儿)病情进展迅速，在发病1~5天出现脑膜炎、脑炎、脑脊髓炎、肺水肿、循环障碍等，极少数患儿的病情危重，可致死亡，存活的患儿可留有后遗症。其主要表现为：精神差、嗜睡、头痛、呕吐、易惊、肢体无力或瘫痪、频繁抽动、昏迷、呼吸浅促、呼吸困难、呼吸节律改变、面色苍白、四肢发凉、心率增快或减慢、脉搏浅速或减弱甚至消失、血压升高或下降等。

3. 手足口病的护理

在幼儿患有手足口病后，幼儿园除了要做好园内的隔离、消毒工作，后续还要指导家长对幼儿进行家庭护理，主要包括消毒隔离、休息与饮食、皮疹和发热的护理以及病情观察四个方面。

在消毒隔离方面，幼儿教师及保健医要提醒家长，一般情况下患儿需要隔离两周，并且患儿在家中用过的玩具、餐具或其他用品也应该彻底消毒，同时保持室内空气新鲜，温度适宜，定时开窗通风。

在休息与饮食方面，患儿应在患病第一周内适度休息，多饮温开水，家长应给予患儿清淡、可口、易消化、营养丰富的流质或半流质饮食，禁食冰冷、辛辣等刺激性食物。此外，患儿应保持口腔清洁，预防细菌的继发感染，每次餐后用温水漱口。

在皮疹和发热的护理方面，家长要准备清洁的衣服和被褥、宽大柔软的衣着和平整干燥的床铺。家长也要剪短患儿指甲，必要时包裹患儿双手，防止患儿抓破皮疹。对于臀部有皮疹的患儿，家长应及时清理其大小便，保持臀部的清洁干燥。由于手足口病一般为低热或中度热，因此家长可让患儿多饮水，无须特殊处理。如果体温超过38.5℃，可遵医嘱选择适合的降温方法。

在病情观察方面，家长应时刻观察患儿的病情变化，防止并发症的出现，发现患儿有高热、剧烈头痛、呕吐、面色苍白、哭闹不安或嗜睡时，应立即到医院就诊。

4. 手足口病的预防

一般采取以切断传播途径为主的综合性预防措施。

（1）控制传染源

遵循"早发现、早隔离、早治疗"的原则，幼儿园若发现手足口病患儿需让其在家休养，隔离两周。

（2）切断传播途径

患儿住过的房间要每天通风换气，保持空气新鲜，必要时用紫外线照射进行空气消毒；患儿的衣物要在阳光下暴晒或用肥皂水清洗。家长要帮助患儿养成饭前便后洗手，不吃生的或未洗干净的食物的习惯。看护人要常洗手，并妥善处理污染物品。

（3）保护易感人群

目前尚无特异性的办法，家长应以改善生活条件、提高营养水平、进行适当锻炼、提高身体素质等方法提高幼儿的抗病能力。

手足口病是很普遍的传染性疾病，一般情况下对幼儿没有生命安全的威胁，但幼儿园在发现手足口病时也要严肃对待，及时上报处理，不能瞒报、漏报，以免耽误幼儿治疗，导致幼儿发展为重症病例，产生生命危险。

【法条链接】

《学生伤害事故处理办法》第九条明确规定因学生在校期间突发疾病或者受到伤害，学校发现，但未根据实际情况及时采取相应措施，导致不良后果加重的，学校应当依法承担相应的责任。因此，这就要求幼儿园一经发现传染性疾病则需要立即采取相应措施，不得因为个人利益对外隐瞒。

【情景再现】

案例 4-2-4　　　　　　　　"小红点"曝光记

清明节小长假过后，孩子们兴高采烈地回到幼儿园。中午进餐时，小二班的倩倩和王老师说嗓子疼，不想吃饭，王老师让倩倩张嘴，以便检查她的嗓子，看到她的嗓子有些红，就劝她慢慢吃，还主动喂她吃饭。午睡起床时，老师发现倩倩体温37.5℃，联系保健医来查看，保健医建议家长带倩倩去医院就诊。接下来两天，班里又有两名幼儿发烧，嗓子红肿，到医院后他们被确诊为手足口病。其中一名幼儿持续高热诱发呼吸道感染，已经有重症的症状，需要住院治疗。保健医联系倩倩家长，才得知倩倩在小长假期间就有发烧症状，手脚上有小红点，妈妈以为是过敏，给倩倩抹了点药膏，小红点就不见了，也没去医院就诊。

班里的家长听说后都纷纷给老师打电话了解情况，非常担心自己家孩子也被传染。这边情况还没查清楚，大一班多名家长给园长打来电话，听说小班有手足口病例，要求幼儿园采取措施，尤其是小二班王老师的孩子在他们班，每天王老师的孩子都会去妈妈所带的班里，这样传染的概率更高，要求幼儿园必须给出处理方法，否则他们就要向有关部门反映。

（本案例来源于沈阳军区政治部幼儿园，管晓旭）

【分析解读】

本案例中的危机源于幼儿家长和教师对幼儿的手足口病发现不及时。这导致部分幼儿耽误治疗，甚至被拖延成重症手足口病。首先，倩倩妈妈没有及时发现倩倩的异常症状，在假期的时候，误以为倩倩起的小红点是过敏，不仅没有带倩倩到医院检查，私自涂抹膏药，消除"小红点"，耽误了倩倩的治疗，而且送倩倩到幼儿园，造成手足口病的进一步传播。其次，教师也没有意识到倩倩的症状很有可能是手足口病例，存在幼儿园隔离、消毒工作的缺失，导致更多的幼儿被倩倩传染，甚至其中一名幼儿发展成重症病例，有生命危险。

【出谋划策】

针对本案例的具体情况，首先，幼儿园应先安抚各位家长的焦虑情绪，包括患儿的家长以及其他班级的家长，并建议家长们时刻关注幼儿的身体状况，一旦发现有手足口病的症状，马上送幼儿到医院治疗。其次，幼儿园应调查并了解整个事情的经过，包括倩倩在假期去了哪里，平时和谁接触，发病的时间等信息，将情况上报给有关部门，并配合检查。最后，《托儿所幼儿园卫生保健管理办法》第十八条明确规定："托幼机构发现在园（所）的儿童患疑似传染病时应当及时通知其监护人离园（所）诊治。患传染病的患儿治愈后，凭医疗卫生机构出具的健康证明方可入园（所）。"因此，幼儿园应进行彻底的消毒，从室内到室外，从设备到玩教具；并且，让患儿自行在家隔离、休养，直至痊愈后凭医生开具的证明入园。

（三）水痘

1. 水痘的含义

水痘是由水痘-带状疱疹病毒引起的一种传染性极强的出疹性传染病。水痘主要通过打喷嚏、咳嗽和说话等产生的飞沫经呼吸道传播，也可经被该病毒污染的日常生活用品、玩具、衣服等接触传播，孕妇患水痘可通过胎盘传给胎儿。易感性人群普遍易感，易感者与病人接触后，绝大多数会发病，病后可获得持久免疫力。一般儿童发病率高，以1～5岁多见。一年四季均可发病，以冬春季多见，且多为散发，在学校、幼儿园也可流行，城市每2～3年可发生周期性流行。

2. 水痘的表现

水痘的潜伏期一般为两周左右。婴幼儿无前驱期症状，年长儿童可有低热、头痛、乏力、食欲不振、咽痛等上呼吸道感染症状，持续1～2天。起病后数小时或1～2天出疹，首先见于头皮、面部或躯干，后至肩、四肢，呈向心性分布。水痘出疹的特点是连续分批出现，故在同一部位可有不同形态的皮疹。部分患儿疱疹可发生于口腔、咽喉、结膜和生殖器等处，破溃后形成溃疡。

3. 水痘的护理

在幼儿患有水痘后，幼儿园除了要做好园内的隔离、消毒工作，后续还要指导家长对幼儿进行家庭护理，主要包括日常护理、营养供给和病情观察三个方面。

在日常护理方面，家长要保持室温适宜，患儿衣服和被子不宜过厚，勤换洗其内衣，保持其皮肤清洁，防止继发感染。[①] 并且要剪短患儿的指甲，以免其抓伤皮肤，造成继发细菌感染，留下瘢痕。若患儿因皮肤瘙痒而吵闹，家长可以设法分散其注意力。

在营养供给方面，家长要保证患儿足够的营养，饮食要清淡，食物要易消化、富含营养，并为患儿补充足够的水分。

在病情观察方面，家长要注意观察患儿的精神、体温、食欲及有无咳嗽、呕吐等症状。患儿有高热症状时，家长可为患儿物理降温或让其服用适量退热剂，避免使用阿司匹林，以免增加瑞氏综合征的风险。

4. 水痘的预防

一般采取以保护易感人群为主的综合性预防措施。

(1)控制传染源

遵循"早发现、早隔离、早治疗"的原则，幼儿园若发现水痘患儿需让其在家休养，隔离患儿至疱疹结痂或出疹后7天[②]。

(2)切断传播途径

尽量避免易感儿、孕妇与水痘患儿接触；幼儿园应加强晨间检查；患儿住过的房间要每天通风换气，保持空气新鲜，必要时用紫外线照射进行空气消毒；患儿的衣物要在阳光下暴晒或用肥皂水清洗。

(3)保护易感人群

水痘流行季节，尽量少带幼儿去公共场所。体弱等人群可在接触水痘患者后72小时内给予水痘-带状疱疹免疫球蛋白或恢复期血清肌肉注射，可起到预防或减轻症状的作用，目前国内使用的水痘-带状疱疹病毒减毒活疫苗，效果很好。

水痘的潜伏期较长，且传染性极强。幼儿园应时刻关注幼儿的身体情况，一旦发现幼儿患有水痘应立即让其离园休养，直至康复。幼儿园不能抱有侥幸心理，轻视水痘的话会导致水痘的大规模传染。

【情景再现】

案例 4-2-5　　　　　　　　化解水痘危机

早晨接园时，教师看到萌萌挠胳膊，送她的爷爷说："孩子可能有点过敏，没事，就胳膊上起了点小疙瘩。"由于又有其他孩子来园，教师开始带操，没有仔

[①] 唐明霞、刘长清：《儿科学》，238页，北京，中国医药科技出版社，2012。
[②] 唐明霞、刘长清：《儿科学》，238页，北京，中国医药科技出版社，2012。

细查看。上午活动时，教师看到萌萌还不停地挠，就请保育老师过去仔细看一下，保育老师发现她身上起了几个红疙瘩，感觉不像是过敏引起的。教师停下活动仔细检查，觉得她的红疙瘩像是水痘，于是赶紧请保育老师带她到保健室让保健医查看。保健医看后也怀疑是水痘。领回后，教师立即将她和其他孩子隔离开，为缓解孩子情绪让孩子有事可做，让她看书喝水的同时，教师给家长打电话，通知家长萌萌可能是长水痘了，赶紧把孩子接回去。家长这才意识到问题的严重性，赶紧带着孩子去看病，经过抽血、化验确定是水痘。医生又开了些药，说控制住了就没事，控制不住就要输液。

原来，孩子之前请了几天假，父母领着她外出，去了人群密集的地方，而幼儿在人群密集的地方极易感染各种传染性疾病。

（本案例来源于山西省人民政府机关幼儿园，王永梅）

【分析解读】

本案例中的危机源于幼儿在外出时感染水痘，并在幼儿园接触了其他幼儿。这可能会引起水痘的传播。首先，幼儿的家长没有足够的安全意识，带萌萌外出时，没有做好相关的安全措施，尤其是去人群密集场所，没有注意幼儿的安全。而且，萌萌的爷爷在发现小红疙瘩时，也没有意识到问题的严重性，觉得她可能是过敏，给了教师错误的引导，导致教师也没有及时将萌萌与其他幼儿进行隔离。其次，幼儿园教师有其他事情，没有仔细查看萌萌的症状，导致萌萌与其他幼儿接触，存在传染病扩散的风险。另外，教师想办法缓解幼儿情绪，通知家长的做法值得肯定。

【出谋划策】

针对本案例的具体情况，首先，幼儿园应立刻对玩具、地面等进行一系列的消毒，做好消毒工作，保持干净、卫生的环境，降低传染病传播的风险，并督促其他幼儿多喝水，严格按照七步洗手法洗手。其次，由于水痘的传染性极强，幼儿园应在接下来的多日继续进行消毒工作，在幼儿离园之后，加强对所有玩具、地面、墙面、空气等的消毒。最后，幼儿园应与家长加强沟通，并通过多种方式为家长介绍和讲解各种传染病的症状、传染途径等知识，提高家长的安全意识，让家长明白尽量不带幼儿去容易感染传染病的人群密集的场所。

（四）麻疹

1. 麻疹的含义

麻疹是由麻疹病毒引起的急性出疹性呼吸道传染病，是儿童较常见的急性呼吸道传染病之一,好发于6个月到5岁的婴幼儿。麻疹患者是唯一传染源,出疹前5天至出疹后5天均有传染性。麻疹主要通过打喷嚏、咳嗽和说话等产生的飞沫经呼吸道传播,亦可经被该病毒污染的日常生活用品、玩具、衣服等接触传播。易感者与麻疹患者接触后95%以上可发病,病后可获得持久免疫力。麻疹一年四季均可发病,以冬春季为流行高峰。

2. 麻疹的表现

麻疹的潜伏期为6～18天,一般为10～12天。典型麻疹出疹前主要表现为发热、上呼吸道炎症和麻疹黏膜斑。发热为首发症状,多为中度以上发热,伴有头痛、流涕、咳嗽、喷嚏等症状,特点是结膜充血、畏光流泪、眼睑浮肿。同时可伴有精神萎靡、腹痛、呕吐、腹泻等症状。

3. 麻疹的护理

在发现幼儿患有麻疹后,幼儿园除了要做好园内的隔离、消毒工作,后续还要指导家长对幼儿进行家庭护理,主要包括维持体温、日常护理以及营养供给的三个方面。

在维持体温方面,家长要使患儿适度休息,至皮疹消退、体温正常。同时,保持室内空气新鲜,温度适宜。若患儿高热,家长可予以物理降温,如减少盖被、温水擦拭等,慎用退热剂,忌用酒精擦拭、冷敷,以免影响出疹,引起并发症。

日常护理分为皮肤护理和五官护理两个方面。在皮肤护理方面,家长要保持床单的整洁、干燥和患儿皮肤的清洁,每日用温水擦拭患儿并为其换洗衣物;对于腹泻的患儿,家长要注意其臀部清洁;家长也要为患儿勤剪指甲,防止其抓伤皮肤导致继发感染。在五官护理方面,家长可用生理盐水清洗患儿双眼,滴抗生素眼药水或眼膏,遵医嘱服用维生素A预防眼干燥症;注意患儿的耳朵清洁,防止呕吐物或泪水流入外耳道发生中耳炎;保持患儿呼吸道通畅,及时清除鼻腔分泌物,帮患儿翻身拍背使痰排出体外;加强口腔护理,多饮白开水。

在营养供给方面,家长在患儿发热期给予其清淡易消化的流质饮食,如豆浆、牛奶、稀粥等,少量多餐,以增进患儿食欲,利于其消化。同时,家长也要注意为患儿补充足够的水分,多饮温开水及热汤,利于患儿退热、排毒、透疹。恢复期,家长应给予患儿富含高蛋白、高维生素的食物。

4. 麻疹的预防

一般采取以预防接种为主的综合性预防措施。

(1) 控制传染源

遵循"早发现、早隔离、早治疗"的原则，幼儿园若发现水痘患儿需让其在家休养，防止其他幼儿被传染。

(2) 切断传播途径

患儿的房间要每天通风换气，保持空气新鲜，必要时用紫外线照射进行空气消毒；患儿的衣物要在阳光下暴晒或用肥皂水清洗。护理者接触患儿前后应注意洗手、消毒。

(3) 保护易感人群

麻疹流行季节，易感儿应尽量少去公共场所，幼儿园应加强晨间检查。另外，主动免疫接种麻疹减毒活疫苗是保护易感人群、预防麻疹的有效办法。

三、常见的非传染性疾病危机

由于幼儿自身的各个系统、器官发育不完善，身体的免疫能力处于发育不成熟的阶段，与成人相比，其对外界的变化比较敏感，特别容易受到不良环境的危害。因此，幼儿园要帮助幼儿保持身体健康，养成良好的卫生习惯和生活习惯，避免因幼儿生病导致幼儿园产生非传染性疾病危机。

(一) 急性腹泻

1. 急性腹泻的含义

在未明确病因前，大便性状改变与大便次数比平时增多，统称为腹泻。急性腹泻是婴幼儿常见的消化道疾病，特指发病在两周之内的病例。发病年龄多在2岁以下，1岁以下约占半数。重症者表现为严重脱水、电解质紊乱、酸中毒，可危及生命。

2. 急性腹泻的病因

(1) 非感染因素

患儿可能由喂养不当引起急性腹泻，如进食量过多或食物变质、身体受凉、受到惊吓引起自主神经功能紊乱等。

(2) 感染因素

急性腹泻的感染因素包括肠道内感染和肠道外感染。前者多由致病性大肠杆菌、变形杆菌、葡萄球菌等细菌所致，也可能由轮状病毒等病毒所致。后者可能是肠道的继发感染、对原发病的过敏反应或者是原发病导致的自主神经功能紊乱。

3. 急性腹泻的表现

症状较轻的患儿一日腹泻数次，大便呈蛋花汤样或水样，可伴有发烧、食欲差等一般症状。症状较重的患儿一日泻 10 余次甚至几十次，导致机体脱水、电解质紊乱、酸中毒，出现眼窝凹陷、口唇干裂，口渴明显，尿量明显减少或长时间无尿以及精神萎靡等症状。[1]

4. 急性腹泻的预防

一般的急性腹泻多是由饮食不卫生或身体受凉引起的，因此教师和家长要注意从这两方面预防幼儿急性腹泻。首先，在饮食方面，教师和家长要培养幼儿良好的卫生习惯，注意喂养方式和饮食卫生，如饭前便后要洗手，不让幼儿喝生水，不给幼儿吃腐败变质、被污染的食物等。其次，教师和家长也要注意天气变化，根据气温为幼儿增减衣物，防止幼儿受凉或过热。

腹泻是幼儿常见的疾病之一，幼儿园如果食品卫生不达标，造成幼儿大规模腹泻，就需要整改。

【情景再现】

案例 4-2-6　　　　　　　　外购食物不卫生

某乡镇幼儿园食堂供应的午饭一般是由采购人员与幼儿园的负责人根据当时的情况商量着购买，并没有固定的订购计划和购买渠道。当天的午饭是青菜、米饭和烤鸡。午饭过后，陆续有幼儿出现腹痛、呕吐等症状，从下午两点至五点，共 40 名幼儿发病，已经达到了全部幼儿数量的 2/3，幼儿园老师马上将幼儿送到镇上的医院进行紧急治疗。

原来，事发当天的烤鸡是从市区的一家熟食超市采购的，购买后被储存在冰箱内。烤鸡没有经过幼儿园的卫生检查，也不是从固定的供应商那采购的，而是采购人员随意选择的一家熟食超市。通过检测发现，烤鸡的制作环境差，导致烤鸡的细菌超标，因此幼儿食用后才出现腹泻、呕吐等症状。

（本案例改编自线亚威主编的《幼儿园安全教育手册》，高等教育出版社）

【分析解读】

本案例中的危机源于幼儿园外购了不卫生的食物。《学校食品安全与营养健康管理规定》第四十五条明确规定："学校从供餐单位订餐的，应当建立健全校外供餐管理制度，选择取得食品经营许可、能承担食品安全责任、社会信誉良好的

---

[1] 梁玉彩、周瑞清、孙文琴：《小儿感染性腹泻的临床特征及流行病学调查研究》，载《中国妇幼保健》，2017(14)。

供餐单位。"首先，在本案例中，幼儿园在外购食物时没有经过卫生检查，也不是从固定供应商那采购的，而是从随意选择的熟食超市购买的，卫生安全没有保障，导致幼儿集体腹泻。其次，案例中的乡镇幼儿园缺乏健全的食品卫生制度，对于幼儿园的食品安全问题疏于管理，幼儿园负责人大多凭借主观意愿管理幼儿园。

【出谋划策】

针对本案例的具体情况，首先，幼儿园应时刻关注幼儿的健康状况，一旦发现幼儿身体不适，应立即将幼儿送往医院进行救治。若患病幼儿数量较多，则应向上级部门报告，配合调查。其次，幼儿园应向家长表达歉意并支付医疗费用，争取取得家长的谅解，挽回幼儿园形象。最后，幼儿园应进行内部的整改，建立健全食品卫生制度，勤加管理，科学、有依据地管理幼儿园，幼儿园领导或负责人应听取上级部门的建议或询问专家，不凭借主观意愿随意管理幼儿园。

【法条链接】

《学校食品安全与营养健康管理规定》第三十五条明确规定："学校食堂禁止采购、使用下列食品、食品添加剂、食品相关产品：

(一)超过保质期的食品、食品添加剂；

(二)腐败变质、油脂酸败、霉变生虫、污秽不洁、混有异物、掺假掺杂或者感官性状异常的食品、食品添加剂；

(三)未按规定进行检疫或者检疫不合格的肉类，或者未经检验或者检验不合格的肉类制品；

(四)不符合食品安全标准的食品原料、食品添加剂以及消毒剂、洗涤剂等食品相关产品；

(五)法律、法规、规章规定的其他禁止生产经营或者不符合食品安全标准的食品、食品添加剂、食品相关产品。"

(二)过敏

1. 过敏的含义

过敏是指有机体对某些药物或外界刺激的感受性不正常地增高的现象。儿童过敏是机体受抗原性物质（如花粉、食物、粉尘、药物等）刺激后，引起全身异常的免疫反应，常见的疾病有过敏性皮肤病、过敏性哮喘和过敏性鼻炎，均严重危害儿童的健康。[1] 儿童时期过敏症状呈逐渐发展的趋势，某种过敏表现在某个阶

---

[1] 揭志军：《支气管哮喘咨询》，105页，上海，上海交通大学出版社，2014。

段出现的概率较高：新生儿早期以湿疹和食物过敏为主；2~3岁时表现为支气管哮喘的症状逐渐增多；学龄前儿童，过敏性鼻炎的表现则越来越显著。

2. 过敏的病因

导致过敏的原因大致可分为外因和内因两种。

(1) 外因

某些物质进入人体后能够导致部分人的免疫系统发生异常反应，这些物质被称为"过敏原"，它是造成过敏的罪魁祸首。过敏原大多是一些大分子物质，如某种蛋白质或多肽等，常见的过敏原有食物（花生、大豆、牛奶、鸡蛋、鱼和甲壳类动物等），吸入物（花粉、粉尘等），微生物（霉菌、细菌等）以及昆虫毒素和药物（如青霉素等）。上述物质可以通过食入、吸入、接触及注射等途径进入人体内，过敏原第一次进入体内后可造成机体的致敏状态，当这些物质再次进入体内后便发生过敏反应，激发患儿免疫系统的异常活动，最终造成一系列过敏性伤害。

(2) 内因

内因就是一些人的"过敏体质"。过敏体质是指某类人群的免疫系统存在缺陷，他们的免疫系统异于常人，故容易做出"不辨敌友、无端攻击"的举动来，从而导致过敏的发生。过敏性疾病具有明显的遗传倾向，如果父母一方是过敏性体质的话，那么他们的孩子很有可能也是过敏性体质。早发现、早干预，可以较早控制疾病的发作，治愈过敏性疾病的概率也会大大提高。[①]

3. 过敏的表现

过敏的表现存在个体差异，大多表现在皮肤、鼻腔、呼吸道及胃肠道等处，当患儿出现如下表现时，教师应提高注意力，仔细辨别幼儿的情况。

(1) 皮肤

皮肤过敏多表现为皮肤瘙痒、皮肤起红疹及湿疹等，皮肤过敏在婴幼儿早期较为常见。

(2) 鼻腔

鼻腔过敏表现为鼻塞、鼻痒、打喷嚏及流鼻涕等。

(3) 呼吸道

呼吸道过敏临床表现以顽固性咳嗽、喘息及胸闷等支气管哮喘症状为主。

(4) 胃肠道

胃肠道过敏多表现为腹泻、腹痛、呕吐及便秘。

---

① 嵇刊、罗鑫、殷舒月：《当心！过敏体质也会遗传》，载《江苏科技报》，2021(8)。

4. 过敏的预防

幼儿的过敏是可以预防的，比如，幼儿园应尽量保证幼儿生活和游戏环境的安全性、适宜性，以避免幼儿与吸入性或食入性过敏原长时间接触。并且，教师和保健医应对易过敏的幼儿多加看护，尽量避免幼儿接触未知过敏原。

幼儿出现过敏反应，轻则身体不适，重则危及生命。因此，幼儿园要全面登记幼儿的过敏原，避免幼儿出现过敏反应。教师对于过敏体质的幼儿要尤其注意，进餐时，对于不确定能否使幼儿过敏的食物要谨慎选择，最好只让其食用不过敏的食物。

【情景再现】

案例 4-2-7　　　　　　　　有惊无险的青豆

尼莫是过敏体质，尼莫妈妈告诉老师自己的孩子对很多东西都过敏，包括鸡蛋、虾，还有花粉、柳絮等。幼儿园统计幼儿过敏信息时，要求尼莫妈妈如实填写尼莫的情况，但尼莫妈妈写得不够全面、具体，只写了大致的几类。老师知道接触过敏原会导致严重的后果，所以平时都很小心，不让尼莫接触过敏原。

一天中午，老师正给幼儿分发餐食，幼儿都在安安静静地用餐，吃得津津有味。当走到尼莫的身边时，老师发现尼莫满脸通红，不停地用手在脸上、身上抓挠，老师撩开尼莫的衣领一看，他的整个脖子粗了一圈，皮肤呈现出不正常的粉红色，伴有白色斑点。再往下看，其胸前也开始泛红。老师用手一摸尼莫的脸和脖子，皮肤灼热发烫。老师觉得尼莫可能是过敏了，但今天的午饭并没有他过敏的食物。老师一脸茫然，不过还是立即将尼莫送往医院。

尼莫被送到医院后，医生告知老师，孩子确实是过敏了，而且有生命危险。通过过敏原化验，得知尼莫是对青豆过敏，尼莫妈妈很生气，认为老师没有及时发现尼莫过敏，要求幼儿园辞退老师，换一个教龄更长、更有经验的老师。老师也很委屈，尼莫的过敏原信息里并没有填写青豆，而且中午给幼儿分发餐食，正是忙碌的时候，可能就疏于对幼儿的看护了，但平时已经很注意不让尼莫接触过敏原了，突然出现一个新的过敏原，老师也没想到。

（本案例来源于山西省人民政府机关幼儿园，张霄鹤）

【分析解读】

本案例中的教师对过敏体质的幼儿疏于看护，导致幼儿过敏，差点使其有生命危险，家长也因此对教师感到不满。首先，教师在得知尼莫是过敏体质后，平时注意不让尼莫接触过敏原是对的，也是很细心负责的，这体现了教师对幼儿的关心、爱护，以及教师能够意识到过敏的严重性。但是，在进餐环节，当危险来

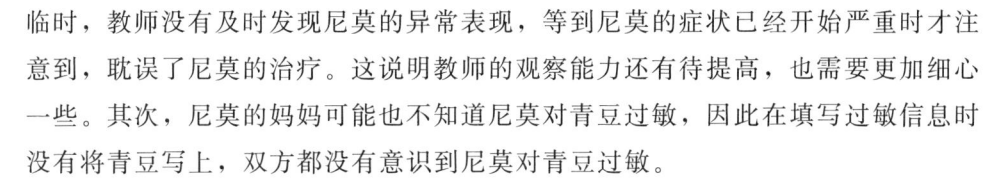

临时，教师没有及时发现尼莫的异常表现，等到尼莫的症状已经开始严重时才注意到，耽误了尼莫的治疗。这说明教师的观察能力还有待提高，也需要更加细心一些。其次，尼莫的妈妈可能也不知道尼莫对青豆过敏，因此在填写过敏信息时没有将青豆写上，双方都没有意识到尼莫对青豆过敏。

【出谋划策】

针对本案例的具体情况，首先，教师立即将尼莫送往医院，没有因为尼莫没吃过敏食物就不送医救治、耽误时间，这是值得肯定的。其次，教师应意识到，尼莫除了已知的过敏原，可能还有其他过敏原没有被发现，因此在生活中要时刻注意尼莫的状态，尽量让尼莫食用一些已知的不会过敏的食物，对于未知的过敏原需要去专门的机构排查，平时尽量避免让其接触，以免发生过敏反应，导致严重的后果。最后，面对家长的愤怒，幼儿园园长及教师应该先安抚家长的情绪，然后尽量将整个事情的经过向家长说清楚，让家长认识到责任不全在幼儿园；告知家长并不是幼儿园不小心给尼莫吃了已知的过敏食物，而是不知道尼莫对青豆也会有过敏反应，避免家长对幼儿园和教师产生误会。

(三)肥胖症

1. 儿童肥胖症的含义

儿童肥胖症是指由儿童体内能量聚积超过消耗，导致脂肪聚积过多而造成的疾病。一般认为，儿童肥胖症的标准是体重超过同年龄、同身高幼儿的正常标准体重的20%。[1] 儿童肥胖症一般分为单纯性肥胖症和继发性肥胖症两类。呈均匀肥胖而无其他异常临床表现者称为单纯性肥胖症，如有内分泌代谢病的病因可寻者称为继发性肥胖症。

2. 儿童肥胖症的病因

随着生活水平不断提高，人们的物质生活水平也得到了极大提高，肥胖逐渐成为社会群体共同关注的问题，尤其是幼儿，因为营养过剩、缺乏运动等，所以儿童肥胖者越来越多。

(1)营养过剩

错误的喂养方式使幼儿的摄入量超过消耗量，于是多余的脂肪储存在幼儿体内，导致幼儿的肥胖。在生活中，有些家长对幼儿溺爱，不限制其饮食，使幼儿大量摄入油炸或高热量食品，不控制其饮食，也不注重让其锻炼，从而导致幼儿

---

[1] 连童：《0～3岁婴幼儿保健》，54页，上海，复旦大学出版社，2020。

肥胖。还有些家长坚信传统的、错误的育儿观念，认为幼儿越胖越好、越胖越健康。

(2)缺乏运动

幼儿若活动量少，不能通过运动消耗过多的摄入量，也可能导致肥胖。而幼儿一旦成为肥胖儿童，由于行动的不便，更加不愿运动，就容易形成恶性循环。

(3)遗传因素

肥胖症有一定的家族遗传倾向。研究发现，肥胖具有家庭聚集性，父母肥胖是儿童肥胖的一种预示，双亲肥胖家庭的儿童发生肥胖的概率远高于双亲体重正常者。[1]

(4)心理因素

幼儿的心理状况也是影响其肥胖的重要因素之一。幼儿在生活中遭受父母离异、亲人去世或遭受虐待时，可引发恐惧、孤独等心理，幼儿易以进食转移、宣泄消极情绪。

3. 儿童肥胖症的表现

患有儿童肥胖症的幼儿一般有以下几点表现。

(1)身体方面

皮下脂肪丰满，分布比较均匀；身体脂肪主要聚集在胸部、腹部、臀部及肩部；四肢肥胖，尤其以上臂和臀部最为明显；常常会感到疲劳，在活动时耐力差，容易呼吸气短和腿痛，行动笨拙。

(2)饮食方面

食欲旺盛且食量远远超过一般幼儿，偏好甜食或高热量、重口味的食品，不喜蔬菜等较为清淡的食物。

(3)性发育方面

性发育一般较早或正常。男孩因大腿会阴部脂肪过多，阴茎可掩藏在脂肪组织中，而显得很小，但实际上属正常范围。

(4)心理方面

在心理方面处于较为压抑的状态，身体的肥胖可能对患儿的个性、性格、人际交往等方面造成较大的消极影响。由于对自身外表的不满，或是面对同伴的嘲

---

[1] 沈丽琴、陈希宁、李昌吉等：《儿童单纯性肥胖症的遗传和环境危险因素分析》，载《中国学校卫生》，2006(9)。

笑、奚落，甚至受到歧视，患儿会有沉重的精神压力和心理负担，容易丧失自信心，越来越孤僻，甚至在日后随着青春期的到来会产生自杀的念头。

4. 儿童肥胖症的预防

教师可在幼儿园中培养幼儿良好的进食习惯，鼓励幼儿多吃蔬菜和水果，多运动。同时，教师也要与家长统一教养观念，避免幼儿被过度喂养和过度保护。

儿童肥胖症对幼儿的身体和心理都会产生危害。一方面，肥胖会导致幼儿在成年后产生一系列由肥胖引起的并发症，如糖尿病、心血管疾病等，给健康带来许多潜在的危害。另一方面，肥胖幼儿的自我意识受损，自我评价低、不合群，比正常体重的幼儿有更多的焦虑，缺乏幸福感和满足感。

在幼儿园中，一些肥胖症患儿的家长育儿观念落后，认为"能吃是福"，不控制患儿饮食，与幼儿园科学的教养方式不相符，最终由教养观念不同引发家园矛盾，产生严重的危机事件。

【情景再现】

案例 4-2-8   **"肉肉"协奏曲**

中二班的虎子体型肥胖，平时不爱活动、食量较大、进餐速度很快，不喜欢吃青菜。在晨间交流时，张老师和经常接送虎子的奶奶沟通，建议家长关注和控制幼儿的体重。没想到奶奶非常不高兴，说她的孙子就怕饿，一饿就会哭闹，她不忍心让孩子上火。虎子爸爸妈妈在外地工作，老师通过电话沟通，妈妈说孩子的事情奶奶做主。

为了避免引起奶奶反感，张老师和班里的其他老师商量，平时在幼儿园对虎子进行饮食管理。老师根据医务室人员制定的《幼儿园肥胖儿童管理计划》中的"幼儿园措施"帮助虎子减肥，在配餐时给虎子少量多次地添饭，提醒他细嚼慢咽，餐前先喝汤，游戏时鼓励他多跑动，老师将这些过程都填写在《肥胖儿童专案管理记录》中。

没过几天，虎子的奶奶就怒气冲冲地来到园长办公室，说班里老师虐待虎子，不让孩子吃饱，小朋友也欺负虎子，给他起"小肉球"的外号，老师也不管。虎子的奶奶认为老师是打击报复，因为她不同意老师为虎子提议的减肥计划，老师就怀恨在心。不仅如此，在园长解决这件事的期间，虎子的奶奶在班级微信群里说这个班的老师不好，为了打击报复而虐待孩子，她还在小区里到处散布这个幼儿园不好的消息，劝其他家长不要送孩子来这个幼儿园，使幼儿园声誉受损。

附：《幼儿园肥胖儿童管理计划》

幼儿园肥胖儿童管理计划[①]

一、幼儿园措施

(一)饮食管理

1. 让幼儿多吃绿色食品，多吃蔬菜，尽量不喝饮料，不吃膨化食品。

2. 要求幼儿在吃饭时细嚼慢咽，一口菜、一口饭就着吃，放慢吃饭速度。

3. 在幼儿园的进餐中，引导幼儿少吃主食，多吃蔬菜，从而促使幼儿体重恢复到正常值。

(二)运动管理

1. 通过户外活动集中对肥胖幼儿进行体育锻炼。通过走、慢跑、跳、跳绳、摸高等运动让幼儿进行锻炼，每周三至五次，以有微汗为宜，以免引起幼儿食欲的增加。

2. 提高幼儿锻炼的兴趣。要为幼儿提供充足、有趣的器械，为幼儿创设各种运动游戏情境。

3. 让幼儿做能力所及的事情。特意请肥胖幼儿为值日生，让其整理班级玩具、擦桌子，使他们能够从中多运动，达到锻炼的目的。

二、家庭措施

1. 召开家长研讨会，发放各种宣传资料，使家长认识到幼儿肥胖的危害，从而能从家庭方面来帮助幼儿控制体重。

2. 家长重点限制幼儿摄入的食物为糖果、奶油蛋糕、肥肉、巧克力和冷饮等。为了保证幼儿的生长发育，蛋白质供给不能少，可吃瘦肉、鸡蛋、牛奶、豆制品等含优质蛋白质的食物。

3. 在家中培养幼儿的良好饮食习惯，睡前不吃零食等，家长要增加幼儿的运动量，进行饭后散步或爬楼梯等活动。

总之，对肥胖幼儿的管理是一个漫长的过程，只有将运动疗法和饮食疗法有机地结合起来，家园一致配合，才能显现出效果。我们要严格遵守保健要求，做好记录，争取在最短时间内使幼儿体重恢复正常，尽量避免肥胖幼儿在幼儿园这个集体中出现。

附：《肥胖儿童专案管理记录》

[①] 收入本书时有改动。

肥胖儿童专案管理记录

姓名_____ 性别_____
年龄_____ 出生年月_____
父亲身高_____ 体重_____
母亲身高_____ 体重_____
家庭其他肥胖成员_____

干预方案：

肥胖检测
首次检测结果：体重_____ 身高_____ 肥胖程度_____ 开始管理时间_____

日期	体重/千克	身高/厘米	评价	饮食习惯			喜爱食品				生活习惯		运动			
				食量	进食速度	夜食	甜饮料	油炸食品	肉食	洋快餐	贪睡	户外活动	运动方式	运动强度	每周运动时间/分	每周运动频次
				大中小	快中慢	有无	多中少	多中少	多中少	多中少	有无	多中少		高中低	≤15 30 ≥45	≥5 4 ≤3
				大中小	快中慢	有无	多中少	多中少	多中少	多中少	有无	多中少		高中低	≤15 30 ≥45	≥5 4 ≤3

（本案例来源于沈阳军区政治部幼儿园，管晓旭）

【分析解读】

本案例的危机源于家园双方沟通不畅，对虎子的教养观念未能达成一致。从园方的角度来说，教师与家长沟通不畅，没能正确表达一番好意，并且没能让虎子奶奶正确认识到幼儿肥胖的危害，这说明教师与家长沟通的能力和表达能力不足，有待提高。从家长的角度来说，虎子奶奶的育儿观念老旧，当发生矛盾时，因太过冲动而做出过分的事情，没能冷静下来仔细思考教师的劝告；虎子的父母也没有承担起应有的责任，而是将养育孩子的责任完全抛给祖辈。多方原因最终导致虎子的奶奶对教师、对幼儿园产生误会，使幼儿园声誉受损，影响了生源。

【出谋划策】

针对本案例的具体情况，首先，园长应先安抚虎子奶奶的情绪，向奶奶解释教师行为背后的原因，解除误会。其次，园长应让虎子奶奶了解肥胖症的危害，重新认识虎子的不良生活习惯，并帮助奶奶学习正确的教养方式。例如，邀请奶奶参加幼儿园的开放日活动，让奶奶观察虎子与其他幼儿的饮食习惯的不同之处；让幼儿园保健医专门为虎子奶奶开一堂生动的健康课，了解儿童肥胖的危害；请保健医和其他家长一起与虎子奶奶交流正确的教养方式等。再次，园长应建议虎子的爸爸妈妈参与到虎子的日常生活中来，陪伴孩子共同成长，而不是只将孩子托付给奶奶。最后，教师应进行自我反省，提高自己与家长沟通的能力和解决问题的能力，避免沟通不畅导致误会。

四、幼儿园伤病的危机管理策略

当发生幼儿伤病导致的危机时，幼儿园应尽快向上级报告，并将患儿送往医院进行救治，如实地反映伤病情况，做好善后处理工作。需要注意的是，在发现传染性疾病时，幼儿园一定要做好隔离、消毒工作，为其他幼儿提供相对安全的环境。

(一)及时报告并做出判断

当班教师发现幼儿受到伤害或患某种疾病时要立刻通知幼儿园领导、幼儿园危机管理小组和幼儿园保健医。保健医要对患儿伤病情况做出判断，若患儿发生擦伤等轻微伤害，可在幼儿园保健室处理；若患儿出现较为严重的情况，如骨折、传染病、大规模腹泻，则需立刻将患儿送往医院，同时幼儿园危机管理小组应将情况报告给上级领导部门。

(二)送往医院并进行救治

幼儿园危机管理小组应将患儿紧急送往医院救治，不得耽误时间，以救治患儿的生命安全为第一原则。若患儿出现传染性疾病，在等待就医的同时，教师需要对患儿进行隔离，并将患儿所在的班级进行隔离、消毒，控制传染源。

(三)通过调查了解情况

幼儿园危机管理小组应通过询问教师和其他幼儿了解患儿发生伤害时的具体情况，必要时可查看监控，了解事实真相。若患儿患有传染性疾病，幼儿园危机管理小组除了询问教师，还应该马上联系并询问其家长，了解患儿最近的身体健康情况、接种疫苗情况以及近日走动范围。

(四)反映情况并通知家长

幼儿园危机管理小组应及时、如实地向上级部门反映相关情况，包括患儿发生伤害的时间、地点、具体情形、伤势如何等，若患儿患有传染性疾病，则要将患儿的健康管理档案、疫苗接种情况等如实反映。同时，幼儿园危机管理小组应联系患儿的家长，将患儿情况如实告知家长。

(五)做好善后处理工作

幼儿园危机管理小组应在处理危机事件的同时维持园内秩序的稳定，安抚师生情绪，做好心理健康工作。若发生传染性疾病危机事件，幼儿园危机管理小组需要了解其他幼儿的身体情况和疫苗接种情况，做好整个幼儿园的后续隔离、消毒工作，安抚家长情绪，事后将此次危机事件记录在册，并做好总结与反思工作。

【法条链接】

《托儿所幼儿园卫生保健管理办法》第十六条明确规定："托幼机构应当在疾病预防控制机构指导下，做好传染病预防和控制管理工作。托幼机构发现传染病患儿应当及时按照法律、法规和卫生部的规定进行报告，在疾病预防控制机构的指导下，对环境进行严格消毒处理。在传染病流行期间，托幼机构应当加强预防控制措施。"

这就要求幼儿园在出现传染性疾病危机事件时配合卫生部门调查，制定突发传染性疾病应急预案，及时向上级报告，做好防控工作。

本节主要从幼儿受伤、传染性疾病和非传染性疾病三方面阐述了幼儿园中幼儿的伤病问题可能会引发的幼儿园危机，结合案例进行分析，提出相应建议，并根据伤病危机的特点总结出幼儿园伤病危机的管理策略，帮助幼儿园正确处理幼儿伤病问题引发的危机。

【拓展阅读】

[1]张海丽. 学前儿童卫生与保健[M]. 北京：北京理工大学出版社，2018：123-172.（该书介绍了幼儿常见的传染病以及常见病的病因、症状、预防及护理措施等内容。）

[2]罗伯逊. 儿童早期教育中的安全、营养与健康[M]. 刘馨，孙璐，安亚玲，等译. 北京：北京师范大学出版社，2018，358-381.（该书包括概述、安全、营养、健康和当前儿童健康教育面临的问题五大部分。每部分都包括幼儿教师在照顾幼儿以及在与家庭合作时所必需的基本信息、基本理论、实践知识、资源和教养技能。）

[3]唐明霞，刘长清. 儿科学[M]. 北京：中国医药科技出版社，2012：199-214.（该书介绍了有关小儿常见病和多发病的诊治、预防等内容。）

【想一想，做一做】

1. 请简要叙述幼儿园食品卫生危机的管理策略。
2. 请设计出幼儿受伤危机事件的危机处理流程图。
3. 请设计出幼儿疾病危机事件的危机处理流程图。

第五章　幼儿茁壮成长的避风港
——幼儿成长教育中的危机管理

【导入案例】

　　大东3岁了，刚上小班，但个头快赶上大班的孩子了，身体也非常壮实。大东的爸爸妈妈非常宠爱他，平时他要什么，爸爸妈妈就买什么，不给买他就在地上撒泼打滚，目的达到以后才肯作罢。面对这种情况，大东的爸爸妈妈都选择睁一只眼闭一只眼，能迁就孩子就迁就着。大东父母的教育方式使大东变得非常强势，在家是"小少爷"，在幼儿园就是个"小霸王"，他总是喜欢欺负别的小朋友，还总是喜欢拿别人手里的玩具，别人不给，他就直接抢，抢不着的话，就开始动手打人，而且不分轻重，逮哪儿打哪儿。但他有时也很讲"义气"，如果和他比较熟、玩得好的小朋友被其他班小朋友欺负，他会马上去帮忙。他还好打抱不平，看到不认识的两个小朋友争抢东西，他会主动去帮他认为有道理的一方，如果另一方反抗，他就会马上抬起手打下去。大东的这种既叛逆又正义的双面人格使老师觉得很头疼，不知道该怎么教育大东才好。

　　有一次在幼儿园，大东又打小朋友了，妈妈在旁边没有及时制止，惹得被打小朋友的妈妈很生气，小朋友的妈妈厉声斥责了大东，并要求大东当着所有人的面给自己的孩子道歉。大东妈妈也很恼火，她认为小朋友都是闹着玩的，不必这么较真，小朋友之间的事应该由他们自己来解决，做大人的不应该插手。两个妈妈因意见不合在幼儿园里激烈地争吵，其他家长也纷纷赶来围观，这让幼儿园突然变得"热闹"起来了。大东的老师闻讯赶紧跑过来制止，在老师的劝说下两个妈妈才停止争吵，但谁都不甘示弱。被打小朋友的妈妈坚持要求大东当着大家的面道歉，而大东的妈妈则坚持让孩子们自己解决。面对这种僵持的状况，老师感到无能为力，只好把园长请了过来。园长先与大东妈妈进行了私下谈话，劝说大东妈妈退一步，让大东在私下给被打幼儿道个歉，然后又与被打幼儿家长进行了私下谈话，劝说其接受打人幼儿及其家长在私下里的道歉。在园长的劝说下，双方各退一步，达成了一致意见，大东私下里主动和被打幼儿道了歉以后，该事件才告一段落。

当幼儿之间发生矛盾与冲突时，家长应认识到这是很正常的现象，应冷静处理和应对，切勿因冲动而伤了和气。

（本案例为原创案例）

幼儿在成长过程中会遇到各种各样的问题，如打人、执拗等行为问题，教育不当等家园共育问题，幼儿不适应外部环境变化等问题。而这些问题很有可能会造成幼儿与其他幼儿之间的冲突，并会由幼儿之间的冲突上升为家长与家长之间的"战役"，家长与教师之间的"博弈"，幼儿园与家长之间的"妥协"。为有效帮助幼儿园及教师避免以上问题，本章将详细阐述幼儿成长中常见危机的类型、特点、成因及预防策略，以便为幼儿的健康成长保驾护航，为幼儿接受良好教育创设条件，为实现家园共育提供基础。

第一节　幼儿行为问题中的危机管理

人在社会的生存和发展中，离不开行为，任何人目标的实现、需要的满足，都是通过一定的行为实现的。从狭义上看，行为指的是可以观察测量到的外显反应或活动。从广义上看，除了可以直接观察到的外显行为外，行为还包括内隐的意识和潜意识等一切活动，即可以通过分析外显行为而间接推断出内隐的心理活动，如个体的情绪、思维、动机和个性等。幼儿行为按照不同的划分标准，大致包括外显行为与内隐行为、亲社会行为与攻击性行为、适宜行为与问题行为等几大类。在幼儿行为类型中，幼儿的问题行为与危机的关系最为密切。本节将详细阐述幼儿行为问题中的常见危机。

一、幼儿行为问题

在教育教学实践中，幼儿行为管理是幼儿教师最为关心和感到棘手的问题之一。在孩子身上，我们会看到童真的笑脸、清澈的眼神。可是我们也会发现，孩子有时会出现任性、无理取闹等行为。这些行为有时还会给其他孩子带来麻烦，给家长带来烦恼，给老师带来难题，使家园关系问题变得棘手。

（一）幼儿行为问题的含义

幼儿行为问题指幼儿偏离常态标准的异常、不恰当行为。它有三层含义：一是这种行为在严重程度和持续时间上都超出了相应年龄所允许的正常范围；二是这种行为影响到了幼儿身心的健康发展，或者给他人带来麻烦，但是并没有达到严重阻碍幼儿发展的程度；三是这种行为在成人的正确应对下，会随着幼儿的成长而逐渐减少和消失。但是，如果应对不当，这种行为则有可能会转化为心理疾病，影响幼儿以后的生活。

(二) 幼儿行为问题的类型及表现

幼儿在发育过程中出现的常见行为问题一般可以分为以下几类。第一，神经性行为问题，指由神经系统的生长发育引发的一些行为问题，如动作言语过多、精神紧张、性格突变等。第二，习惯性行为问题，指由不良的习惯引发的一些行为问题，如咬指甲、重复性小动作、习惯性擦腿等。第三，情绪情感等社会性行为问题，指由社会性发展引发的一些行为问题，如攻击性行为、退缩性行为等。第四，认知行为问题，指由认知发展引发的一些行为问题，如语言障碍、学习障碍、感觉统合失调等。[1]

以上就是幼儿常见行为问题的类型及表现，当幼儿表现出以上问题时，家长和教师应及时关注与识别，尽早纠正，以便帮助幼儿养成良好的行为习惯。

二、幼儿行为问题中的常见危机

幼儿行为问题类型包含多种，其中社会行为问题和性格行为问题，在幼儿园的危机管理中最值得关注。

(一) 幼儿社交焦虑引发的危机

社交焦虑是指对人际处境的紧张与害怕，社交焦虑的个体被暴露在陌生人面前或者可能受到他人的仔细观察时，会表现出显著的对社交情境或活动的焦虑，并且担心自己的言行会使自己丢脸。5~6岁是儿童心理发展过程中一个重要的转折阶段，而幼儿的社交焦虑是这一时期幼儿交往过程中常见的行为障碍之一，常常具有隐蔽性，难以被人发现，如果得不到及时干预和治疗，会延续到青春期和成年期，导致成年后产生许多严重的情绪问题乃至心理问题。因此，了解和把握幼儿社交焦虑的情况是十分必要的。

【情景再现】

案例 5-1-1　　　　　　　　教室里有"怪物"

乐忆上中班了，是一个有社交焦虑的孩子。他从上幼儿园开始就不愿意进教室，仿佛教室里有怪物，在教室待不到 2 分钟，就如坐针毡，大哭大闹着要出去，老师们怎么哄他都不愿意进教室，更不用说进行正常的教学和集体活动了。无奈之

---

[1] 陈辉：《幼儿行为问题应对》，34~35 页，北京，北京理工大学出版社，2015。

下，老师只能允许他到教室外面坐着玩。自那以后，乐忆每天早上到幼儿园就自己静静地坐在教室外面，极其不愿意和小朋友一起做游戏，也不爱跟其他老师交流。当小朋友进行户外游戏时，他就坐在保育老师身边一声不吭，静静地看着别人玩，老师和小朋友喊他一起加入时，他的脸就会瞬间变红，怎么都不过去。他在幼儿园只依赖保育老师一个人，有时保育老师忙着给小朋友盛饭、扫地脱离他的视线时，他就很没有安全感，浑身不自在，哭着、闹着要找保育老师，其他老师一靠近他，他就十分抗拒。就连吃饭时，他都必须在教室外面吃，不愿意和其他小朋友一起进餐。乐忆一直不能融入集体之中，天天黏着保育老师，这让所有老师都很担心，担心乐忆的社交技能与社会适应能力会越来越差，从而影响其心理健康发展。

（本案例为原创案例）

【分析解读】

案例中的乐忆之所以不愿意待在教室，不愿意和小朋友们游戏和交流，可能是因为以下几点。第一，与其家长的育儿理念有关，家长为了提高幼儿的安全意识，总是告诫孩子少与陌生人交往等，使幼儿对外部世界产生了极大的不安全感。或者其父母也存在社交退缩问题，不愿意与人交流，幼儿从小耳濡目染，便也形成了社交焦虑。第二，父母平时工作太忙，无心顾及孩子，就将孩子托付给家里的老人照看，虽然孩子在饮食起居方面得到了照看，但是在情感交流上存在很大的缺失，导致幼儿不愿与人交流，只依赖幼儿园里特定的人。第三，与其失败的社交经历有关，幼儿在交往中可能遭受过挫折，如被其他小朋友欺辱，或被家长当众打骂过，对失败的社交经历有严重的心理阴影。

案例中的教师由于乐忆不愿意融入集体就放之任之的做法，虽然照顾到了幼儿的情绪、遵从了幼儿的意愿，但是极其不利于幼儿社交技能的发展，也不利于幼儿社交焦虑的改善，更不利于该幼儿的长远发展。当幼儿遇到发展问题时，幼儿园不能图省事，由着孩子的性子来，应及时弄清楚幼儿产生问题的原因，与其家长沟通，共同配合，改善幼儿的社交焦虑。

【出谋划策】

针对案例中幼儿的社交焦虑问题，幼儿园和家长可以采取以下措施。第一，幼儿园应多与其家长进行沟通与交流，向家长说明该幼儿的在园表现，了解其教养方式等。幼儿园还可以不定期地对该幼儿进行家访，深入了解幼儿的家庭情况及他所处的家庭环境，从而找出造成该幼儿社交焦虑的原因。第二，幼儿园应引导家长，对于孩子的"胆小"，要多一些温暖有力的支持、理解、同情和耐心。

在生活中，孩子对于自己不熟悉、不信任的环境，往往会设想出一些不好的情形，如"别人一定会拒绝自己""自己一定不能与别人玩得来""别人肯定都不喜欢我"等，这些想象让他们止步不前。所以，家长要让孩子认识到自己的想法可能是有局限性的，教他们用更合理和正面的理由去解释他人的行为，把他们消极多疑的想法替换掉，从而培养他们正确理解他人的技能；家长要帮助孩子去和同伴主动打招呼，也可以让孩子从结识年纪较大的成年人或同伴开始，逐步把交往对象低龄化；家长要多陪陪孩子，多与孩子谈谈心，多鼓励孩子，他们非常需要表扬和鼓励来获得成就感；家长可以给孩子设定具体可行的小目标，及时给予他们肯定，不错过每一个小小的挑战和成功。第三，幼儿园的老师也应多关心该幼儿，慢慢地引导幼儿敞开心扉，消除幼儿对集体活动的恐惧，使幼儿融入集体环境当中。第四，若幼儿社会焦虑长时间无法得以缓解，教师可以建议家长带领幼儿去看心理医生，查明原因后积极配合医生的治疗。

(二)幼儿攻击性行为引发的危机

攻击性行为是以伤害他人为目的的行为。它包括身体上和言语上的攻击行为，也包括侵犯别人权利的行为，主要表现为：打、踢、咬、大声叫嚷、抢走别人的东西等。幼儿的攻击性行为不但会对他人或集体造成危害，而且会阻碍儿童社会性、个性和认知的发展，对个体的健康发展是很不利的。

【情景再现】

案例 5-1-2　　　　　　　东东总是打别人

有一次，小班幼儿在娃娃家玩，东东想要小美手里的小铲子，于是一声不吭就去拽小美手里的小铲子。小美见状，死死抓住小铲子，生怕被抢走。东东一把抓住小美的脸，小美的小脸上瞬间冒出了几道血印子。老师听到小美的哭声后立马跑过来制止了东东，对小美的伤口进行了简单处理，安抚了小美的情绪，并马上打电话通知了小美的父母。小美的父母来到幼儿园后看到女儿脸上的抓痕非常生气，小美妈妈要求老师把东东的父母也叫过来，让东东和他的父母给小美道歉。小美爸爸要求园长调出监控以了解事情发生的整个经过。无奈之下，幼儿园只好给东东的家人打了电话，并陪同小美爸爸查看监控。东东奶奶来了之后，当着所有人的面打了东东，老师立刻进行制止，但东东奶奶拒绝给小美父母道歉。小美父母见状，要求东东亲自给小美道歉，还要求去医院给小美拿药治疗，以防留下疤痕。双方家长态度十分坚定，谁也不愿让步，这让园方和老师都感到十分头疼，不知道该怎么办才好。

（本案例为原创案例）

【分析解读】

案例中，幼儿在进行区域游戏时，老师没有提前预见幼儿之间可能会发生冲突，导致小美父母和东东奶奶之间的纠纷。在幼儿园，幼儿攻击性行为十分常见，况且案例中的幼儿都处于小班阶段。处于这个年龄班的幼儿，由于年龄小，语言发展还未完善，社交技能相对匮乏，遇到问题时不知道如何解决，最有可能采取类似于打、咬的方式来解决问题。这就要求幼儿老师在区域游戏中应具备预见冲突的能力，及时发现问题，遏制事态的演变，以免造成严重后果。

不过，值得肯定的是案例中的老师在冲突发生以后，及时赶过来对小美伤口进行了简单处理，及时安抚小美的情绪，然后赶紧通知其父母，而不是有所隐瞒。该做法使家长对于整个事件的知情权得到保障。另外，园方态度一直都很诚恳，陪同小美爸爸查看监控这一行为也值得肯定，作为教育者，园长应尽量满足家长的合理需求，只有这样双方才能建立良好的信任关系。

【出谋划策】

面对东东奶奶不愿道歉这一问题，幼儿园可单独与其沟通，照顾东东奶奶的感受，同时也向其说明情况，获得东东奶奶的理解，说服其去道歉。事后，幼儿园应陪同小美的父母带小美去医院检查，绝不能认为这都是小伤，没必要去医院。园方应理解，每个孩子都是父母的心头肉，大家都不愿意看到自己的孩子受到任何伤害。因此，受伤幼儿家长在此时提出的要求并不过分，幼儿园应站在家长的角度来看待问题，把幼儿的利益放在第一位。此外，在该事件解决以后，幼儿园应该登门慰问小美，并向小美的父母表示歉意，让小美的父母看到幼儿园的诚意，取得家长的信任。只有这样家长才能继续放心地把孩子送到幼儿园里。最后，为防止此类事件再次发生，幼儿园应开展培训工作，组织多种演练活动，从而提高教师解决和应对此类危机的能力。

（三）幼儿认知问题引发的危机

幼儿说谎、注意力涣散、反应迟缓等都属于幼儿的认知问题，其中幼儿说谎是让家长和教师感到最为棘手的问题。幼儿说谎是指虚构或捏造事实的一种行为，也是儿童心理发展中较为常见的一种现象。若说谎问题得不到妥善引导，随着幼儿年龄的增长，这一问题可能会上升到品质问题，从而危害幼儿的一生。

【情景再现】

案例 5-1-3　　　　老师把小朋友冲进下水道了

最近，莎莎从幼儿园回到家中经常喃喃自语，告诉妈妈幼儿园里的保育老师把一个小朋友冲进下水道里了，妈妈一开始并没有放在心上，以为莎莎在说着玩儿。过了几天，莎莎又对妈妈说保育老师打她的头，这下妈妈开始紧张了，赶紧查看莎莎头部是否有伤，然而并未发现任何异样。但莎莎妈妈开始相信女儿的话了，并开始对幼儿园的老师心存芥蒂，处处留意莎莎的身体情况，她还要求老师每天汇报莎莎在园内的一举一动，并要求园长把园内实时监控打开，以便自己能够在手机上随时看到莎莎的在园情况。莎莎妈妈的一系列要求让老师们很吃惊，在老师们的眼中莎莎是个非常懂事、乖巧的孩子，也是一个非常让人省心的孩子。老师们对莎莎妈妈提出的要求也感到十分的困惑，但莎莎妈妈什么也不愿意说。面对莎莎妈妈的要求，园方和老师们觉得十分为难，不知道该怎么办才好。

（本案例为原创案例）

【分析解读】

由于认知水平有限，幼儿在传话的过程中会出现歪曲事实的情况，这给家园关系带来了不必要的麻烦，使家长对教师产生了误解。案例中的莎莎对妈妈说老师把小朋友冲进下水道里了，以及老师打她的头，原因可能有以下两个方面。一方面是幼儿为了得到某些利益而说谎。为了达到个人的某种目的或想得到某些利益，因而有意歪曲事实或躲避责任。案例中的莎莎可能是为了得到他人的关注，故意说老师打她了。另一方面是幼儿认知水平的限制。莎莎年龄小，受其认知水平及语言能力的限制，以及对问题理解的简单化，所以产生了将想象与现实相混淆的现象。另外，幼儿的记忆存在一定的缺陷。莎莎可能是对感知过的事物记忆模糊不清，因而造成说话不真实、歪曲事实的现象。

由于幼儿认知发展问题，莎莎妈妈开始对幼儿园心存芥蒂，说明幼儿园和家长平时的沟通不足，家长对幼儿园缺乏信任，这才导致莎莎妈妈要求幼儿园打开实时监控，并要求教师汇报莎莎在园的一举一动，给教师带来了很大的心理危机，也使得家园关系开始变得紧张起来。

【出谋划策】

面对莎莎妈妈的不信任，首先，幼儿园应该与莎莎妈妈真诚沟通，取得莎莎妈妈的信任，了解莎莎妈妈的困扰，帮助莎莎妈妈解决这一顾虑。在这一过程中，幼儿园应做到态度诚恳，面对莎莎妈妈这种心思细腻的家长切记不可过于着急,应慢慢地帮助其打开心扉。其次,幼儿园应自查监控,确认莎莎班级的保育老师是否真的没有出现过伤害莎莎的行为,确认无误后将视频发给莎莎妈妈消除误会。再次,幼儿园应向家长讲解幼儿这一时期的认知特点,告诉莎莎妈妈幼儿传话失准属于正常现象,让莎莎妈妈不必过分担忧,与莎莎妈妈共同引导,帮助莎莎慢慢改正这一行为。最后,幼儿园应吸取这次经验和教训,加强与家长之间的沟通与交流,并采取多种形式与家长交流。例如,教师在家长微信群中向家长分享孩子在园的活动视频,在家长接送孩子时简单交代孩子在园的一日表现,开展专门的家长会向家长普及一些儿童认知特点的心理学知识以及育儿知识等。

三、幼儿行为问题中的危机管理策略

上述内容详细阐述了幼儿行为问题中常见危机的类型、特点及成因,接下来针对以上几种危机提供一些可供参考的建议,具体如下。

(一)形成正确教育观念引领幼儿发展

教师作为幼儿身心健康成长的引路人,应细心关注幼儿在幼儿园的情绪、行为等方面的微妙变化,给幼儿以理智的爱。此外,教师还应引导家长树立正确的教育观念,引导家长学会赏识幼儿,尊重幼儿的个性,幼儿在成长的路上无论进步还是失败,父母都应该学会赏识。随着越长越大,幼儿什么事情都想自己尝试。这时候的父母不应该老是担心幼儿做不好,想帮幼儿代劳,而应该让幼儿自己动手去感受生活,久而久之幼儿便在生活中学会克服困难,体验创造的过程和成功的喜悦,也会增强独立能力和自信心。

(二)给予幼儿充分的理解和尊重

对于幼儿的行为问题,家长和教师不应过分焦虑,而应给予幼儿充分的理解和尊重,明确问题的根源。以幼儿认知发展为例,3~5岁的幼儿,他们对世界的感知大多以意象(图像)为主。这个时期他们内在的一些感受是直接以画面的形式在心中呈现的,并且分不清楚什么是心理现实(自己的心理过程发生了什么),什么是外在的客观现实(现实中实际发生了什么)。例如,当一个小女孩把水杯打碎时,她是害怕的,对于让我们害怕的东西,人的本能反应是逃开。所以当成人说出"你怎么把杯子打碎了"这句话的时候,就把小女孩和那个杯子关联起来了,那么她的第一反应就是否认——不是我干的,然后离开那个会和杯子扯上关系的位子,找一个替代者(小猪玩具)填在那个位置上,这样自己就能安全了。因此,教师和家长应明确问题出在哪里,认识到幼儿认知发展的特点,当幼儿出现各种各样行为问题时应给予他们理解和尊重,只要及时干预,幼儿的行为问题就会逐

渐得到改善。

(三) 采取合理措施帮助幼儿纠正

为矫正幼儿行为问题，教师应采取合理的方法改善幼儿的行为问题。首先，如果想鼓励社交焦虑幼儿和其他幼儿互动交流，教师要做的不是直接去要求幼儿做什么，而是给幼儿做出示范。教师需要带着幼儿一起去其他幼儿的身边，蹲下来或是干脆直接坐下来，主动和其他幼儿聊天，问他们一些非常简单的问题，如你叫什么名字，你多大了。教师的这些行为表现会让幼儿观察并学习到怎样提问、问哪些问题比较合适，这也意味着社交焦虑幼儿社交活动的开始。其次，为矫正幼儿的攻击性行为，教师可以组织一些矫正游戏，提高幼儿的共情能力。教师可以带领幼儿玩一些"助人为乐""见义勇为"的游戏，使幼儿在游戏中体验到帮助别人的满足感和自豪感。最后，面对幼儿的认知问题，教师不仅要给予幼儿充分的理解和尊重，还应该采取合理的措施，帮助幼儿及时改正。例如，通过讲故事、做游戏、角色扮演等，让幼儿明辨是非，让他知道做错事一定要改正，防止幼儿养成爱说谎的不良习惯。综上所述，若方法得当，幼儿的行为问题便能在一定程度上得到改善。

幼儿行为问题中，幼儿社交焦虑、攻击性行为、认知问题最易引发幼儿与幼儿、家长与家长、教师与家长之间的冲突与矛盾，这将不利于幼儿的健康成长。因此，所有的家长以及教育工作者都应重视对幼儿行为问题的适当引导，以便促进幼儿良好人格的养成。

第二节 家园共育中的危机管理

在生活中，有一些父母为了工作、生活，顾不了孩子。有的家长认为孩子年龄小，来幼儿园只是为了玩，孩子在这里不哭不闹、开开心心的就好；还有一些家长认为把孩子送到了幼儿园就是老师的事情。显然，这些观点和看法都是片面的，这将不利于良好家园关系的构建、不利于幼儿健全人格的养成。本节将详细阐述家园共育中的常见危机，为充分发挥家园共育的积极效果出谋划策。

一、家园共育

在幼儿成长的环境中，家庭和幼儿园是最重要、最直接的环境。幼儿园作为专业的教育机构，教师作为幼教专业人员，在家园共育中起着主导作用。幼儿园应采取多种形式的活动，运用多种沟通方式，促进家长参与幼儿园活动，帮助家长树立正确的教育观念。只有家园齐心协力，才能促进每个幼儿的充分发展。

(一) 家园共育的含义

家园共育即家长与幼儿园共同完成幼儿的教育，在幼儿的教育过程中并不是家庭抑或是幼儿园单方面地进行教育工作。《幼儿园教育指导纲要（试行）》指出："家庭是幼儿园重要的合作伙伴。应本着尊重、平等、合作的原则，争取家长的理解、支持和主动参与，并积极支持、帮助家长提高教育能力。"而幼儿园、家长工作的出发点就在于充分利用家长资源，实现家园互动，合作共育。①

(二) 家园共育的意义与重要性

在孩子的教育问题上，家长应认识到幼儿园教育不是万能的，教师在教会孩子成长的同时，家长也需要明确自己的责任。陈鹤琴曾说，幼儿教育是一种复杂的事情，不是家庭单方面可以胜任的，也不是幼儿园可以单独胜任的，必定要两个方面共同合作才能产生良好的效果。② 幼儿园和家庭双方有着不同的经验和背景，双方合作可以更加全面地促进幼儿发展。家园共育可以使家长更加熟悉幼儿园实施的教育，使教师更加了解幼儿的家庭情况，当他们在了解对方价值观和目标时，双方都能更好地为对方提供支持。由此可见，家园共育是十分必要的。

二、家园共育中的常见危机

家园共育的首要任务就是共同守护幼儿，使幼儿健康地成长。教师作为家园共育的主导者，在家园共育过程中表现出的职业道德、工作态度以及解决问题的能力等稍有不慎，就可能带来意想不到的后果，家园关系也会随之变得严峻。

(一) "专制强横"行为引起的危机

"专制强横"属于师生关系类型之一。在幼儿园中，有些教师占有绝对的权威地位，而幼儿则需要无条件服从教师。教师过于"专制强横"，就有可能走向极端，产生一些虐童行为，这会给幼儿的身心健康带来极大的损害。

【情景再现】

案例 5-2-1　　　　　　　不听话老师就给你"打针"

马某是某幼儿园的小班教师。上课时间，马某在该幼儿园小班教室内，以幼儿上课期间不听话为由，用缝衣针分别扎本班幼儿袁某等 14 名幼儿的手心、手

---

① 王啐：《幼儿园家园合作全攻略》，75 页，福州，福建教育出版社，2018。
② 汪秋萍、陈琪：《家园沟通实用技巧》，15 页，上海，华东师范大学出版社，2013。

背等部位。经鉴定，被害人袁某等14名幼儿的损伤程度虽都不构成轻微伤，但体表皮肤存在损伤，损伤特点符合尖端物体扎刺所致。法院审理认为，马某身为对未成年人有看护职责的幼儿教师，虐待多名被看护幼儿，情节恶劣。根据本案事实，依法判决被告人马某犯虐待被看护人罪，判处有期徒刑2年。禁止其5年内从事未成年人教育工作。身为幼儿教师，爱心、良心、责任心是其必备的职业素养，对年仅三四岁的幼儿本应细心呵护，但马某毫无职业操守，缺乏爱心和师德，非但没有尽到看护义务，反而用残忍的手段加以伤害，其行为对幼儿心理造成了严重伤害，社会影响也极其恶劣。本案的发生，也警示幼儿园等具有看护职责的单位应严格加强管理，切实保障被看护人的合法权益。

（本案例改编自《郑州晚报》2019年5月29日A10版的《法庭上一场"亲子活动"让闹离婚的夫妻哭着说自己错了》）

【分析解读】

案例中的马某身为一名教师，没有履行保证幼儿在园生命安全的职责与义务，而是对幼儿实施变相体罚，这一行为严重损害了幼儿的身心健康，给幼儿美好的童年留下了阴影。该行为严重违反了《中华人民共和国教师法》第八章第三十七条中的"品行不良、侮辱学生，影响恶劣"。还违反了《中华人民共和国未成年保护法》第三章第二十七条中的"学校、幼儿园的教职员工应当尊重未成年人人格尊严，不得对未成年人实施体罚、变相体罚或者其他侮辱人格尊严的行为"。小班幼儿年龄较小，自我保护能力差，面对外部伤害不具有自我保护能力，这也给一些没有师德的教师提供了伤害幼儿的机会。马某身为一名老师，在幼儿不听话时，没有耐心引导，而是采取残暴的手段对幼儿进行"教育"，且对多名幼儿进行伤害，严重违反了教师的职业道德，给幼儿的身心带来了极大的损害。

根据《学生伤害事故处理办法》事故与责任中的第九条"学校教师或者其他工作人员体罚或者变相体罚学生，或者在履行职责过程中违反工作要求、操作规程、职业道德或者其他有关规定的"，学校应当依法承担相应的责任。面对马某专制强横的教育手段，幼儿园没有起到监管的作用，未在第一时间发现并制止。此外，幼儿园在人才招聘中把关不严格，把不具备教师职业道德的人纳入教师群体当中，因此幼儿园理应承担相应的责任。

【出谋划策】

幼儿园应吸取这次事件的经验与教训。首先，幼儿园在教师招聘工作中严格把关，加强对教师从业资格的审查，尤其应注重师德师风的考查。幼儿园不能因为缺人，而降低招聘的门槛，虽然幼儿教师师资队伍存在流动性大、不稳定等问题，但是这并不能作为降低入职门槛，引进一批"害群之马"的借口。经过此次事件，幼儿园应注重教师队伍的建设、管理与发展。其次，幼儿园应加强对教师平时工作的监管力度，不定期对教师进行考核，从而避免此类事情的发生。幼儿园可以鼓励教师之间互相监督，对于知情不报者，一旦发生不良后果，采取相应惩罚措施。最后，幼儿园应注意控制舆论导向，在此类事件的解决中一定要秉着客观、公正的态度，及时采取合理、正确的措施，弥补家长和幼儿的损失。

【法条链接】

《中华人民共和国未成年人保护法》第三章第三十七条规定："未成年人在校内、园内或者本校、本园组织的校外、园外活动中发生人身伤害事故的，学校、幼儿园应当立即救护，妥善处理，及时通知未成年人的父母或者其他监护人，并向有关部门报告。"

《学生伤害事故处理办法》第二章第九条规定："因下列情形之一造成的学生伤害事故，学校应当依法承担相应的责任：……学校教师或者其他工作人员体罚或者变相体罚学生，或者在履行职责过程中违反工作要求、操作规程、职业道德或者其他有关规定的。"

（二）"上推下卸"行为引起的危机

幼儿园中岗位繁多，每个岗位都是维持幼儿园安全运转的核心之一。如若某个环节配合不给力，都有可能带来一些严重的危机，从而影响幼儿，甚至是教师的一生，也会给幼儿园带来惨重的损失。因此，无论职位大小，每个岗位都不容有误，每位教职工都应做好自己的本职工作。

【情景再现】

案例 5-2-2 　　　　　　　　阿锦怎么不见了

阿锦妈妈像往常一样，在村口把孩子送上了幼儿园的校车，和阿锦一起上车的还有村里的五六名幼儿。当天傍晚5点左右，阿锦妈妈准备前往村口接孩子放学，出门时却接到了幼儿园老师打来的电话，老师说："阿锦在午休的时候突然休克，被幼儿园校车送到某医院里了。"阿锦爸爸说阿锦身体一直比较健康，当时自己也没多想，带着妻子立刻赶往医院。从家到县医院的车程大约需要1小时，路上他还在安慰妻子不会有大问题。然而到达医院后，医生却告诉他们，阿锦在被送来时就已经没有了生命体征。悲痛之下，阿锦爸爸立刻报警处理，并先让自己的弟弟前往幼儿园配合警方调监控，查看死亡原因。阿锦爸爸悲痛地回忆道：

"晚上7点多的时候，我弟弟打电话给我，说警察要求查看监控的时候，幼儿园老师才承认孩子是在校车内死亡的，而不是在午休房间里。"事发当天上午8点左右校车抵达幼儿园，但在下车时，阿锦没能跟上队伍，跟车老师带着其他幼儿下车，没有留意到阿锦，也未进行点名或检查。随后校车被停放在幼儿园对面的空地上，当天温度高达30℃，司机在离开校车时，也没有发现未下车的阿锦，最终导致孩子死亡。

（本案例改编自中国青年网《湛江5岁男童被遗忘校车内近9小时死亡，幼儿园3人被逮捕》）

【分析解读】

案例中的各教育工作人员之间的交接存在漏洞，谁都没有发现被落在校车中的阿锦，导致此次校车事件的发生。教师在带领幼儿下车时，未及时清点人数，其他老师也没有留意到阿锦，校车司机在关闭车门时也未再次检查车内情况。由此可看出，各工作人员都未做到各司其职且工作状态散漫。

《幼儿园校车安全管理制度》规定跟车老师在跟车结束前，必须对整个车厢进行检查，确认没有幼儿被遗留在车上。此外，跟车老师在跟车结束后，必须再次检查乘车记录，并在乘车表上签名确认，再请园长签名，每月月底交办公室备案。这就要求教师在幼儿下车时应该再次核查，但是案例中的教师并未按照要求和规定办事，这才酿成了此次事件的发生。

此外，《中华人民共和国未成年人保护法》第三十七条规定："未成年人在校内、园内或者本校、本园组织的校外、园外活动中发生人身伤害事故的，学校、幼儿园应当立即救护，妥善处理，及时通知未成年人的父母或者其他监护人，并向有关部门报告。"这就要求教师在事故发生时应该及时通知幼儿家长，向家长说明情况，不能有所隐瞒。但是，案例中的教师在意外发生时并没有第一时间告知家长真相，对家长谎报其系休克死亡，该行为严重违反了教师的职业道德。另外，幼儿园在教师工作的监管上也存有一定的漏洞，因此对这一事件也难辞其咎，理应为幼儿的死亡承担责任并给予一定的赔偿。

【出谋划策】

为避免此类事件的再次发生，幼儿园应采取以下措施。

第一，幼儿园加强教师对校车安全以及工作流程的培训工作，严格遵循《幼儿园校车安全管理制度》中的要求和规定，提升教师的责任感与危机意识，使教师明确自己的职责与义务，端正教师态度。幼儿园应重视对教师校车安全工作的培训，如果有教师未全面熟悉并掌握工作流程就贸然进入工作岗位，将很有可能导致此类悲痛事件的再次发生，因此幼儿园应避免教师培训形式化，必须严格考查和落实。

第二，幼儿园加强各岗位之间的相互配合，做到无缝衔接。幼儿园各岗位人员除了做好自己的本职工作以外，还应注重与其他相关人员做好衔接工作，如案例中的跟车老师将幼儿从校车接进教室以后，班里的其他老师应再次与跟车老师核对上车和下车幼儿的人数，这样就可及时发现问题，避免悲剧事件的发生。此外，幼儿园也应重视对教师的监管工作，不可随意懈怠，一旦对教师工作的管理有一丝懈怠，后果将不堪设想。

第三，幼儿园应加强对教师意外事故应急处理技能的培训工作，教给教师一些正确、合理的处理意外的方法。例如，"如何对幼儿进行心肺复苏""何时通知幼儿家长"等，以防此类事件再次发生时教师感到不知所措、无从应对。

（三）"因小失大"行为引起的危机

"因小失大"行为指为了小的利益而造成大的损失。在家园合作中，教师有时也会出现一些因小失大行为，即因对一些小问题处理不当，从而导致矛盾愈演愈烈的行为。家长由于个性、职业、背景不同，在家园配合方面常出现一些不理想的状况。幼儿在园与其他幼儿发生摩擦等事件，家长往往会产生激烈的情绪反应，如果教师未能采取合理、正确的方法化解矛盾，就会出现家园合力不足的情况。

【情景再现】

案例 5-2-3　　　　　　　　**退园的皮皮**

皮皮从小跟随奶奶长大，父母一直忙于工作忽视了对皮皮的关爱，在奶奶的呵护下皮皮变得非常任性，在幼儿园经常打人。一次，在皮皮打人之后，老师不知道该如何解决，就告诉被打幼儿的家长，想让其帮忙解决。被打幼儿家长知道后非常生气，开始在家长微信群里煽动其他家长一起要求皮皮退园。为了稳定家长情绪，幼儿园中层领导不得不出面协商、解决。本是出于一片好心，但家长们一致认为幼儿园一定是收了皮皮家长的钱，串通好了，所以才出面的。经过这件事之后，皮皮开始变得胆小、不敢说话，经常自我怀疑，还时不时地发出一些怪叫声。皮皮的家人看到皮皮变成这个样子也非常生气，开始指责老师的不作为，要求园方开除老师。最后，迫于压力，园方不得不开除了皮皮的老师，但皮皮爸爸也不愿意儿子继续留在这个伤心之地，选择送皮皮回到了乡下老家的一所幼儿园。

（本案例为原创案例）

【分析解读】

案例中的教师在遇到问题时没有第一时间想办法去解决，而是把问题抛给了被打幼儿的家长，期望其能帮助解决，说明该教师缺乏解决问题的能力。教师作为多方关系的"调节器"，在幼儿与幼儿、家长与家长发生矛盾时，应第一时间站出来进行沟通与调节，将问题最小化。但是，案例中的教师并没有尽到自己的职责与义务，把一个本来很小的问题扩大化，并把本该自己承担的责任"甩"给了被打幼儿的家长，最后致使该问题变得不可收拾。

被打幼儿家长煽动其他家长一起要求皮皮退园，给皮皮幼小的心灵造成了巨大的伤害。家长们都害怕皮皮伤害自己孩子的心情可以理解，但幼儿年幼，认知发展还不完善，对于自己的行为还不具有负责任的能力，且幼儿并无坏心思，只要教师、家长加以引导，幼儿的打人行为便可得以改善。但案例中的家长并没有给皮皮机会，而是以成人的眼光来看待皮皮。幼儿园也未照顾到家长的情绪，且家园之间缺乏信任，因此才被家长误以为收了别人的好处才出面解决，使得家园关系变得紧张起来。

总之，此次事件中教师的责任更大，教师向被打幼儿家长寻求帮助是本次事件的"导火索"，也正是这一行为给皮皮一家人带来了伤痛，促使皮皮退园。该教师最终也受到了皮皮家人的指责，并因自己的不作为和因小失大行为付出了代价。

【出谋划策】

面对此类问题，幼儿园应加强培养教师处理和应对危机的能力。首先，幼儿园可以对教师进行不定期培训，或者是模拟演练活动，帮助教师获得解决问题的能力。教师在遇到自己无法解决的问题时，可以先向自己的同事求助，或者向幼儿园园长求助，教师应明确自己的职责与义务，做好自己的本职工作，尽到自己应尽的义务。其次，幼儿园应注重良好家园关系的构建，通过组织多种形式的活动，如家访、家长会、家园联系册等方式与家长建立良好的信任关系。当危机发生时，幼儿园能理解不同家长群体的感受，根据不同家长群体的情况采取不同的应对措施。例如，安抚受害方家长的情绪，取得家长的谅解；劝说施害方家长道歉，防止事件愈演愈烈。最后，幼儿园应本着客观、公正的态度对待所有的家长群体，从他们的角度去看待问题，只有这样才有可能兼顾不同家长群体的利益。

（四）"沟通不畅"行为引起的危机

随着经济文化水平的不断提高，全新一代家长群体逐渐形成，家长参与幼儿教育的情形越来越频繁，在互相交往的过程中也存在诸多问题，较为典型的就是沟通不畅，沟通不畅极易产生亲师矛盾。亲师矛盾是指家长与教师在互动过程中，出现种种认知与行为上的冲突，导致彼此的情感关系紧张，继而产生的一系列矛盾。一旦产生亲师矛盾，家长就会降低对教师的信任度，从而产生信任危机，这将不利于良好家园关系的建立，影响家园共育的效果。

【情景再现】

案例5-2-4　　　　　　　　芊芊"拉血"了！

芊芊从幼儿园回到家中，对妈妈喊着肚子疼，妈妈发现芊芊的大便里有很多"血丝丝"，呈紫红色，就像"拉血"一样。芊芊妈妈吓坏了，以为芊芊在幼儿园吃了什么不干净的东西。于是，芊芊妈妈就给主班老师打电话想要问个明白，主班老师当天因事请假没有去上班，接到电话后也不知道该怎么回答，提出让芊芊妈妈稍等一下，等问过其他老师后给她回复。这下芊芊妈妈更着急了，觉得老师想要推卸责任，便在电话里对主班老师大吵大骂，还在家长群里对该事大肆宣扬，最后弄得家长都知道了。主班老师经过与生活老师和配班老师沟通得知，芊芊当天在幼儿园吃了红心火龙果，而且吃完之后一直要求再吃，一下子吃多了，才导致芊芊回到家中喊着肚子疼，屁屁呈红色。事情弄清楚之后，芊芊妈妈开始抱怨幼儿园其他老师在离园交接中没有及时告诉她芊芊在园的饮食情况，导致她过于担心，闹了这么一出。最后芊芊的主班老师和园长一同登门向芊芊妈妈表示歉意，安抚芊芊的情绪后，此事才告一段落。

（本案例为原创案例）

【分析解读】

案例中的芊芊妈妈找主班老师询问芊芊在幼儿园吃了什么东西时，由于主班老师当天没有去上班，因此需要先去询问班里的其他老师，芊芊妈妈则认为主班老师想要推卸责任这一行为说明：家长与老师平常的沟通是有限的，所以当问题发生时，家长立马对老师产生怀疑，不相信老师的话。芊芊妈妈在没有弄清楚事情的前因后果之前，过于激动，在电话里和老师吵起来并弄得全班家长都知道的这一行为是可以理解的。

案例中亲师矛盾的主要原因在于芊芊班级内的老师没有做好衔接工作。主班老师虽然因事请假了，但是还属于班级的主要负责人，家长有任何事情肯定会先找主班老师。这就非常考验班级内老师们的默契程度，当有一人请假时，其他老师就应具备灵活处理其他岗位工作的能力。当家长来园接幼儿时，当班老师应及时向家长汇报幼儿在园的情况，让家长对幼儿的饮食情况有个大致的了解，这样就会避免误会事件的发生。

不过可取之处在于，当矛盾发生后，芊芊班级的老师迅速查明了真相，解开了亲师之间的矛盾，主班老师和园长一同去给芊芊妈妈上门赔礼道歉，不仅将危机顺利化解，而且起到了安抚所有家长情绪的作用。

【出谋划策】

该事件虽顺利解决，但幼儿园仍需引以为戒，正视自己的不足，及时改正，防止类似事件的再次发生。首先，幼儿园应加强教师与家长的沟通，在沟通中，家长也应理解和相信老师，在遇到问题时尽量私下与老师沟通，并与老师当面沟通，当面沟通的效果可能要好于电话或者微信沟通。其次，幼儿园应建立一套完备的管理制度。例如，制定生活观察记录表，每个班级老师将幼儿一日三餐情况详细地记录在表中，每日放学后发到家长微信群，使每位家长都能够直观地看到孩子在幼儿园吃了什么、吃了多少等；要求教师在家长来园接幼儿时，简单地向家长汇报幼儿的在园情况。最后，加强班级教师之间的配合。幼儿园应重视培养教师灵活处理不同岗位工作的能力，只熟悉自己日常工作的老师不是好老师，如果有一个老师临时有事不在岗位，那其他老师就应立马顶上，并承担起该岗位的职责，这样则可有效避免工作脱节所带来的麻烦。

三、家园共育中的危机管理策略

上述内容介绍了家园共育中常见危机的类型、特点及成因，针对以上几种危机提供一些可供参考的建议，具体如下。

（一）民主公道，尊重幼儿个体差异

《3—6儿童学习与发展指南》提出的尊重幼儿发展的个体差异，需要教师多站在幼儿的角度思考问题，不能急于求成、揠苗助长，而是要努力为幼儿创造一个可以让他们从容地从"量变"到"质变"的环境，让每个幼儿可以获得适合自己的发展。

此外，教师若要树立自己的威信，必须纠正一切不良习惯，塑造自己高尚的人格。让幼儿做到，自己首先要做到，处处以身作则，为幼儿做表率。为了提升亲和力，教师应放下架子，让幼儿感受到教师的关爱，和幼儿打成一片，应做到平易近人，让幼儿从教师身上找到妈妈般的感觉，这样不仅不会损害在幼儿心目中的形象，而且会提高自己的形象，无形中树立起自己的威信。教师要树立威信，还要学会民主管理班级，要把幼儿看成一个个独立的个体，尊重幼儿的想法

与意见，不要独断专行，而要让幼儿感觉自己在受到老师的重视，在被老师肯定，这样幼儿也就会从心里产生对老师的喜爱，老师的日常教育工作也会变得更加顺利。

(二)自我排查，提高危机防范意识

为避免因教师工作失职而导致的危机事件，教师在工作岗位中应进行自我排查，防止危机事件的发生。例如，避免随意离岗致使幼儿无人照看的情况；不随意接打电话、外出、到邻居班级取东西等；幼儿活动不能脱离教师视线，不能让幼儿独自如厕，特别是小班的幼儿；户外活动或者上下校车时教师应随时清点幼儿人数，防止幼儿脱离集体；教师不能让幼儿帮忙端盆子、提餐桶等，以防幼儿受伤。教师只有提高自己的危机防范意识，坚守自己的职责，才能有效避免危机事件的发生。

(三)家园合力，帮助幼儿茁壮成长

家园合力的最终目标是为幼儿的健康成长保驾护航，这才是家园共育的真谛。为正确发挥家园共育的作用，家园双方可采用以下措施。第一，明确双方角色定位。教师应放下架子，与家长建立平等的沟通关系，赢得家长的信任与支持；教师可通过鼓励的方式，把家长从幼儿教育的旁观者转变为参与者。第二，建立有效的家园合作制度。例如，建立教师指导委员会制度、家长委员会制度，使家园合作主体都能参与其中。第三，组织丰富多彩的活动。只有在活动中家庭、幼儿园才能实现真正意义上的合作。所以，双方应注重活动对于家园合作的作用。

(四)自我完善，增强自身处事能力

教师应具有自我完善的能力，不断增强自身处事能力。首先，教师应主动沟通，让家长了解自己、接纳自己。沟通的方式有很多，如通过家长会、家访、约谈、电话联系等方法与家长建立联系，取得家长的认可。其中，通过家长会这种集体的形式让家长了解老师，不失为一个好方法。教师要做足充分的准备与家长面对面沟通，这样做一方面可以消除家长的许多困惑，另一方面能为今后的家访、约谈搭桥梁。此外，教师应将心比心，冷静处理与家长间的矛盾。当与家长发生矛盾时，教师应克制自己的情绪，冷静思考，站在对方的角度审视自己的行为，获得对方的理解和认同。对待家长的不理解，教师要多接纳、多交流、多沟通。例如，将家长请到教师办公室或其他比较独立的空间，心平气和地说明事情的经过，说清自己的良苦用心，获得他们的理解。通过谈话，让家长了解到，他

们所了解的情况可能是片面的,其情绪自然会缓和下来,从而促进问题的解决。

家园共育中,教师的"专制强横""上推下卸""因小失大""沟通不畅"行为,极其不利于家园共育积极效果的发挥、良好家园关系的构建,还会给幼儿带来一定的身体和精神伤害。因此,这些问题应引起所有家长和教育工作者的关注,只有这样,好的教育才能落地生根。

第三节 外部环境变化对幼儿产生的危机

根据布朗芬布伦纳的生态系统理论,外部环境指各微观系统之间的联系或相互关系环境,如幼儿与家庭、社区、幼儿园、同伴之间的关系。幼儿生存的外部环境是动态的、不断变化的,外部环境的变化会给幼儿带来一些好的或者是坏的影响。接下来,本节将带领大家详细了解外部环境变化会给幼儿的发展带来哪些危机。

一、外部环境变化与幼儿

正如布朗芬布伦纳的生态系统观点中所指的那样,个体是嵌套于相互影响的一系列环境系统之中的,在这些系统中,系统与个体相互作用着,并不断影响着个体的发展。因此,幼儿与家庭、社区、幼儿园、同伴之间的关系都会对其产生潜移默化的影响。

(一)环境的划分

布朗芬布伦纳将环境看作一组嵌套结构,他认为发展的个体处在从直接环境到间接环境的几个环境系统的中间或嵌套于其中。因此,他将环境划分为微观系统、中间系统、外层系统、宏观系统、时间系统五个层次。微观系统指个体活动和交往的直接环境,这个环境是不断变化和发展的,是环境系统的最里层,如家庭、社区、幼儿园、同伴等。中间系统指各微系统之间的联系或相互关系,如幼儿与家庭、社区、幼儿园、同伴之间的相互关系。外层系统指那些个体并未直接参与却对他们的发展产生影响的系统。例如,父母的工作环境就是外层系统影响因素,幼儿在家庭中的情感关系可能会受到父母是否喜欢其工作的影响。宏观系统指的是存在于以上三个系统中的文化、亚文化和社会环境,宏观系统实际上是广阔的意识形态,它规定如何对待幼儿,教给幼儿什么以及幼儿应该努力的目标。时间系统,或称作历时系统,指的是把时间作为研究个体成长中心理变化的参照体系，将幼儿的变化或者发展与时间和环境结合起来，以此来考察幼儿发展的动态过程。①

(二)外部环境变化对幼儿的影响

根据布朗芬布伦纳的生态系统理论，外部环境属于其环境划分理论中的第二个层次——中间系统。布朗芬布伦纳认为，如果微系统之间有较强的积极的联系，发展可能实现最优化。相反，微系统间的非积极的联系会产生消极的后果。幼儿在家庭中与兄弟姐妹的相处模式会影响到他在幼儿园中与同伴的相处模式。幼儿如果在家庭中处于被溺爱的地位，在玩具和食物的分配上总是优先，那么一旦在幼儿园中享受不到这种待遇则会产生不平衡的心理，就不易于与同伴建立和谐、亲密的友谊关系，还会影响到教师对其指导教育的方式。

二、幼儿外部环境变化中的常见危机

幼儿与其生存的外部环境之间是交互的，幼儿对外部环境存在一定的制约作用，如幼儿身心发展的水平制约着教师的教育方式。同时，外部环境也制约着幼儿的发展，如家庭关系、同伴关系、学习环境的变化都会对幼儿的心理健康产生一定的影响。下面将详细阐述幼儿外部环境变化中的常见危机。

(一)幼儿家庭变化引发的危机

家庭对幼儿的影响是十分巨大的，好的家庭氛围、和谐的夫妻关系有助于幼儿良好性格和行为的养成。不和谐的夫妻关系，会让幼儿形成恐惧、猜忌、被抛弃的心理，幼儿会感到孤独、自卑等，从而出现一些逃避、报复和攻击性行为。总之，父母关系不和谐或者父母离异家庭中的幼儿可能存在一定的心理问题，这将不利于幼儿的健康发展。

【情景再现】

案例 5-3-1　　　　　　　鹏鹏好奇怪啊

在鹏鹏 5 岁时，他的父母便离异了。自那以后，鹏鹏从之前的活泼开朗变成现在的孤僻、执拗，容不得别人说他一点儿不好，而且喜欢做一些奇怪的行为。一次，在全园室外活动期间，鹏鹏与其他小朋友发生了争执，老师劝说他给小朋友道歉，可他不愿意，觉得老师对他不好，还骂老师是坏蛋，扬言要打死老师。老师生气了，让他一个人冷静一下，鹏鹏又开始大哭大闹，鼻涕一直往外流，老师拿手纸给他擦鼻涕，他又开始打老师，不让老师给他擦。老师越是给他擦，他

---

① 刘玥：《浅谈生态系统理论对幼儿教育的启示》，载《教育现代化》，2019(72)。

的情绪就越是激动，并当着所有人的面，用手把鼻涕糊的满脸都是，还不断打自己的脸，吃自己的鼻涕。老师根本无法靠近他，其他小朋友都吓坏了，觉得鹏鹏好奇怪呀。无奈之下，老师只好给鹏鹏爸爸打了电话，鹏鹏爸爸来到幼儿园之后，园长和老师向鹏鹏爸爸讲解了事情的来龙去脉，鹏鹏爸爸感到非常抱歉，并把鹏鹏带回了家。

（本案例为原创案例）

【分析解读】

案例中的鹏鹏由于父母离异，性格发生了很大的转变。幼儿年龄小，不懂得父母之间的感情变化。他们只会想，为什么爸爸妈妈不要我了呢？为什么他们就不能和别人的爸爸妈妈一样生活在一起呢？为什么他们不能像小时候一样抱抱我、亲亲我呢？不管离婚是父母哪一方的错，也不管是爸爸离开还是妈妈离开，孩子都感觉自己被抛弃了。由此可看出，父母离异可能会给孩子带来一定的心理影响。

首先，孩子会缺乏安全感，就像案例中的鹏鹏一样，容不得别人说他一点儿不好，老师要求他给小朋友道歉，他会觉得老师对他不好，扬言要打死老师；当老师给他擦鼻涕时，他表现得十分抗拒，这些都是孩子缺乏安全感的表现。

此外，在父母离婚之后，单亲家庭的孩子，也易叛逆。当经历过父母离婚之后，他们的性格会发生极大的变化。他们会缺乏安全感，变得内向，甚至对外界的事情不感兴趣，对人冷漠、缺乏同情心，严重的还会把自己孤立起来，日后对待感情也会不信任。还有一部分孩子，因为父母的离婚，内心非常矛盾，在憎恨父母的同时，也非常渴望得到父母的爱和关心。因此，他们不断地做一些极端的事情，希望用这种叛逆的方式来引起父母对自己的关注。正如案例中的鹏鹏，为博得父母或者其他人的关注，不断做出一些极端行为，如打自己的脸、把鼻涕糊的满脸都是等。

【出谋划策】

鹏鹏性格发生如此大的变化，与其家庭变化的关系最为密切。因此，幼儿园应从鹏鹏的家庭入手，引导鹏鹏的父母采取一些措施，帮助鹏鹏慢慢改变。首先，教师应建议父母给予孩子充足的陪伴。许多夫妻离异后，首先可能关注的是自身利益，如怎么分割财产、寻找新的伴侣等，这些往往会占满他们个人的时间。因此，他们对孩子的教育问题感到力不从心。孩子的成长是稍纵即逝的，错过了孩子的成长，以后后悔也无法弥补；而有父母双方充分陪伴的孩子，则生活得更加开心快乐。其次，教师应引导家长时刻关注孩子的内心。父母离异的孩子，他们的内心要比普通家庭的孩子脆弱得多，还有些父母离婚后又各自成家的，他们一边要接受父母分离的事实，另一边要接受新的家庭，所以他们的情绪会非常敏感、暴躁，内心格外敏感不安。如果父母这时候察觉不出孩子的异样，不去理解和陪伴孩子，反而对其责怪打骂，孩子的心门必定会关得更紧，甚至与父母产生隔阂、远离父母。最后，鹏鹏的老师平时在班级内也应多给予鹏鹏一些关注和爱，消除孩子的不安全感，让孩子感受到大家对他的善意，消除其他小朋友对鹏鹏的恐惧，在老师和小朋友的帮助下，使鹏鹏逐渐走出家庭变化所带来的阴影。

（二）幼儿被同伴忽视引发的危机

一些幼儿由于自身性格等原因，在集体中常常会出现被同伴忽视的情况。幼儿如果成为同伴社会地位中"被忽视的"个体，就会在以后的成长过程中面对更多的社交困难和成长隐患，感受到更多的负面情绪。

【情景再现】

案例 5-3-2　　　　　　没有人喜欢我

静静小朋友经常跑过来对老师说："老师，我想加入×××的游戏。可是他们都不愿意和我玩，他们都不喜欢我。"老师对为什么别人不愿意和静静玩这个问题感到有些困惑。老师经过观察发现，静静是一个欠缺表达技巧的孩子，每次想要和别人共玩一个玩具时，不知道如何表达，直接跑到别人跟前去拿别人手里的玩具。其他小朋友还以为静静是要抢他的玩具，就拿着自己的玩具躲得远远的。在集体游戏中，静静不懂得遵守游戏规则，小朋友都提醒她很多次了，可她还是记不住，就这样大家慢慢地都开始疏远她了。

（本案例来源于山西省人民政府机关幼儿园，张丽琴）

【分析解读】

案例中的静静之所以被同伴忽视，是因为其欠缺正确的社交技能，且属于被动退缩型幼儿。被动退缩型幼儿喜欢参与同伴的互动，但由于缺乏必要的社交技能而常常被同伴拒绝，不受欢迎。该行为受到幼儿自身遗传、个性和能力等内部因素的影响，也受到教养方式和同伴关系等外部因素的影响。正如案例中的静静，她非常喜欢别人手里的玩具，但由于不知道如何正确表达，就直接去拿别人手里的玩具，这才造成了小朋友对她产生误会，以为她要把自己的玩具抢走。如果静静具备良好的表达能力，在征求别人同意的情况下，别人也可能愿意把玩具让给她玩,这样就不会产生误会了。在集体游戏中,静静也十分乐于参与,但总是违反游戏规则,尽管别人已经提醒她很多次了,但是她还是记不住,三番五次地出错,这让小朋友们觉得静静是一个不爱遵守规则的人,久而久之大家就开始疏远她了。总之,静静不受欢迎、被同伴忽视都与她不恰当的社交方式有关。

【出谋划策】

为了帮助静静掌握正确的社交技能,教师可以采取以下措施。首先,培养幼儿的自信心。幼儿不敢表达,大部分原因在于缺乏自信,教师可让幼儿参与各种活动,并帮助幼儿在活动中取得成功,使幼儿体验成功的喜悦。此外,教师还应多给予幼儿正面的表扬和鼓励,如拍拍幼儿的肩膀说"继续下去,你会成功的""老师为你感到骄傲"等,让幼儿感受到自己的价值所在。其次,鼓励幼儿大胆表达。教师帮助幼儿建立自信以后,还要鼓励幼儿大胆地表达自己内心的想法,如在幼儿想要玩别人手里的玩具时,引导幼儿说出"你的玩具看起来很不错,我们可以交换吗""我们可以一起玩这个玩具吗"等,使幼儿掌握正确的表达方式。最后,帮助幼儿树立规则意识。教师可以先给幼儿讲明游戏规则,并做出示范,确保幼儿能理解;然后让幼儿先观察别人的游戏,让幼儿看看别人是怎么游戏的,进一步加深对规则的理解;之后,让幼儿参与到游戏当中时,教师可在一旁给予幼儿一些提示,从而加深幼儿对规则的记忆。

(三)幼儿学习环境变化引发的危机

幼儿成长的环境是动态的、不断变化的,幼儿的学习环境也是如此。在这些动态、变化的环境当中,幼儿的适应能力就显得格外重要且关键。幼儿若不能适应环境所带来的变化,就会表现出一些情绪问题和生理问题,这将不利于幼儿的成长。

【情景再现】

案例5-3-3   我要回小一班

大宝和小宝是一对双胞胎兄弟,两人都在小一班上学。大宝和小宝在班里总是爱一起玩、一起吃饭、一起睡觉,但是两人也经常会因为争抢玩具而打闹。一次,大宝想要小宝手里的小火车,小宝不愿意,大宝就直接去抢,结局以小宝抓了大宝的脸,大宝咬了小宝的手,两人"哇哇"大哭而告终。老师和大宝、小宝的妈妈沟通后决定给小宝调班,把小宝调到小二班,让他们兄弟俩分开。小宝被调到小二班以后,面对陌生的同学和老师,产生了各种不适应问题。小宝不愿意进小二班,以前看到饭就要吃三碗的小宝变得不愿意吃饭,一星期都没有大便,躺在陌生的床位上不愿意睡觉,每天哭着闹着要回小一班,要回去找大宝和静静老师。小二班的老师也招架不住小宝的倔脾气,每天早上来上学都是一场"持久战"。这让小宝的妈妈感到十分焦虑,不知道到底该不该由着孩子的性子。

(本案例来源于山西省人民政府机关幼儿园,张丽琴)

【分析解读】

案例中的小宝之所以不愿意进教室、吃不下饭、睡不着觉、不如厕等,是因为对新的学习环境还不适应。这就和刚上幼儿园的小朋友入园不适应是同样的道理。如果对新的环境感到陌生,除了情绪方面的不适应,幼儿还会在身体状况方面有一些不适应的表现。例如,幼儿可能会出现免疫力低下,容易上火,频繁出现感冒咳嗽、嗓子发炎的情况。幼儿本来已经适应了先前班级里的环境,与班里的小朋友和老师建立起了亲密的关系,也习惯了在先前教室里吃饭的感觉,睡惯了自己的床位,突然离开了自己熟悉的环境,见到陌生的小朋友和老师,难免会感到不安全、焦虑,产生恐惧的心理,不愿意进教室,因为这一切都转变得太快,幼儿还没有做好心理准备,因此一时很难接受。总之,这些都属于正常现象,成人不必过分焦虑,给孩子一些时间和适当的引导,孩子便会慢慢适应新的学习环境。

【出谋划策】

为了帮助小宝快速适应新的学习环境,教师可以采取以下措施。首先,教师应建议家长不要过分焦虑。孩子这段时间的哭闹、吵着不去新教室,是非常正常的情况,所以家长应保持冷静,不能在孩子面前表现出过分的忧虑与担心,因为这种不安的情绪会直接影响孩子。教师可以让家长和孩子约定好接送时间,如明确地告诉孩子:"等你在小二班吃完晚餐,妈妈就会来接你。"教师不可强硬地要求孩子进教室。其次,小二班教师在哄哭闹的小宝时,可采用转移注意力的方法,如用一些新奇、好玩的玩具来吸引小宝的注意力,从而起到稳定小宝情绪的作用。待小宝情绪稳定后,教师可带领他与班里的其他小朋友一起做游戏,使他慢慢熟悉环境,并与小朋友和其他教师建立起亲密的关系。最后,教师应建议家长给孩子适应的时间,并不断坚持下去。在整个过程中,家长尽量不要太过心软,若不是特别严重,最好坚持下去,否则先前的努力就会白费。

三、幼儿外部环境变化中的危机管理策略

上述内容介绍了幼儿外部环境中常见危机的类型、特点及成因,针对以上几种危机提供一些可供参考的建议,具体如下。

(一)理解和包容幼儿的不良情绪

当幼儿对外部环境变化产生不适应时,教师和家长不应过分焦虑,而应给予幼儿充分的理解和尊重,包容幼儿不良情绪。例如,幼儿的家庭发生变化时,幼儿会缺乏安全感,他们的情绪容易不稳定;幼儿被同伴忽视时,他们会感到焦虑,十分无助;幼儿学习环境发生变化时,他们会产生不适应问题,有时会闹情绪,不愿意去幼儿园。面对上述问题,教师和家长应该保持客观和冷静,不能对幼儿心存偏见,允许幼儿适度宣泄自己的不良情绪,多给予幼儿一些包容和理解,使幼儿在情绪释放的过程中意识到,因为坏情绪而迁怒于他人,或者让他人受到伤害是错误的行为。

(二)通过游戏帮助幼儿适应环境

游戏是幼儿园的基本活动,游戏活动也是幼儿获得交往技能的重要途径之一,能在很大程度上满足幼儿的需要。在游戏中练习交往,用游戏的手段对幼儿进行教育既是最自然的,也是最受幼儿欢迎的。此外,游戏也是幼儿交往的平台,在游戏教育中,教师引导幼儿进行团队合作,在团队中与同伴进行分享、交流,通过游戏完成互助、合作、分享等交往任务,在游戏中掌握一些基本的交往技能,从而与同伴进行正常的基本的交往。教师在游戏教育过程中应随时关注幼儿在活动中的表现,针对发生的问题,及时引导幼儿用语言表达自己的想法,通过真诚沟通的方法化解幼儿对于外部环境变化的不适问题。

(三)家园携手共育减少不良影响

为减少外部环境变化给幼儿带来的不良影响,教师和家长应采取合理的方法,帮助幼儿适应外部环境变化。对于家庭变化给幼儿带来的伤害,幼儿园应建议家长调整好自己的心态,不要把消极情绪传递给幼儿,并保持幼儿原有的一些生活习惯。如果幼儿已经开始上幼儿园了,那么教师可以建议父母离婚后尽量不要给幼儿换园,以防幼儿对新环境产生不适应问题。对于被同伴忽视的幼儿,教师应教给幼儿一些必要的社交技能。对于因胆小、退缩、不合群等而不被同伴接纳和忽视的幼儿,教师应该帮助其学会与别人交往,如"如何正确表达自己的想法""如何加入别人的游戏""如何与别人相处"等,帮助幼儿逐渐被同伴接纳。对于不适应新学习环境的幼儿,教师应耐心引导,帮助幼儿熟悉环境,给幼儿留有适应的时间。只有采取合理措施,外部环境变化给幼儿带来的不良影响才有可能减少。

外部环境变化中的家庭变化、幼儿学习环境变化以及幼儿被同伴忽视等问题,会给幼儿带来一定的心理问题,如孤僻、焦虑、退缩等。因此,教育工作者应与家长携手为营造幼儿良好成长环境做出努力。

【拓展阅读】

[1]莫源秋. 幼儿常见心理行为问题：诊断与教育[M]. 北京：中国轻工业出版社，2015：139-206.（该书选出了口吃、恐惧、吮吸手指、爱哭泣、攻击性行为、说脏话、厌食、注意力不集中等 20 种幼儿心理行为问题，详细阐述了问题的表现，并结合大量的案例剖析了问题产生的原因，提出了具体的诊断策略和教育建议。）

[2]王婷. 幼儿园家园合作全攻略[M]. 福州：福建教育出版社，2018：75-94.（该书从家园共育的重要性、如何使家园合作更有效、如何搭建家园共育的桥梁入手，提供了家园合作的方法，列举了家园合作的形式，便于广大幼教工作者在实际工作中参考和使用。）

[3]李麦浪. 幼儿园教师治班之道[M]. 北京：中国轻工业出版社，2012：77-91.（该书围绕着幼儿教师治班的角色定位、理念确立、情感因素、基本原则和理想状态等方面引发幼儿教师对治班的理性思考，指导幼儿教师明确生活管理、教学管理、家园管理等班级管理工作中的任务与职责。）

【想一想，做一做】

1. 阅读案例 5-3-1，想一想如果你是案例中的老师，你会怎么做。

2. 请为幼儿外部环境变化中的幼儿学习环境变化，设计一套切实可行的危机预案。

3. 家园共育中有哪些危机，应如何预防？

第六章　幼儿园前进的动力
——幼儿园人事的危机管理

【导入案例】

　　临近开学，作为幼儿园的管理者，园长首先考虑的是新生入园后的班级教师组合、教室安排以及几位小学教师转到幼儿园工作后人员安排的问题。不到 8 点，幼儿园园长、教学园长就在办公室开始研究工作，一阵敲门声打破了安静，更打乱了接下来的工作节奏。"园长您好，我儿子骨折了。"门口站着的是刚刚大班毕业的潇潇的爸爸，他表情凝重、语调还算和缓。

　　骨折，在幼儿园属于重大伤害事件，但考虑到孩子已经毕业离园，园长在心疼孩子的同时，首先想到的是怎样协助家长联系意外伤害保险进行理赔，以减少家庭经济损失。"潇潇爸爸，别着急！孩子什么时间骨折的？是怎么造成的？具体伤在什么位置？孩子有意外伤害保险，赶快去医院，留好治疗费用凭证，之后可以跟保险公司联系报销。"园长的话，并没有让潇潇爸爸的表情轻松下来，反而让其眉头越发紧锁。"园长，您真不知道孩子受伤的事儿？"看到园长一脸茫然，潇潇爸爸有些不满地说："上周五是孩子在园最后一天，晚上我爱人在接孩子的路上接到老师电话，说潇潇刚刚在外面玩的时候自己摔了一下，问我们还有多长时间到园。等孩子妈妈赶到幼儿园，看到孩子还在抽泣，右边胳膊不敢动，班级老师轻描淡写地说让我们带孩子去医院看看。然后她就下班了，周末也没再联系我们。"

　　文中提到的教师就是上学期转到幼儿园，从事大班代班工作的一名前小学教师。从调取的监控中看到，本应是孩子们在室内整理好个人物品等待家长的离园环节，该教师却擅自组织孩子到后院自由活动，并且没有尽到相关教育、组织和看护责任，孩子在操场上因为没有器械和游戏材料而相互追打，潇潇在奔跑中摔倒，右臂肘部骨裂。另外，该教师缺乏对幼儿园事故管理流程的认识，只是让家长带孩子自行去医院检查，过后既没有积极询问、跟进，也没有向园领导上报事故过程，导致园所在善后处理工作中处于被动状态。

　　之后，园长及教师多次到医院、家庭慰问，孩子因愈合不良，需要重新手术，教师又协助陪护等，但家长始终不满教师在活动中组织不善且没有及时将事故上报园所的做法，最终将幼儿园告上法庭。

（本案例来源于辽宁省沈阳市浑南四中幼儿园，哈金微）

在上述案例中，幼儿园招聘教师准入标准不严格，以及招聘后幼儿园没有对教师进行及时的培训，让这位前小学教师在没有掌握相关技能处理幼儿园各项事务的情况下，正常上岗，从而对事故做出了错误的判断，为幼儿园带来了危机。在幼儿园管理中，幼儿园人事管理是幼儿园人力资源管理重要的一部分，它是幼儿园为了实现某种目标对人员进行的管理。幼儿园人事管理的目的在于能够更加有效地解决工作中有关"人"的问题，从而达到开发、利用人员价值，保护人力资源财产，促进幼儿园发展的目的。幼儿园对"人"的管理具有不稳定性，易产生危机，为幼儿园带来严重后果。因此，本章根据幼儿园组织管理的三个层次，从幼儿园决策指挥层、执行管理层、具体工作层三个方面，探讨幼儿园人事管理中出现的常见危机，并提出危机预防策略。

第一节 幼儿园决策指挥层的危机管理

幼儿园决策指挥层是幼儿园的掌舵者，引领幼儿园的发展方向，在把控幼儿园的全局中，发挥着重要作用。幼儿园决策指挥层的教育思想影响着幼儿园的发展方向，幼儿园决策指挥层的管理水平决定着幼儿园的发展层次，幼儿园决策指挥层的领导风格影响着全体师生的精神风貌。本节详细阐述了幼儿园决策指挥层的常见危机，并提出了相应的危机预防策略。

一、幼儿园决策指挥层

幼儿园决策指挥层的基本职能是对幼儿园的各项事务进行决策。正确的行为来源于正确的决策，只有决策指挥层摆脱对于决策的认识误区，做出目标明确、统率全局的决策，才能促进幼儿园的良性发展，发挥幼儿园的最大效益。依据《幼儿园工作规程》，我国幼儿园实行园长负责制。幼儿园应当建立园务委员会，园务委员会由园长、副园长、党组织负责人和保教、卫生保健、财会等方面工作人员的代表以及幼儿家长代表组成。园长任园务委员会主任。园长应定期召开园务委员会议，对园所规章制度的建立、修改、废除，全园工作计划，工作总结，人员奖惩，财务预算和决算方案，以及其他涉及全园工作的重要问题进行审议。

同时，党组织应充发挥政治核心作用，共同促进幼儿园的发展。

(一) 幼儿园决策指挥层的内涵

决策一般是指个人或组织为了达到某种目标，而对未来一定时期内的有关活动的方向、内容以及方式进行选择或调整的过程。在幼儿园中，决策指挥层是幼儿园组织结构的高层，一般包括行政组织的园长、副园长，也包括非行政组织的党支部书记。园长是幼儿园的行政负责人，党支部书记对园长及副园长工作进行监督，从而保证党的各项方针政策的落实和国家教育计划的实现。

(二) 幼儿园决策指挥层的职责

幼儿园决策指挥层一般负责制定幼儿园的目标、纲领和实施方案等，对幼儿园的全局发展进行宏观的领导。幼儿园决策指挥层的具体岗位职责包括园长岗位职责、副园长岗位职责及园党支部书记职责。

1. 园长岗位职责

园长应认真贯彻执行党的教育方针和政策，全面负责幼儿园的工作，从实际出发，组织制定幼儿园长远发展规划及年度、学期和月度工作计划，检查考核规划和各种计划实施情况，做好总结和报告工作。园长负责制订全园工作计划，主持幼儿园各种会议，定期深入检查全园各项工作实施情况，合理组织人力资源，决定入选、任用、调离、晋升及奖惩等工作，注意改善职工劳动条件。

2. 副园长岗位职责

副园长应在园长领导下认真贯彻《幼儿园工作规程》和《幼儿园教育指导纲要（试行）》，熟悉幼儿园各年龄段教学内容及要求，定期检查教师备课本、教育笔记及个案记录，定期测查幼儿教学效果；认真分析幼儿园教师的教育水平与幼儿发展现状，设立合理的幼儿园教学活动，形成本园教育特色。同时，副园长负责组织教师业务学习和培训，提高教师的业务能力。

3. 园党支部书记职责

园党支部书记应负责全园党支部工作，主持召开党支部委员会议，讨论和决定重大问题；做好发展新党员、党员转正等工作；认真学习、传达、贯彻上级党委的指示，按照党的干部路线和政策，对幼儿园各级干部进行教育、培养、考察和监督。同时，党支部书记应做好教职工的思想政治工作，充分发挥党员在幼儿园工作中的模范带头作用。党支部书记还应抓好幼儿园党风廉政建设，做廉政、勤政的模范。

二、幼儿园决策指挥层的常见危机

幼儿园决策指挥层的决策辐射范围为整个幼儿园，因此，幼儿园决策指挥层稍有差错，就会产生重大的危机。基于幼儿园决策指挥层专制、民主、放任式三种不同的领导作风，本节从三个方面来阐述幼儿园决策指挥层产生的常见危机。一是幼儿园决策指挥层"关系网"引发的危机，二是幼儿园决策指挥层"议而不决"引发的危机，三是幼儿园决策指挥层"推诿塞责"引发的危机。

(一)幼儿园决策指挥层"关系网"引发的危机

幼儿园决策指挥层"关系网"是指幼儿园决策指挥层的人情、利益关系错综复杂，幼儿园决策指挥层对幼儿园的各方面都拥有最高决策权。因此，如果幼儿园决策指挥层是专制的领导风格，习惯大权在握，操控权力的决策方式。那么，决策指挥层受利益关系驱使，会出现权力滥用的行为，在幼儿园人事管理中进行非常规操作，从而引发危机。

【情景再现】

案例 6-1-1　　　　　　　　　关系至上？

去年，一位老师由于是园长介绍来的，且两人私下关系特别好，因此，园里有学习锻炼的机会，毋庸置疑，首选就是这位老师，这让其他老师觉得特别没有干劲。老师们都私下说："我们怎么努力都比不上这关系呀！什么评级评优评骨干，不用想都是先轮她。"这一阶段，老师们的情绪都比较消极，使园所总是缺少生机和努力、付出的劲儿。其他老师们虽然对这样的情况感到不满，但是也没有人站出来去跟园长反映问题，而是默默忍着，导致园所的士气越来越低迷。

(本案例改编自北京市 H 幼儿园，靖赛兰)

【分析解读】

在本案例中，这位园长利用自己的职权，介绍一位教师来幼儿园工作，并且园长与该教师的私下关系比较好。无论该教师的工作能力与工作成果如何，园长都会将学习、培训的资源向该教师倾斜，在年终的绩效评优中，园长也会看重与该教师的私人关系，在其他教师也都很优秀的情况下，把奖金给这位具有"裙带关系"的教师。园长这样的管理行为，引发了其他教职工的不满，大部分教师都丧失了工作的动力与热情，整个幼儿园的气氛低迷，给幼儿园发展带来了危机。

在本案例中，园长滥用权力，引发了其他教师的不满。滥用权力属于领导者用权无度。领导者都有一定的职位，一定的职位又被赋予一定的职务权力。但领导者在运用权力时，可能会出现实际权力与职位权力不相符的情况。幼儿园园长拥有的职位权力是在幼儿园的规章制度上所行使的，但往往由于园长在幼儿园"一家独大"的地位，并没有遵守相应的制度，而是根据自己的意愿，擅自越权，导致其所拥有的实际权力大于其所应行使的职位权力，从而产生危机。在该案例中，园长更看重自己的私人关系，将该教师介绍到自己的幼儿园中，利用职权之便，破坏了幼儿园的人事管理制度。这不仅会使园长失去威信，而且也让幼儿园的激励制度失去作用，打击了幼儿园教职工的积极性。

【出谋划策】

在本案例中，该园长唯关系至上，发生了权力滥用的情况，从而引发了危机。幼儿园园长负责制决定了在幼儿园管理中，园长拥有较高的地位与权力。因此，园长在运用权力的过程中，党支部书记和幼儿园全体教职工有权监督园长的权力运用，从而规范园长的行为，防止园长出现任人唯亲的情况。

针对该园长关系至上，权力滥用的问题，幼儿园可以采取以下措施。

第一，规范制度，严格按照制度行事。该园长为专制型的领导风格。该园长仅凭自己的私人关系将培训的名额留给了他人，并没有按照制度办事。因此，教职工可向园内党支部书记反映，要求建立公平、公正、公开的教师培训与奖励制度，明确培训条件，弥补制度漏洞，将所需要商议的内容上报至幼儿园园委会并进行制度审议，要求园长贯彻执行规章制度。

第二，加强监督。幼儿园全体教职工需对幼儿园园长进行民主监督。在幼儿园三位一体的管理中，教职工也具有民主管理的权力。因此，教职工可以与园内党支部书记一起对幼儿园园长进行监督，规范幼儿园园长的行为，并在教职工代表大会上提出建议。

第三，进一步扩大公开性，对园长的权力运作实行"阳光"机制，增强权力运作的透明度。"阳光"机制，就是权力行为公开化。园长应把权力的运作过程如实公开，明确培训和奖励的名额，规定培训和奖励的达标条件，公开筛选过程，做到公平公正。

(二)幼儿园决策指挥层"议而不决"引发的危机

幼儿园决策指挥层"议而不决"是指决策指挥层为过于民主式的领导工作作风，在组织员工进行某项决策时，优柔寡断，决策效率低下。幼儿园决策指挥层在遇到问题时只是进行选择与讨论，既浪费时间也没有做出应有的决定，下达的决策朝令夕改，因错过解决问题的时机而引发危机。

第六章 幼儿园前进的动力——幼儿园人事的危机管理

【情景再现】

案例 6-1-2　　　　　　议而不决，决而不行

"六一"活动，历来就是幼儿园的"重头戏"，全园上下像"过年"一样重视。今年也不例外，三月份刚开学，园长就召集相关人员商量策划"六一"活动。老师建议以班级为单位召开亲子活动，让每个孩子过一个快乐的儿童节；家长代表建议"六一"活动应提前召开，便于家长能在儿童节当天陪孩子玩一天。参会代表各抒己见，园长认为大家说得都有道理，决定请大家再考虑一下，下次抽时间再议。四月份，通过第二次"六一"专题会议讨论，园长决定"六一"活动提前两天以班级为单位开展亲子游园活动，要求各班认真准备并邀请全体家长参加，还计划邀请媒体大力宣传，扩大幼儿园的知名度。不料，五月份园长参加市里的一个专题行政会议后改变了想法，临时决定今年"六一"活动，各班需要排练两个文艺节目，参加辖区组织的文艺汇演，以扩大幼儿园在辖区的影响力。通知发出来后，班级老师议论纷纷：原本"六一"游园活动的组织形式和材料已经准备好了，排练文艺节目既不受孩子的欢迎，又要回到原来"六一"活动全天排练文艺节目"孩子累、老师累"的老路了。家长和老师都觉得很疲惫，产生不满的情绪，幼儿园的气氛陷入了低迷。

（本案例来源于伍香平主编的《幼儿园园长易犯的 80 个错误》，中国轻工业出版社）

【分析解读】

上述案例中，园长在关于"六一"活动方案的议题上，议而不决、决而不行，朝令夕改，两次三番召开会议，组织大家讨论，但并没有做出一个有力的决策。最后，在大家已经准备好各种材料的情况下，又改变方案，给教师的工作增加了负担，引发了教师们的议论。园长三番五次地改变主意，分散了教师的精力，造成了教师工作资源的浪费。同时，园长所决定的让各班教师都组织文艺节目的硬性规定，也违背了幼儿教育应"面向全体幼儿全面发展"的宗旨，没有让幼儿从园所开展的活动中获得真正的快乐，反而让幼儿感到很劳累，成了幼儿们一个沉重的负担。此外，一位园长如果经常性地朝令夕改，对园长个人和幼儿园来说，都是一个极大的损害。一是对园长的影响力是一个极大的损害；二是对幼儿园的整体执行力是一个极大的损害。造成类似该案例中园长朝令夕改的原因一般有以下几点。

第一，领导者优柔寡断的性格。有些领导缺乏主见，耳根子软，左右摇摆，今天听张三说觉得应该这么做，而明天听了李四的建议又觉得应该那么干。

第二，问题没有考虑透彻就仓促做决定，导致决策失误。很多时候，一些关键信息没有掌握或者问题的根源没有找到，领导者就仓促做出了决定。等到执行落实时，发现并没有解决问题，甚至常常因为执行决策方案而产生了一些新问题。此时，只能终止或修改方案。

【出谋划策】

领导艺术是领导者的素质和领导水平的综合表现，具体是指领导者在一定学识、能力和经验等因素的基础上，为实现幼儿园目标，面对各种环境条件、方式和方法，灵活、恰当、创造性地运用领导策略、技巧和风格。对于该案例中园长因开会"议而不决"产生的危机，可以从以下几个方面进行提升。

第一，园长要发挥个人影响力的积极作用，做出表率。园长还要言行一致，以身作则。榜样的力量是无穷的，园所内领导者要严苛自律，处处成为教职工的表率。对通过会议集中商议形成的决定，园长应带头执行，不宜轻易单方面改变。只有上行才能下效，园长带头执行会议决定，才能使会议精神落到实处，取得实效。

第二，园长在主持会议时，应运用幼儿园领导者开会的艺术。明确会议主题，提高会议效率。上述案例中，虽有明确的会议主题，但园长面对来自不同代表的意见时缺乏主见，造成会议只有民主没有集中，使专题会议议而不决。园长作为幼儿园各项工作的主要管理者，应明确自己的领导身份，有自己的主见，切忌人云亦云或不知所云。在全园性会议中，园长起核心作用，更起导向作用、决策作用，在发挥民主的同时，园长需要综合各方的建议和意见，统一思想，果断决策，从而提高会议效率和管理效益。

（三）幼儿园决策指挥层"推诿塞责"引发的危机

幼儿园决策指挥层"推诿塞责"是指幼儿园决策指挥层在处理事务的过程中，推卸责任，对自己应尽的责任敷衍了事。放任式领导作风的幼儿园决策指挥层在进行管理时，总是将责任推卸给下属。殊不知，自己作为决策者，也应担负一定的责任，这种"推诿塞责"的作风，易引发危机。

【情景再现】

案例 6-1-3　　　　　功劳自己拿，错误别人扛

接受上级授牌和各项奖励时，刘园长作为一园之长，会毫不客气地站到台前；主管部门要求做典型发言时，刘园长会令几个副手写好材料、做好PPT，自己则负责上台展现幼儿园的风采。保健院来园检查,发现卫生保健工作存在漏洞,刘园长叫来主管后勤的园长,当着保健院工作人员的面严厉批评,并要求副园长严格按规定改正;课题要做中期展示,可是具体工作缺少实施过程的记载,刘园长当着幼儿园课题组成员的面一再申明:"这个事情由分管教科研的朱园长负全部责任,我早就说过一定要重视记录,可你们总是忽视,看看,问题来了吧。怎么办……"刘园长的这种作风,渐渐引起了大家的不满,许多人都想辞职离园了。

(本案例来源于伍香平主编的《幼儿园园长易犯的80个错误》,中国轻工业出版社)

【分析解读】

从上述案例中可以看出,刘园长是一位知道何时展示自己的园长,她对幼儿园的工作分工比较明确,而且在关键时候总能找到承担责任的管事者。可是一园之长,不仅仅是靠着明确的分工来寻找错误的根源,而是能够让错误在萌芽之时就得以遏制,不是一味地充当"事后诸葛亮"。一所优质的幼儿园离不开一个团结、向上、凝聚力强的领导班子,领导班子成员间的理解、包容、谦让和敢于担当,能潜移默化地感染下属,也能更好地带动强大的团队。

在幼儿园的工作中,每位教职工都愿意结识一位能干、值得信赖且值得追随的优秀领导者。园长的个人特质属于园长的非权力性影响力。非权力影响力是由领导者自身所表现出来的良好的品格、卓越的才能、丰富的知识和经验、真挚而友善的感情因素构成的。一个领导能力强、素质好、威信高的园长,能够获得幼儿园全体教职工的认可,带领全园奋发向上。具有较高非权力性影响力的园长会在教职工的心中拥有更多的威信,受到人们的敬爱,让人由衷敬佩,让人觉得亲切并产生信任感,从而愿意接受园长的建议和劝告,心悦诚服地服从领导。这样的领导者能够充分尊重下属员工,关心和指导下属员工,可以为下属员工的成长和进步提供更多帮助。长此以往,自然就会激发教职工的积极性,提高整个幼儿园的工作效率。如果一个幼儿园的领导者像案例中的园长那样,就会失去教职工的尊重,难以建立良好的工作关系,影响幼儿园的发展。

【出谋划策】

幼儿园园长作为幼儿园具有最高决策权的领导者,对幼儿园顺利展开工作有着举足轻重的作用,园长除了具有权力性影响力之外,也应具有非权力性影响力,完善个人的处事方式,杜绝"推诿塞责"的行为。

第一，要勇于担当。担当就意味着承担责任。幼儿园出现问题，并不是一个人的责任，而是大家共同的责任，园长应该勇于承担自己的责任，带领大家一起反思改进，而不是一味批评下属。园长应摒弃遇事先推卸责任的态度，组织教职工一起讨论问题出现在哪里，分析出现问题的原因，改正错误，共同学习进步。

第二，要善于精细化管理。案例中卫生保健的漏洞以及教科研中的疏忽，关键还是由幼儿园的日常制度不完善和园领导督查不够精细造成的。如果平时的卫生保健工作有保健医每日检查记录的制度，教研活动中有教研活动记录制度，就不至于出现上述案例中的问题了。因此，对于园长来说，其应首先反思幼儿园的制度或者规定是否明确，是否存在漏洞，是否会导致执行管理层的问题。园长作为幼儿园的领导者，在把控幼儿园全局发展的同时，也应注重细节问题，做到精细化管理。

第三，要懂得谦让。工作来了布置给别人做，出了事情把责任归于他人，功劳来了自己领，这样的领导，如何服众？园长应把一些机会让给相关下属去展示和实现自我。例如，刘园长可以将一些在园内展示的机会，让给写材料的副手们，让下属也有成就感和归属感，从而更加尽心地为幼儿园服务。

第四，掌握批评的艺术。园长为作为幼儿园的领导者，与后勤园长、教研园长等共同把持着幼儿园的发展。后勤园长与教研园长直接管理教职工的各项工作，需要在教职工面前树立威信。因此，对于后勤园长与教研园长，刘园长应避免当着所有教职工的面批评二人，而是寻找时机，与二人进行近距离的谈话，指出二人的管理不足之处，要求二人进行改正。

三、幼儿园决策指挥层的危机管理策略

幼儿园决策指挥层产生危机的原因主要有两方面。一方面，幼儿园决策指挥层在做决策时缺少深思熟虑，因自身能力不足容易产生错误的决策而使幼儿园陷入危机。另一方面，幼儿园决策指挥层在幼儿园内拥有最高决策权，因此，易出现权力使用不当、玩弄权术的行为，从而引发幼儿园的危机。根据这两类原因，为幼儿园决策指挥层提出以下危机管理策略。

（一）掌握用人的艺术

用人，既是艺术，也是科学。园长自己很难做到样样精通，但必须具备知人善任的能力和气度。在用人上，园长要注意把握以下几点。第一，使用人才，以德为先。对品德高尚的人培养使用，对有才无德的人绝不使用。第二，职能相称，能级相应。既不可大材小用，也不可小材大用，更不可无才乱用。第三，用

其所长，人事相宜。着眼于个人的专长和特点，使之有用武之地。用人贵在用其长、避其短，方能获取最大效应。对待人才要避免求全责备，多看长处、看主流，让其在相应的岗位上充分发挥作用，但也不能姑息迁就他们的错误和缺点，只有坚持高标准、严要求，才能培养出德才兼备的好教师。第四，优势互补，合理组合。幼儿园是一个整体，若能将每个人的长处加以发掘，合理使用，会收到 1+1>2 的效果。①

(二) 掌握运筹时间的艺术

园长的工作重要且繁多，面对庞杂的事务，园长要学会时间管理，用最短的时间处理更多的事务，提高效率。提高效率可以从以下几方面入手。第一，提前规划。由于幼儿园工作的特殊性，园长既要巡视幼儿园的一日工作，又要面对上级领导的安排，还要面对偶发性的家长工作，所以合理规划时间对园长来说显得十分重要。园长可以按学年、学期、月、周、日来安排不同阶段的事务，避免出现临时慌乱。第二，分清主次、提高效率。"把时间用在最重要的事情上去"，园长应该把同一时段的事情按照重要程度排序，把重要的事情放在效率高的时候优先处理，运用零碎时间处理次要的事情。园长还可以适度放权，将一些其他领导、教师可以直接解决的问题交给他们去做，减少不必要的问题对自己的干扰，以免影响重大事务的决策。第三，提高开会效率。高效而有成果的会议是领导实施工作的重要方式。在会议前园长应列好提纲，在会议之初先讲明要解决的问题，避免因时间拖沓引起教师不满。会议应做到会而有议，议而有决。

(三) 掌握用权的艺术

权力运用要合法、合理、合情。园长在行使权力时，要依法行事，以理服人，以情动人。首先，做到有法可依，照章办事，要注意职权相符，不能随便超越自己的职权；运用权力时要坚持以理服人，切忌蛮横无理，以权压人；运用权力时要重视感情因素，以情动人。只有做到法、理、情三者的协调统一，才能使权力的运用发挥积极作用。如果滥用权力，借职务之便搞以权谋私等不正之风，必定会使权力的效能受到消极影响。其次，园长要学会授权。授权是指领导者把所属权力按照规定和工作需要授予下级，为他们提供完成任务所必需的权限。园长是幼儿园权力的"中心"，行使领导职能，不可能把大小权力集于一身，而必须适当授权，使其他干部有职权，做到集权和分权统一。园长在进行有效授权时应

---

① 文红欣：《幼儿园组织与管理》，258页，北京，教育科学出版社，2012。

把握如下几点。其一，要因事用人，视能授权。其二，明确职责范围。其三，要确定自己所保留的权力。其四，授权后，园长要予以必要的监督和控制。

(四) 提高园长个人影响力

个人影响力主要指领导者的非权力性影响力，即在领导者的品质、知识、才能的基础上形成的一种使人信服和敬佩的、能改变下属人员行为的力量。它与园长的领导权是相辅相成的，是提高园所领导成效的重要因素。园长要形成个人影响力，需要把握以下几点。其一，领导者要努力创造卓有成效的工作业绩。园领导班子或管理人员应是一个干实业、办实事、讲实效的班子，领导者的工作成绩卓越，自然会引起教职工的信服和敬佩，增强个人的影响力。其二，做教职工的表率。领导者要言行一致，以身作则。榜样的力量是无穷的，园所领导者、管理者严格自律，处处成为教职工的表率，是形成个人影响力的重要条件。其三，领导者不断提高自身的素质。园长必须通过不断学习和实践锻炼，自觉地提高自身的素质，从而不断增强个人的影响力。[①]

综上所述，幼儿园决策指挥层在幼儿园的发展中起着重大作用。幼儿园决策指挥层的决策有效性是幼儿园管理有效性的重要保障。因此，幼儿园应审慎应对幼儿园决策指挥层出现的危机，使幼儿园决策指挥层摆正自己的决策位置，利用制度规范权力，促进幼儿园的良性发展。

第二节　幼儿园执行管理层的危机管理

幼儿园执行管理层作为幼儿园管理的中间人，既要组织、协调幼儿园内部各部门人员的日常工作，又要对接上级园长工作。可以说，幼儿园的执行管理层是提高幼儿园竞争力的关键要素之一，其在幼儿园管理中的重要性不言而喻。本节详细阐述了幼儿园执行管理层的常见危机，并提出了相应的危机预防策略。

一、幼儿园执行管理层

幼儿园执行管理层在幼儿园的管理中发挥着重要作用，是组织、管理、凝聚团队的关键节点。幼儿园执行管理层应深入教师中间，在教研中带动教师创新，做好上传下达、具体落实的工作。

[①] 张燕：《学前教育管理学》第 2 版，265 页，北京，北京师范大学出版社，2009。

（一）幼儿园执行管理层的内涵

幼儿园执行管理层是指幼儿园的中层管理者，在集体运转中起着承上启下的作用。幼儿园执行管理层是幼儿园的建设者，也是幼儿园发展的中流砥柱。

（二）幼儿园执行管理层的职责

幼儿园执行管理层一般要履行上传下达的管理职能，还需要践行组织计划，设定各部门的工作目标，调控与统筹各项工作的具体落实。幼儿园执行管理层一般包括保教主任、教研组长、后勤主任等。

1. 保教主任

保教主任的主要职责有：协助业务园长管理教育教学工作，深入一线听课、评课，指导、检查各项教学任务的完成情况；定期审阅各班教师制订的计划和各种记录，管理好教师的各种文字档案；负责幼儿园信息报和宣传橱窗工作；负责全园各班教育常规管理、检查考核、做好记录；负责教育教学工作总结、提交各项报告和有关资料等。[1]

2. 教研组长

教研组长的主要职责有：协助园长做好教育管理工作，站在全园、全组的角度，认真制订、实施教研计划并做好记录与总结工作；定期查看教学计划、跟看半日活动及组织教师交流观摩、研讨评估等；协助园长开展全园的科研工作，定期组织教师进行专题研讨，营造相互学习、能者为师的工作与学习氛围等。

3. 后勤主任

后勤主任的主要职责有：协助园长实施有关行政管理后勤方面的法律法规、方针、政策及上级规定；直接领导后勤职工工作，对全园行政管理后勤工作负主要责任；负责组织后勤人员岗位培训、参观学习、技能考核和评审等各项工作；负责幼儿园安全卫生教育、公共设施管理等工作。[2]

二、幼儿园执行管理层的常见危机

幼儿园执行管理层的管理渗透到幼儿园的方方面面，对幼儿园的各项工作进行组织与统筹，因此，幼儿园执行管理层管理能力不足，就会引发危机。根据幼儿园执行管理层应具备的功能来看，幼儿园执行管理层的危机主要来自三个方

---

[1] 张凤、季首领、郭克功：《学前教育管理》，93页，沈阳，辽宁大学出版社，2013。
[2] 秦旭芳、向海英：《学前教育管理》，86页，长沙，湖南大学出版社，2015。

面：一是幼儿园执行管理层"忌克少威"引发的危机，二是执行管理层"统筹不力"引发的危机，三是执行管理层"僵化管理"引发的危机。

(一)幼儿园执行管理层"忌克少威"引发的危机

幼儿园执行管理层"忌克少威"引发的危机是指幼儿园执行管理层因自身威信不高，不能对下属进行有效管理而引发的危机。威信，对于一名管理者来说是十分重要的。管理者除权力性影响力之外，还包含非权力性影响力。而威信就属于管理者的非权力性影响力，管理者的威信越高，就越能提高管理者的领导效能，带领被领导者自觉地实现组织目标。反之，则会拖累管理者的管理能力，降低管理者的影响力，影响管理者的管理效率。

【情景再现】

案例 6-2-1　　　　　　　　我不想听她的！

因工作需要，幼儿园聘用了一位新的教学主任主抓教学工作。由于教学主任刚刚上任，园里的老教师对"空降"的领导并不买账，因此很多工作难以开展。一次全园例行的班级环境创设检查中，新上任的教学主任对班级环境创设中出现的共性问题提出整改意见，很多教师微有不服之态。大家都在底下窃窃私语："她这个新来的领导，根本不熟悉咱们幼儿园的情况，咱们一直以来的环境创设就是这么布置的呀。""我觉得她提的问题根本都不对，我不想听她的，而且我觉得咱们也根本就没有办法实施呀！""是不是新官上任三把火，咱们都是老职工了，这把火烧不到咱们这儿吧！"员工们都对新来的领导表示不信任，导致该领导下达的命令，每次总是很难执行下去，教师的工作积极性也受到了一定的打击，幼儿园工作开展频频受阻。

(本案例改编自沈阳市沈河区Z幼儿园，王冬华)

【分析解读】

幼儿园聘用的新领导虽然具有一定的管理能力，但是她并没有在日常工作中向教职工们展现出来，大家对她的管理能力以及专业能力持怀疑态度，对她下达的命令持不信任的心态。因此，导致幼儿园的工作无法正常持续推进。造成该问题的主要原因为这位新的管理者并没有在幼儿园树立起她的威信，她在幼儿园内的权力性影响力以及非权力性影响力均不高，对教职工管理有一些难度。该管理者虽然被授予了相应的权力，履行所在岗位的职责，但是该管理者为"空降"，幼儿园普通教职工并不了解她的实际能力，对她并不认可，在实际工作中，该管理者并未发挥出权力性影响力的作用。除此之外，受该管理者品格、作风、能力、感情等影响的非权力性影响力也没有在短时间内形成。因此，该教学主任的威信并没有树立起来，影响了管理工作的开展。

【出谋划策】

幼儿园新聘的管理者要树立其威信，可以从以下几个方面进行。

第一，塑造富有魅力的形象。管理者必须用自己的言行为师生树立良好的榜样。通过不断加强自我修养等，展示自己的个人魅力。该园中新聘任的管理者，由于大家对她比较陌生，不了解她的性格特点，因此也不会与她进行有效的沟通。该管理者可以在日常的管理工作中，展示自己平易近人、风趣幽默、公平公正的一面，除工作之外，也可以与教职工交谈生活上的事，让教职工们了解她的人格魅力，愿意听从她的命令。

第二，具有精湛的业务素养。该管理者在对班级进行环境创设检查时，要提出意见，最好自己实际上手操作，为幼儿园教师进行示范，展示自己的专业能力与专业素质，从而赢得大家的认可，逐步树立威信。

第三，重视情感交流。该管理者应主动接近教职工，努力为教职工创造一个想说、敢说、喜欢说、有机会说，并能得到积极应答和肯定的人际沟通环境，还可以为教职工搭建自由发表意见的平台，如开设"匿名信箱"等，赢得教职工的信任，让自己的威信在不知不觉中树立起来并得以巩固。

(二)幼儿园执行管理层"统筹不力"引发的危机

幼儿园执行管理层"统筹不力"引发的危机是指执行管理者因不能对幼儿园的人员、工作进行合理的安排与调度而引发的危机。幼儿园执行管理层负责对幼儿园各项事务进行具体的规划与落实，如果幼儿园执行管理层不能有效地对幼儿园各部门人员进行组织，只会让幼儿园工作"越做越忙"。

【情景再现】

案例 6-2-2　　　　　　　统筹不力惹怨怼

幼儿园最近要召开运动会了。园长将组织与统筹运动会的任务交给了孙主任。孙主任信心满满，没有制订计划，只是根据自己以往的经验，来安排运动会的工作。虽然幼儿园中的每一个人都动了起来，但是大家都觉得自己像一只无头苍蝇，在没有方向地瞎忙。果然，等到运动会召开的时候，场内的积分流程出现了问题，有些积分既没有送至广播通知，也没有让大家核对，就直接算上了分数，导致一些孩子的积分产生错误。家长对此感到非常不满，纷纷寻找园长，询问到底是怎么回事。幼儿园的运动会主席台，一时间乱成了一锅粥。

(本案例改编自辽宁省沈阳市浑南区 H 幼儿园，高飞)

【分析解读】

孙主任在进行运动会的统筹安排工作时，并没有事先做好计划，只是想到哪儿做到哪儿，没有对整个运动会进行合理的安排。执行的教职工虽然感觉自己都很忙，但是并非忙中有序，而是比较散乱的，致使最后出现了失误，引发了家长的不满，造成了幼儿园的混乱。

该危机产生的主要原因在于孙主任的组织与统筹调度能力不强，一味地依赖于自身过去的经验，而没有结合实际的情况进行科学、正确的工作委派。孙主任所缺失的管理统筹能力是包含洞察事物、工作谋划、整合协调和创造性思维等方面的综合能力。组织与统筹能力是幼儿园中层管理者所必须具备的能力，管理者缺乏组织与统筹能力，就会缺乏大局意识、全局思维，幼儿园就会没有执行力，也没有竞争力。且管理者调度能力弱，就会使执行层成为"无头苍蝇"，乱作一团。正如案例中的孙主任一样，虽然使出很大的力气，但是收效甚微。

【出谋划策】

管理者在进行管理时必须有计划、有安排、有目标，如果想到哪儿就做到哪儿，就算费尽力气，也不会有收获。提高执行管理层的组织与统筹能力，有以下几点建议。

第一，精于计划。孙主任首先应该列出计划表，明确组织幼儿园的运动需要进行哪些活动的准备。比如，可以将运动会的工作进行划分，划分成几部分来做，并且可以按照事情的重要性以及先后顺序进行排序，先做最重要的、最紧急的事情。这样做好计划后，孙主任还可以找几个不同角色身份的教职工，对计划进行补充与修正，使计划贴近实际，能够有效地执行下去。

第二，巧于安排。巧于安排工作是幼儿园执行管理层应该具备的统筹能力之一。一件事或一项工作，几件事或几项工作，先干什么后干什么，由谁干和怎么干，什么时间干完，都必须统筹安排，严谨而且合理，既能保证质量，又能保证效率。首先，孙主任应该了解每位教职工的长处，做到让每个人都能发挥最大的组织效用。例如，某老师心细如发，十分严谨，那么就可以将这位老师安排到算积分的环节。因为每个班级的积分都是随时在变化的，且由于运动项目的不同，名次不同，得到的分数均不一样，因此，需要细致认真的老师时刻进行核对，以保证分数的正确。其次，孙主任还可以利用分小组的方式进行工作的安排。比如，记分员组负责幼儿各项比赛的积分计算，布置组负责操场、主席台及各幼儿班级的场地布置，接待组负责接待幼儿家长、引导幼儿到指定位置参与各项比赛等。全园教职工在做好本职工作的基础上，再协调好自己的小组工作，互相配合，保证运动会的顺利开展。

第三，大处着眼，小处着手。执行管理层既要看到"整个树林"，也要看到"每一棵树"；既要做到细心体察，又要做到四勤。这里所说的四勤是手勤、脑勤、嘴勤和腿勤。手勤就是要随时做到有备无患，不但要梳理未来工作的计划，而且应有意识地收集一些资料，为以后的活动组织留作参考。脑勤就是平时要多思考，多想几个"为什么"，多想几个"怎么办"，协调好幼儿园各个部门之间的关系。嘴勤就是要遇事多请教。每一类活动所需要应对的情况均不同，因此，管理者应在推进工作的过程中，及时询问教职工的意见，根据具体工作层的反馈建议进行改进，及时修正问题。腿勤是指到实际中去了解事情的真实情况。管理者不仅要询问各部门、小组的进度如何，而且应自己去进行实地考察，把控细节，对活动的大小事件进行统筹。

（三）幼儿园执行管理层"僵化管理"引发的危机

幼儿园执行管理层"僵化管理"引发的危机是指幼儿园执行管理层因在进行管理时，不能因人而异、灵活管理而产生危机。幼儿园中的"人"是复杂多样的，每一个人都有自己的特点，因此，管理者不能运用一套模板去管理幼儿园的所有人，管理者应学会"去标签化"，根据每个人的性格特点，灵活运用管理策略。

【情景再现】

案例 6-2-3　　　　　　到底该怎么管？

幼儿园某教师能力非常突出，经常有一些创新的想法。并且，该教师的思维也比较灵活，能够在教研活动中提出一些具有建设性的意见。但是该教师仗着自己的能力比较强，经常不把别的教师看在眼里，认为自己是最厉害的教师，有时，会对其他教师冷嘲热讽，使得幼儿园教师之间的矛盾越积越深。大家都比较反感该教师的恃才傲物，于是经常向教研主任来反映此事。教研主任认为该教师确实为幼儿的科研工作做出了一定的贡献，但是该教师的言行已经对幼儿园的工作产生了影响。因此，教研主任陷入了烦恼中，虽然运用之前的一些管理方法对该教师进行了管理，但是该教师并没有收敛。教研主任针对该情况，一时陷入了困境，不知该如何处理是好，使得其他教师的意见越来越大，幼儿园教师之间的气氛愈加紧张。

（本案例改编自辽宁省沈阳市 B 幼儿园，芦宁）

【分析解读】

该教师恃才傲物，虽然有一定的才能，但是其自大的态度引发了其他教师的不满，为幼儿园的工作发展带来了危机。对于这样的教师，管理者的管理方法十分关键，管理者应该打破以往的管理方式，对于不同的教职工灵活运用不同的管理方法，才能达到"对症下药"的结果，解决危机。只有因人而异的管理才能解决危机，消除其他教师的不满，更加高效地发挥该教师的专业能力，使其为幼儿园的教研工作添砖加瓦。管理者如果没有处理好此事，那不仅会损失一位教师，而且会加重幼儿园的危机。

【出谋划策】

对于案例中这位恃才傲物的教师，教研主任必须采取有效的措施，才能让其心服口服。

第一，要有意用短，善于挫其傲气。恃才傲物者并非万事皆通，样样能干，只是在某些方面或某个领域里才能出众、出众拔萃，在其他方面可能就不如别人。因此，教研主任可以寻找机会，最好是在单独场合，安排一两件对该教师来说做起来比较吃力且比较陌生的工作给她做，并且要求她在规定的时间内完成任务。只有当她发现独自一个人不能完成任务的时候，她才会意识到他人的重要性。而此时的她在管理者小心的施压下，也许会对自己的能力有一个重新的认识，收起自己的傲慢态度。

第二，恃才傲物的人，大都怀有一技之长，否则无本可"恃"，更无"傲"之本。因此，教研主任应该及时找到这位教师，与她沟通交流，既要让她知道自己作为一名管理者是赏识她的才华的，也要让她明白，她这种盛气凌人的态度已经伤害到了其他教师，要让她尝试做出改变，并让她知道如果继续保持这样的态度，会产生怎样的后果，为该教师敲响警钟。

第三，增设奖励条件，丰富评价机制。该教师虽有能力，但比较盛气凌人，给幼儿园带来危机。教研主任可以在对员工进行奖励时，增加教职工之间互相评价的机制，如果该教师持续不把别的教师看在眼里，那么该教师奖励条件中的互相评价的分数就会比较低，从而影响该教师获得奖励。因此，对奖励的条件进行限制，可以规范该教师的行为，矫正该教师"目中无人"的状态。

三、幼儿园执行管理层的危机管理策略

幼儿园执行管理层产生危机的原因主要来自管理者自身管理能力的缺失。因此，对于幼儿园执行管理层出现的危机，首要的是提高幼儿园执行管理者的各项

管理能力，一般从以下几个方面进行预防。

(一)树立威信

管理者的权威来源之一是自身丰富的知识。知识是管理者的宝贵财富。具有丰富知识的管理者能够回答下属的疑问，特别是管理者的知识给幼儿园带来实际收益的时候，教职工就会对管理者有一种敬畏感，这样更容易在下属中树立威信。幼儿园中层管理者在树立威信时，首先应展示自己的专业能力，得到教职工的信服。在对幼儿园的日常工作进行管理时，执行管理层可以帮助教职工解决实际问题，例如，执行管理层在检查幼儿园各班级的环境创设时，需要对各班级的环境创设提出意见和建议，也可以在提出意见的同时，帮助教师进行调整，使教师对其能力做到心服口服，从而树立威信。其次，一位好的管理者还应做到人性化管理，幼儿园中层管理者可以通过日常观察的方式，了解每一位教职工的具体情况，对他们的工作能力、工作效率等做到心中有数，做到合理的任务分配，达到事半功倍的效果。最后，管理者威信的树立还在于其管理能力和用人技巧。管理者面对突发事件或危机处理，能直接指出矛盾要害，提出解决办法，从而树立威信。因此，幼儿园执行管理层需要具有终身学习的意识，积极参与有关人力资源管理方面的讲座，不断提高自己的管理能力。

(二)提高调控与统筹能力

"调控"是指管理者在组织团队朝向目标进发过程中，不断监测和发现问题，及时修订具体实施计划，或者通过人力、财力和物力等资源调配，有效纠正工作偏差和弥补工作漏洞，使各项工作均在组织力所能及的范围之中。幼儿园执行管理层作为统筹与调控各项活动的直接负责人，应在实践中不断提高自身的调控与统筹能力。首先，幼儿园执行管理层应做好计划表，强化项目印象。执行管理层应将需要做的事情，进行简单的罗列，并根据事情的轻重缓急进行简单的梳理，在开始统筹活动前，审查自身的计划表，及时进行修改。其次，幼儿园执行管理层应重视信息的畅达。执行管理层掌握的消息越全面，就越容易做出最符合当下情况的判断，因此，幼儿园中层管理者应在日常的工作中，加强与园长和所管理教职工的交流，掌握来自各方的有效信息，进行合理的调控与统筹。最后，幼儿园中层管理者应增强自身的危机意识与应变能力。中层管理者在整个统筹的过程中，难免会遇到一些突发事件，因此，中层管理者应不断增强自己的知识储备，积极参与幼儿园或社会上组织的面向管理者的培训，提高自身的业务能力。同时，幼儿园执行管理层也可以开展学习交流会，学习彼此的经验，能够在危机发生时，找出关键问题，顶住压力，排除干扰，解决危机。

(三) 协调好幼儿园内部关系

管理者在管理中协调工作做得好，无论对人还是对事都能产生积极的影响。对事，协调能避免扯皮，减少摩擦和冲突；对人，能形成团队的互助氛围，使教职工在工作上相互支持，共同实现组织目标。幼儿园中层管理者面对的是上级园长、同级其他管理者、下级园内教职工，要想顺利完成工作，就需要协调好这几个方面的关系。例如，与上级园长协调好关系，首先，幼儿园中层管理者应服从园长的安排，对于园长安排的工作能够按时保量完成。其次，幼儿园中层管理者应主动向园长汇报工作情况，及时向园长报告幼儿园教学质量、后勤保障、幼儿接送、园区安全等工作情况，赢得园长的支持与信任。最后，幼儿园中层管理者应学会主动承担责任，为园长排忧解难。幼儿园中层管理者作为直接领导教职工工作的群体，当教职工出现工作失误时，有可能是中层管理者管理不当。因此，执行管理层此时应及时勇于承担责任，学会自我反思。

(四) 加强有效沟通与交流

幼儿园执行管理层应及时与各级做好沟通与交流。例如，幼儿园中层管理者在与教职工进行沟通时，应以平等的姿态进行交流，执行管理层应充分尊重教职工，注意积极倾听对方。幼儿园中层管理者应注意自己的面部表情及肢体动作，以微笑、亲切的表情面对教职工，并在与教职工沟通时重视开场白的作用，先唠几句家常，以便拉近感情，减少教职工在面对上级时的拘束感。幼儿园执行管理层应避免以强硬的否定姿态与教职工交流，例如"有你们这样做后勤保障工作的吗"。这样，易使教职工与中层管理者之间产生隔阂，逃避交流，阻碍幼儿园工作的进展。最后，中层管理者要注意维护对方的尊严。在沟通中，幼儿园中层管理者与教职工是平等的关系。教职工愿意向中层管理者坦露心声，说出自己的问题，是出于对于中层管理者的信任。因此，中层管理者应注意不要将员工的隐私随意向他人传播，否则很容易会造成无法挽回的影响。

综上所述，幼儿园执行管理层是幼儿园的核心竞争力，幼儿园执行管理层在实现幼儿园目标，主导、协助、推动幼儿园发展中，发挥着定点调控的作用。优秀的管理者可以引导、建立、组织、整合幼儿园团队力量，鼓舞士气。因此，在幼儿园管理中，预防幼儿园执行管理层出现的危机，协调好幼儿园各部分之间的关系，是幼儿园稳定、有序发展的保证。

第三节　幼儿园具体工作层的危机管理

幼儿园的具体工作层是幼儿园落实具体工作的人员。根据幼儿园组织管理的划分，幼儿园具体工作层是在决策指挥层的领导和执行管理层的协调下，通过个人行动，把组织目标转化为具体实践的人员。一个好的决策，必须将其执行下去才能运作出一个好的结果，否则，一切都是空谈。幼儿园具体工作层是幼儿园中人员数量最庞大的一个群体，只有幼儿园具体工作层都各司其职，才能保证幼儿园的可持续发展。本节详细阐述了幼儿园具体工作层的常见危机，并提出了相应的危机预防策略。

一、幼儿园具体工作层

幼儿园具体工作层是幼儿园的主体层，占据幼儿园的绝大部分，是非常重要的层次。任何好的决策都离不开具体操作，没有具体操作，就只能是纸上谈兵，不能转化为现实。

(一) 幼儿园具体工作层的内涵

幼儿园具体工作层为幼儿园执行层，包括幼儿教师、保育员、保健医、厨师、保安等具体工作人员。该层次人员的主要职责是落实具体工作，也称为操作层。

(二) 幼儿园具体工作层的职责

幼儿园具体工作层一般负责将上级领导的命令转化为具体的行动。幼儿园具体工作层的岗位职责，一般包括幼儿教师岗位职责、保育员岗位职责、保健医岗位职责、后勤人员岗位职责等。

1. 幼儿教师岗位职责

幼儿教师的岗位职责主要有：严格遵守幼儿园的各项规章制度，全面负责幼儿的教育教学工作，每学期结合幼儿实际制订教育教学工作计划；贯彻保教结合的原则，注意培养幼儿良好的生活卫生习惯，使幼儿身心愉快、情绪稳定等。

2. 保育员岗位职责

保育员的岗位职责主要有：负责本班的房舍、设备、环境的清洁卫生工作；每天早上打扫卫生，保持室内外的清洁；在教师的指导下，管理幼儿的每日生活，组织幼儿用餐、用点、午睡，配合本班教师组织教学活动；妥善保管幼儿的衣物，保管好幼儿园的教具、玩具及各种设施设备，整理幼儿床铺等。

3. 保健医岗位职责

保健医的岗位职责主要有：协助园长组织实施有关卫生保健方面的法规、规章和制度，并监督执行；负责指导调配幼儿膳食，检查食品、饮水和环境卫生；负责晨检、午检和健康观察，做好幼儿营养、生长发育的监测和评价；定期组织幼儿健康体检，做好幼儿健康档案管理；密切与当地卫生保健机构的联系，协助做好疾病防控和计划免疫工作；向幼儿园教职工和家长进行卫生保健宣传和指导；妥善管理医疗器械、消毒用具和药品。

4. 后勤人员岗位职责

(1) 厨师岗位职责

厨师的岗位职责主要有：在伙管主任和保健医指导下，主动做好日常工作，保证幼儿按时用餐；认真执行卫生制度，讲究个人卫生；执行消毒制度，伙房要做到勤擦勤刷，清洁卫生；严禁吃幼儿食品，未经许可，伙房的用品、食品不准外借或赠送他人。

(2) 保安岗位职责

保安的岗位职责主要有：坚守岗位，做好保卫工作，严禁擅离职守，以防幼儿走失，提高警惕，防止陌生人混入园内；按时开、关园门，在幼儿来园和离园时，务必做好门卫管理工作，确保幼儿安全；实施提前离园登记制度，负责幼儿园的安全保卫工作。

二、幼儿园具体工作层的常见危机

幼儿园具体工作层直接担负着幼儿的保育与教育工作。因此，幼儿园具体工作层自身产生的问题如果没有得以及时解决，就会引发幼儿园的危机。幼儿园具体工作层的危机主要包括幼儿教师、保育人员、后勤人员产生的各类危机。

(一) 幼儿教师"情绪失调"引发的危机

幼儿教师"情绪失调"引发的危机是指幼儿教师因没有及时调节好自己的情绪，将个人不良情绪带到幼儿园工作中，对幼儿的保育与教育产生消极影响，给幼儿造成心理与生理上的伤害而引发的危机。

【情景再现】

案例 6-3-1　　　　　　　我不是真的坏！

在开展区域活动时，朵朵与潘潘同时都想要玩班级里新添置的拼插玩具，二人发生了争执。朵朵没有抢过潘潘，大哭了起来。虽然副班老师进行了调节，但是两个小朋友之间的吵闹并没有停止。本来在看管其他小朋友进行淘气堡游戏的陈老师，看到朵朵与潘潘的矛盾还没有解决，就非常烦躁，走过来将玩具从潘潘的手中拿了过来，并扔到了一边。陈老师严肃的表情和凌厉的动作，吓坏了朵朵和潘潘，两个孩子大声哭起来。第二天，陈老师就被朵朵和潘潘的家长投诉到了园长那里，说陈老师非常坏，师德不好，要求幼儿园开除陈老师。陈老师在园长的批评下，也认识到了自己的错误，并向家长道了歉。但是陈老师心里也有一些委屈，她母亲最近生病了，她一直十分担心母亲的病情，因此内心比较焦躁。再加上幼儿园的工作也比较重，在处理朵朵和潘潘的问题上，陈老师没有及时控制住自己的情绪，吓到了孩子们。但是，陈老师平常的表现还是不错的，一直勤勤恳恳地工作，突然被家长指控师德不好，陈老师心里也有一些不得劲儿，想要跟园长辞职。

（本案例改编自辽宁省沈阳市 H 幼儿园，于小蕾）

【分析解读】

陈老师因母亲生病而比较焦虑，并将这种情绪带到了幼儿园中，给幼儿造成了一定的伤害。幼儿教师的情绪调节十分重要，尤其在幼儿园中，幼儿教师需要时刻面对幼儿，且幼儿的内心十分敏感，他们能够快速注意到自己所亲近的老师的情绪变化，并容易受到老师情绪的影响。该案例中，陈老师没有控制住自己的情绪，她激烈的语言和动作吓到了孩子们，从而引发了家长的不满，并认为陈老师师德不好，产生了较为严重的后果。

从本案例中，我们可以发现，教师情绪失调会在一定程度上对幼儿的发展产生影响。一方面，教师的情绪失调会影响教师的工作状态；另一方面，教师没有及时调节好自己的情绪，说明教师缺少情绪劳动，即幼儿教师在幼儿园工作中，为满足对幼儿保育与教育需求，在调控自身情绪方面所付出的较少。且教师情绪问题由于其隐蔽性非常容易被忽视，在一些情况下，教师自身可能也难以意识到自己正遭受消极情绪的困扰。因此，适当的心理疏导对于幼儿教师来说十分必要。

【出谋划策】

作为服务于低龄儿童的教育工作者，幼儿教师应学会控制、调节自己的情绪。案例中的陈老师可以从以下几个方面调节自身情绪。

第一，及时承认错误。首先，陈老师应向两个小朋友道歉，告诉小朋友们，当时摔玩具的行为是自身的情绪不好所致，而不是因为不喜欢两个小朋友，陈老师应向小朋友说明原因，让小朋友知道陈老师是喜爱他们的，安抚小朋友。其次，陈老师应向家长承认自身的工作失误，说明自己将焦虑带到工作中的原因。同时，陈老师应向家长做出保证，表明自己会控制好自身的情绪，并通过一点一滴的实际工作表现，重新取得家长的信任。面对园长时，陈老师也应及时对自己进行反省，说明困扰自己的问题，从而寻求园长的帮助。

第二，幼儿园应加强人文关怀。通过对陈老师情绪失控原因的调查，幼儿园得知陈老师没有控制好自身的情绪，主要是由母亲生病导致的。因此，幼儿园应及时了解幼儿教师的现况，可以给陈老师放几天假，让她回家照顾母亲。如若幼儿园的工作确实较多，难以给陈老师放假，幼儿园也可以委派相关工作人员看望陈老师的母亲，做好陈老师的后盾，让陈老师感受到幼儿园给予的温暖与关怀。

第三，发泄情绪，自我调节。当遇到难以承受的压力和不良情绪困扰的时候，陈老师应该学会进行自我调节，使不良情绪得到及时、合理的宣泄。她可以选择找人倾诉，在获得别人意见和开导的同时，也得到心灵上的安慰和满足。此外，陈老师还可以通过听音乐、运动的方式进行调节。幼儿教师需谨记，不要将个人情绪带到幼儿园的工作中。陈老师也可以运用转移注意力的方式，调节自身的情绪。在面对幼儿时，陈老师应避免自己去处理两个孩子之间的矛盾，而是可以寻求其他老师的帮助，解决眼下的问题。陈老师可以做一些整理玩教具、设计班级主题墙的环境创设等工作，转移自己的注意力，避免与幼儿直接接触，防止将焦躁的情绪发泄到幼儿身上。

(二) 幼儿教师"能力不足"引发的危机

幼儿教师"能力不足"引发的危机是指幼儿教师因自身专业能力不足，无法适应幼儿园的快速发展，不能对幼儿实施良好的教育，对自身工作失去动力而引发的危机。

【情景再现】

案例 6-3-2　　　　如何才能跟上"你们"的脚步

2020 年 8 月，我正式进入小班带班，成为一名新手教师。由于我园优秀教师比比皆是，因此每次在各种教研、研讨活动时，有经验的教师都可以侃侃而谈，而我与几位同时入职的新手教师只能默默地听，记录领导、教研员说的重点内容。我们的领导特别关心年轻同事的成长，每次也会给我们机会，甚至点名要求我们说出自己的想法。但殊不知，我们真的没有好的想法，没有实践经验，这样的提问，反而成为压力。在每次教研结束之后，我都会将一些教研方案操作、实施的具体步骤按部就班地抄下来，我认为这样虽没有创新，但终究不会出错。

　　明天的美术活动是手掌印画。"这可怎么办呢？我们班的小朋友还没玩过手掌印画呢。"我心里想着，翻来覆去睡不着。"有了，我一个一个给她们手上刷颜料，再让他们印完立刻去洗手，这样活动肯定不会乱乱的，也不会把颜料抹得到处都是。"第二天，保教园长看到我的美术活动，却让我下班之后去她办公室。赵园长问我："你这样抓着小朋友的手刷颜料，小朋友有自己观察小鸟的时间吗？有自己选择小鸟翅膀颜色的机会吗？你的活动目标是什么？"我不敢说话，也不敢狡辩，因为在设计这次活动时，我完全没有想过这些。我只想着完成我的教学，控制好整节活动。羞愧让我红了脸，我不知道自己为什么明明有当幼师的经验，却还跟不上大家的脚步。这让我感到很烦闷，不知如何是好，班级里的孩子有时也会受到我的情绪感染，都变得小心翼翼起来，家长也渐渐对我们班级的氛围感到不满。

（本案例来源于山西省R幼儿园，贺舒宁）

【分析解读】

　　案例中的老师虽然想要变得与其他老师一样优秀，但是由于其自身专业能力不足，经常错失锻炼和展示自己的机会。即使该老师知道创新的教学方法是好的，但是由于害怕出现错误，该老师还是选择运用最稳妥的方式开展教学活动，导致幼儿的活动索然无味。该老师缺乏一定的自信心，总是在事情还没有做之前就打"退堂鼓"，认为自己做不好，无法胜任园长交给她的工作，从而越来越故步自封，无法获得进步，让家长也对她失去信任。新手幼儿教师往往在入职后发现自己的专业能力与已有经验的优秀教师有着很大的差距，经验丰富的教师能妥善处理好的问题对于新手幼儿教师来说却难上加难，能力上的差距会使新手幼儿教师逐渐失去信心，不敢迈出展示自我、锻炼自我的一步，缺少思考和创新的能力。因此，新手幼儿教师在看清理论与实践的不同之后，应不断在幼儿园的实际工作中，提高自己的专业能力与业务水平，为幼儿的专业成长保驾护航。

【出谋划策】

　　幼儿教师在幼儿教育中发挥着主导作用，因此，幼儿教师应主动提高自身业务水平，做到理论与实践相结合，才能做好家长满意的幼儿教育。

　　第一，转变观念，树立信心。幼儿教师应当明确，每一位教师都是从新手教师走过来的，所以在工作中不要惧怕做错。在园长要求说出自己想法的时候，该幼儿教师应克服自身的害怕情绪，大胆说出自己的观点。该幼儿教师可以在幼儿园组织研讨会之前，进行"预习"，查找关于教研活动主题的资料，分类整理，提前做好准备。

第二，提高专业水平。该幼儿教师可积极参加各类培训比赛，以赛促长，不断提升教育教学水平和能力。该幼儿教师应积极争取参观学习的机会。例如，参加各类知识讲座、培训等活动；多学习观摩公开课、示范课；进行一对一帮扶，虚心向有经验的教师请教；积极参加专业教研活动，与优秀教师进行专业研讨，博采众长，补己之短。此外，该幼儿教师还可以通过参加园内、园外的各类比赛，拓宽自己的视野和思路。

第三，设置适宜的目标。发展目标的适宜性决定了该幼儿教师自信心的建立状况。该幼儿教师应结合自身的实际情况，为自己设置适宜的短期目标和长期目标，激发自己努力的动力，明确自己前进的方向。针对教学活动设计这一方面的不足，该幼儿教师可以设立阶段性目标。例如，第一阶段的目标可以设置为能够掌控活动的节奏，组织幼儿的纪律，完整地开展好一次幼儿集中教育活动；第二阶段的目标可以设置为能在开展的集中教育活动中关注到幼儿个性的发展，做到以幼儿为主体；第三阶段的目标可以设置为能够在集中教育活动的开展中，加入创新的想法与形式，更好地促进幼儿的发展。这些阶段性目标的设置，既可以改善目前该幼儿教师在开展教学活动时存在的问题，也可以在完成一个阶段性的目标后，建立起该幼儿教师的自信心，达到一举两得的效果。

（三）幼儿教师"适应不良"引发的危机

幼儿教师"适应不良"引发的危机多指新入职幼儿教师在进入一个新的环境时，因无法快速地融入当下的幼儿园集体中，难以开展优质的保育与教育工作，产生自怨自艾的心理而引发的危机。

【情景再现】

案例 6-3-3　　　　　　　　兰兰老师的烦恼

兰兰是幼儿园新来的一名老师。兰兰老师本身就是比较内向的性格，慢热，与人相处需要一定的时间。在来到了新环境后，兰兰老师非常焦虑。一方面，她对幼儿园的同事不是很熟悉，感觉非常的陌生；另一方面，对幼儿园的孩子们，她也需要一个个去认识和了解，另外与家长的沟通与交流工作，也需要兰兰老师从中协调。兰兰老师觉得每天的工作都很忙，压力非常大，经常在半夜里偷偷哭泣，觉得自己做不好幼儿教师这份工作，也融不到这个大集体中。每天看着其他老师聊天、开玩笑，兰兰老师很羡慕。但是，她总感觉自己没有适应这个环境，经常心事重重，注意不到孩子们的需求。有时，孩子们喊了几遍兰兰老师，兰兰老师才回神，帮助孩子们拿东西、穿衣服。兰兰老师的做法，也让家长颇具微词，总是跟主班老师反映问题。

（本案例为原创案例）

【分析解读】

兰兰老师由于是新入职的老师，还没有融入集体当中，因此出现了"适应焦虑"问题。一是兰兰老师是一个慢热的人，性格比较内向，因此对于兰兰老师来说，适应新环境需要一个循序渐进的过程。二是兰兰老师对幼儿园的归属感较弱，没有在新集体中找准自己的角色定位，也没有进行适当的自我调适，导致在工作中经常感到力不从心，引发家长的不满。

幼儿教师的日常表现，是幼儿家长对教师信任感的来源，直接影响家长对幼儿园的评价。幼儿园新入职教师角色适应问题不仅是该教师的个人问题，而且关乎幼儿园的教育质量与声誉。因此，幼儿园必须做好新入职教师角色适应的引导和管理工作，正确认识到其中存在的问题，帮助幼儿教师融入新环境。

【出谋划策】

针对案例中新入职教师入职后适应不良的问题，幼儿园可以从以下几个方面进行解决。

第一，加强新入职教师的职业指导。为使新入职教师更好更快地适应自身的角色，幼儿园应充分发挥整体调控作用，定期开展新教师的初期适应、培训工作，帮助教师克服心理障碍，进而为日后的教育工作做好准备。另外，幼儿园还可建立"一带一"的工作模式，让经验丰富的教师来带新入职教师，实现精准帮扶，提高新入职教师的保育与教育能力，并使新入职教师吸收到老教师的优秀经验，做到扬长避短。

第二，构建完善的交流平台。幼儿园可以为新入职教师提供特定的交流平台，如"小组交流会"等，让新入职教师可以倾诉自己在工作中遇到的难题。幼儿园应加强对新入职教师的人文关怀，园领导可以不时对新入职教师进行慰问，让新入职教师感受到集体的温暖，增强其归属感与集体参与感，帮助其适应自己的角色身份。此外，幼儿园也可以组织一些团建活动，如周末的野餐活动等，为新入职教师营造一个轻松的环境氛围。

第三，建立健全新入职教师评价制度。幼儿园应基于人本主义的理念，结合幼儿教育的实际特点，建立公正、合理的新入职教师评价标准。同时，幼儿园需做到关爱、尊重新入职教师，激发新入职教师的工作效能，加快新入职教师学习与适应的步伐，提升其职业素养和工作能力。

(四)保健医"误诊误治"引发的危机

保健医"误诊误治"引发的危机是指保健医因自身专业能力水平较低，无法快速、准确地判断幼儿的病情，耽误了幼儿的最佳治疗时机，给幼儿的身体造成一定的伤害而引发的危机。

【情景再现】

案例 6-3-4　　　　　　　到底是什么病？

小李是某幼儿园的保健医，负责幼儿的卫生保健工作。他平常仅处理过一些幼儿磕磕碰碰的小伤，基本没有处理过幼儿的急性病。一天，楠楠被主班老师送过来，主班老师说楠楠从户外活动后，状态就不太好，询问楠楠，楠楠只是说难受，说不清具体哪里难受。老师很着急，将楠楠送过来让小李诊治一下，看是否需要去医院检查，并将此情况告知了楠楠的家长。小李对楠楠进行了身体检查，并对楠楠进行了询问，认为楠楠并没有大碍，可能只是因为户外活动太剧烈引起的不适。主班老师将小李的诊治结果告诉了楠楠家长，并让家长将楠楠接回家休息。然而，当天晚上，楠楠在家呕吐不止，楠楠家长带领楠楠去了医院，医院医生诊断为急性肠胃炎。楠楠的家长非常生气，认为幼儿园的保健医并没有做出正确的诊治，导致楠楠家长没有第一时间带领楠楠去医院。因此，楠楠家长一直到幼儿园里讨要说法，想让幼儿园对楠楠进行赔偿。

(本案例改编自 H 幼儿园，王彩娟)

【分析解读】

幼儿园保健医是幼儿生命安全保障的一道重要防线，在幼儿的健康成长中发挥着重要作用。而小李却因业务能力不足，对幼儿各种不同的病理表现判断有误，将楠楠的急性肠胃炎判断为普通的运动过量后产生的不适，损害了幼儿的身心健康。作为一名医生，小李疏忽、怠慢幼儿的生命安全，引发了家长的不满，破坏了幼儿园的声誉。

保健医的职责是保护幼儿的生命健康，一名保健医应不断精进自己的业务能力，对自己"高标准""严要求"，自觉进行大量的实训学习，而不能因为在幼儿园中，较少接触某类疾病，就疏于对该种病理的学习。在本案例中，小李作为幼儿园的保健医，没有履行自己的岗位职责，违反了保健医的相关制度，幼儿园应对其给予相应的惩罚，以示警诫。

【出谋划策】

针对该案例中出现的保健医"误诊误治"危机，首先，幼儿园应严格把控保健医上岗准入标准，制定保健医上岗相关规定。因此，幼儿园在招聘保健医时，应对其行医资格进行严格的筛查，满足以下几点要求。第一，保健医应具有医学院校专科以上学历，持有国家认定的医师资格证书、上岗证。第二，保健医应具有幼儿保健师资格证。第三，保健医应熟练掌握儿童营养学知识，具备保健医的基本素质。第四，保健医应关爱幼儿，责任心强，有良好的敬业精神和职业道德操守。第五，保健医应具有处理幼儿突发疾病和意外事故的技术和能力。

其次，幼儿园应加强对保健医的专业培训。保健医需要不断学习，提高自己的专业能力，为幼儿的身体健康保驾护航。幼儿园应定期组织开展保健医培训交流会，提供机会使保健医可以外出进行学习，使其在实训中提高保健能力。

最后，幼儿园应建立保健医的考核评价制度。为完善幼儿园考核评价细则，幼儿园应定期开展对保健医的考核评价，对保健医的业务能力进行层级评定，督促保健医不断提高自己的业务水平，防止保健医误诊误治的情况发生。

【法条链接】

《幼儿园工作规程》第四十三条明确规定："医师应当取得卫生行政部门颁发的《医师执业证书》；护士应当取得《护士执业证书》；保健员应当具有高中毕业以上学历，并经过当地妇幼保健机构组织的卫生保健专业知识培训。"

（五）保安"玩忽职守"引发的危机

保安"玩忽职守"引发的危机是指幼儿园保安对自己的本职工作不认真、不负责，因没有遵循保安的各项制度，对幼儿园、幼儿造成一定的声誉、人、财损失而引发的危机。

【情景再现】

案例 6-3-5　　　　　进入幼儿园的小狗

某幼儿园保安李某，因在上班期间玩忽职守而被幼儿园开除。李某在上班期间，由于幼儿园大门紧闭，自认为没有什么安全隐患，于是擅自离开保安室，到幼儿园的花坛旁边玩手机。在李某没有注意的时候，一只小狗从大门口溜进了幼儿园园内，惊扰到了正在进行户外活动的幼儿。一些幼儿十分怕狗，在操场上大哭起来，还有的幼儿惊慌地四处奔跑，害怕小狗咬到自己。顿时，幼儿园操场上乱成"一锅粥"，老师一边忙着安抚幼儿，舒缓幼儿害怕的情绪，一边去寻找门口的保安，让其将小狗赶出去。李某费了很大的劲儿才将小狗赶了出去，但是这场风波也传到了家长的耳朵里，家长们质疑幼儿园的安保工作不到位，纷纷去找园长要个说法。

（本案例改编自 M 幼儿园，刘凌汾）

【分析解读】

案例中的幼儿园保安李某，在岗期间玩忽职守，没有遵守自己的岗位制度，致使小狗进入幼儿园，引发了幼儿园的骚乱，使家长对幼儿园的安保产生了怀疑。究其原因，主要有以下两个方面。

其一，该保安没有认识到自己工作的重要性。保安是保护幼儿生命安全的一道防线，该保安应时刻遵守值班制度，不能因为想要放松而离开自己的岗位。

其二，幼儿园对于保安人员的管理制度不健全，保安可以在上班值岗期间去花坛旁边玩手机，说明幼儿园在制度管理上存在漏洞。因此，幼儿园应加强园所安保管理制度的完善并严格执行，从而杜绝此类事件的发生，避免给幼儿园带来危机。

【出谋划策】

幼儿园应加强对保安的管理工作，完善幼儿园的安全管理制度。

第一，幼儿园应提高保安的安全防范意识。幼儿园应开展有关保安工作重要性的讲座、事故案例的宣传教育等，让保安转变自己的思想观念，将幼儿的安全放在首位。例如，保安需意识到，今天他玩忽职守，致使一只小狗闯到了幼儿园中，惊吓到了幼儿。如果闯入的是一名危险分子，而保安并没有发现，那么对幼儿产生的伤害将是无法估量，也会为幼儿园带来无法承受的重大后果。只有保安转变自身观念，树立危机意识，并落实到具体行动中，不在工作中"开小差"，才能避免此类危机的产生。

第二，幼儿园应建立安全工作责任制和事故追究责任制。制度的建立让履行职责和追究责任做到了有章可循、有规可依，确保发生事故时，能够追责到人。"谁主管，谁负责"，事故追究责任制的实行能够增强幼儿园保安的责任心，减少人为责任事故的发生，规范幼儿园保安的工作态度。

第三，签订责任书。为了落实"安全第一，预防为主"的方针，切实保障师生安全和幼儿园稳定，做好幼儿园门卫的安全防范工作，幼儿园应与保安签订安全责任书，及时落实幼儿园安全责任制。

第四，幼儿园应按时组织安保人员参加公安部门组织的上岗培训，保卫干部

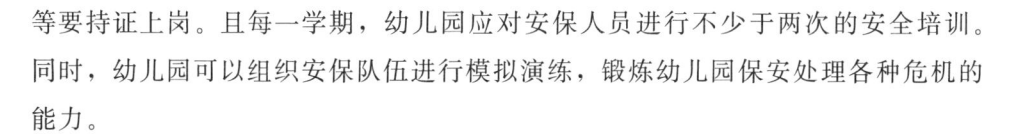

等要持证上岗。且每一学期，幼儿园应对安保人员进行不少于两次的安全培训。同时，幼儿园可以组织安保队伍进行模拟演练，锻炼幼儿园保安处理各种危机的能力。

三、幼儿园具体工作层的危机管理策略

幼儿园具体工作层产生的危机主要来自幼儿园具体工作层自身的职业道德、职业水平以及职业操守失准三个方面。基于此，从以下几个方面对幼儿园具体工作层进行危机管理预防。

（一）细化工作具体规范

幼儿园可将各岗位的工作流程书面化，细化工作具体规范。在此过程中，幼儿园要根据不同岗位的工作性质采用不同的书面表述方式，程序化比较强的岗位可以使用表格式，灵活性较强的岗位可以使用陈述式，但要避免长篇赘述。不论哪种方式，其表述的内容都应简洁、明了、具体，一些能够量化的内容一定要量化，便于操作。幼儿园每个岗位都应明确具体工作内容和工作流程，细化各岗位的具体行为规范，包括在什么时间做什么事情，有什么样的要求。对于门卫安保人员的工作规范来说，幼儿园应在规范中明确安保人员的工作时间、工作内容、站位以及要求。例如，幼儿园安保人员应在早上七点半的时候，站在刷卡机的东侧，迎接幼儿入园，接待幼儿、家长。此时，安保人员应该做到"要求家长刷卡入园，无卡必须登记"。在早上八点半时，安保人员的站位地点应为"户外操场"，并协助幼儿教师搬运户外玩具。此时，安保人员需要达到的要求为"将户外玩具整齐码放在指定位置"。如果各个部门都能够遵守规范，那么就会使幼儿园工作更加有序，大大提高幼儿园的工作效率，避免幼儿园后勤危机的产生。

（二）组织多样化教育培训

幼儿园应制订详细的培训计划，规范教师培训管理制度。按教师的学历、年龄、业务水平、工作能力、实践经验等分层提出培训目标，发挥现有教师的潜能，盘活存量，提供多种途径的学习渠道。例如，幼儿园可以通过开展外出学习、教学观摩等，加快优秀教师的成长，形成名师促名园、名园出名师的良性循环。此外，幼儿园还应鼓励教师积极参加提高学历层次的进修，使其理论水平得到提高。在教学实践中，幼儿园也可以要求教师互相听课、说课，特别是对青年教师要给任务，压担子，提出"一年像样，二年出样，三年榜样"的工作目标，以提高幼儿教师队伍的整体素质。

(三)建立健全完善的后勤管理制度

没有规矩，不成方圆。健全各项安全管理制度是幼儿园安全管理的有力保障。幼儿园应成立由园长牵头的安全工作领导小组，安全办主任主要负责，各班组长具体落实，实行"层层把关、防范第一、定人定岗"的安全工作管理模式；按照"谁主管、谁负责，谁在岗、谁负责"的原则，将各项安全管理工作细化分解，具体责任到人，从而做到人人都有监督责任，人人知晓安全防范措施。制度的建立能使每位教师做到心中有目标、行为有规范、实施有措施、阶段有评价，有利于强化和提高全体教职工的安全管理责任意识和工作的积极主动性。

(四)建立日常式检查机制

检查是监督机制的主要实施手段，且检查不仅仅是主管的任务，也是管理链条上各组织部门共同的责任。对于幼儿教师队伍的管理，在检查时间方面，幼儿园应加强定期检查与随机检查；在检查内容方面，幼儿园可以组织固定项目的检查和非固定项目的检查。在检查的过程中，规范地使用检查记录表。例如，在对厨房安全用电、气的检查中，幼儿园可以利用"厨房安全用电、气检查记录表"，包括填写检查日期、安全用电情况、安全使用器械情况、安全使用燃气情况以及检查人签名等内容。各类检查记录表既可以简化检查者的工作，又可以作为被检查者的工作标准，使评价不仅仅是监督的手段，更是促进管理制度有效落实和工作效率提升的工具。

(五)加强对教师的人文关怀

对于幼儿园管理者而言，其不能只关注幼儿教师在物质方面的需求，还要从精神方面给予广大教师以尊重和满足。具体而言，幼儿园管理者要做到全面关心幼儿教师的各种状况，不但要关心教师的思想、工作状况，而且应关心教师的生活、健康状况等多方面的问题。这些点点滴滴的关心能够使得广大教师感受到集体的关怀，从而产生归属感，以更加饱满的热情投入工作中。幼儿园管理者可以通过与教职工轻松聊天的方式来了解教职工的心理与精神状况，了解幼儿教师所遇到的困境，并及时对幼儿教师施以援手。例如，当某教师的亲人生病导致幼儿教师的情绪忧虑时，园长可以与该教师及时谈心，适当减轻该教师的工作负担，让其感受到幼儿园集体的温暖。此外，管理者要特别重视对教师的尊重，能够换位思考，切身体验教师的个人感受，及时对教师进行表扬与鼓励，如授予"最佳幼儿教师"荣誉称号等，维护教师的自尊心。管理者如果能够尊重教师的人格、感情、兴趣及工作成果等，将会大大提高教师的工作积极性。

(六)建立激励机制

幼儿园应建立激励机制，对教职工进行物质激励与精神激励。对于物质激励，幼儿园可以发放奖金、津贴、福利等刺激幼儿教师工作的积极性与主动性。对于精神激励，幼儿园可授予幼儿教师荣誉称号、口头称赞、书面表扬等。值得注意的是，赏识也是精神激励的一个重要内容，每个人都有被他人肯定的愿望。这就要求幼儿园管理者能够以赏识的眼光来看待教师，肯定和赞扬教师的工作成就和价值。管理者要做到真诚，使得赏识符合实际，不夸张、不溢美，真正发挥赏识的激励作用。例如，对于工作完成出色的教师，管理者可以对其表达自身的赏识态度。真诚地表达赏识，一方面，幼儿园管理者可以具体说明自己赏识的是教师哪方面的能力，为什么赏识该教师的此种能力，以及该项工作的出色完成会给幼儿园带来哪些效益，发挥怎样的作用。同时，管理者也可以描述一些细节性的东西，比如，该教师在完成工作的过程中遇到了哪些困难，又是如何解决的。另一方面，管理者也可以借用其他人对该教师的正面评价，以肯定该教师的工作能力。这样真诚地表达，会让教师觉得自己是被重视的，觉得自己所做的工作都被领导看在眼里，会大大激励教师的工作积极性，提升他们的职业认同感。除了赏识教师，管理者还应支持教师，积极为教师制订培训计划，向教师阐明晋升的空间与渠道。这些激励的内容都会为教师营造一个充满安全感、信任感的环境，使教师产生工作的主动性、积极性和协作精神。

【法条链接】

《幼儿园工作规程》第十二条明确规定："幼儿园应当严格执行国家和地方幼儿园安全管理的相关规定，建立健全门卫、房屋、设备、消防、交通、食品、药物、幼儿接送交接、活动组织和幼儿就寝值守等安全防护和检查制度，建立安全责任制和应急预案。"

综上所述，幼儿园执行层的工作失误可能会给幼儿及幼儿园带来最直接、明显的损害。因此，在幼儿园管理中，幼儿园上下应加强防范，预防幼儿园执行层出现的危机，为幼儿的健康成长保驾护航。

【拓展阅读】

[1]张凤，季首领，郭克功.学前教育管理[M].沈阳：辽宁大学出版社，2013：69-92.（该书从幼儿园教职工队伍建设、幼儿园保教工作管理、幼儿园总务工作管理及幼儿园安全工作管理等方面，全面阐释了现代化的学前教育管理理念。）

[2]秦旭芳，向海英.学前教育管理学[M].长沙：湖南大学出版社，2015：156-174.（该书从幼儿园的行政管理、经营管理、人力资源管理、园长工作管理等几个方面为幼儿园各项实务管理提供了可操作的程序和方法。）

[3]周丛笑等.幼儿园危机管理策略与实例[M].北京：中国轻工业出版社，2018：223-251.（该书以幼儿园队伍建设、教育活动、安全后勤等内容为主线，从危机预防以及危机应对两个方面对幼儿园产生的各类危机进行了详细的探讨，辅以真实案例并进行了细致的分析，具有一定的实践指导性。）

[4]张振学.领导力18项修炼[M].北京：九州出版社，2017：40-56.（该书从组织能力修炼、决策能力修炼、激励能力修炼、沟通能力修炼以及协调能力修炼等几个方面，对领导者如何正确运用权力进行了全方位的阐释。）

【想一想，做一做】

1. 幼儿园决策指挥层有哪些常见危机？如何预防？

2. 请根据幼儿园执行管理层常出现的危机，设计一套切实可行的幼儿园执行管理层常见危机管理预案。

3. 根据【案例6-3-5】"进入幼儿园的小狗"探讨，如果你是幼儿园管理者，你会如何对该保安进行处理？

第七章　幼儿园的发展战略
——园所发展的危机管理

【导入案例】

近几年来，随着经济的发展、二孩政策及三孩政策的出台，幼儿园数量也逐渐在增多，幼儿园之间相互竞争的局面屡见不鲜。幼儿园之间的竞争不仅包括生源的"抢夺"，而且包括教师的"抢夺"。

沈阳市某幼儿园规模不大，有120名在园幼儿。几年前，该园刚搬到现址时，生源比较好而且有十几位优秀教师，幼儿园的效益较为可观。但好景不长，随着周围越来越多普惠性幼儿园和特色幼儿园的建设，该幼儿园的生源压力越来越大。而且由于周围幼儿园在教师待遇方面高于该幼儿园，好几位优秀教师都被高薪挖走了。幼儿家长看到自己孩子所在班级的好老师离开，他们也十分焦虑，向园长反映情况，想要园内调派优质教师，甚至有的幼儿家长提出退园。园内领导深知教师、生源的流失这一系列的问题，必然会对幼儿园产生很大的影响，因此园内领导层召开紧急会议。

在会议上，人事管理者说现在教师的工资结构主要由资历、职称等构成，而且比邻近的幼儿园工资低，很多教师对工作缺乏积极性，园内是不是可以通过改善工资结构来提高教师的工资。此建议得到领导们的认可，园长安排人事管理者就此建议尽快制订出方案。同时园长也提出，幼儿园可以通过开展特色教学来吸引生源，也要安抚好在园幼儿的家长，尽快解决教师流失问题。此外，通过完善幼儿园的管理体制，开辟其他路径吸引资金，改善幼儿园的基础设施等措施，维持幼儿园的生存与发展。之后幼儿园建立"公开岗位，择优聘任，绩效考核"的管理制度，留住优秀教师，调动教师积极性。另外，幼儿园准备开设晚接服务、社区幼儿活动中心，以此拓宽幼儿园的办园渠道，增加幼儿园经费收入，同时也为家长提供更好的服务。幼儿园的管理在改变，教师们也信心十足，工作积极性也逐渐提升；园内又招聘了优秀教师，家长对幼儿园的改变也十分高兴，还会向同社区家长推荐该幼儿园。一切向着好的方向发展，园长也暗暗地松了一口气。

（本案例来源于辽宁省沈阳市浑南区花语幼儿园，邱海清）

在市场经济的大环境下，幼儿园随时可能面临生存挑战，该幼儿园在发展过程中出现了教师、生源的流失问题，为了解决这些问题，幼儿园通过改变自身的管理制度来解决面临的困境，增强自身的竞争力。该幼儿园出现的危机以及解决方法为其他幼儿园的发展提供了宝贵的经验，那么在幼儿园的发展中都有哪些危机会使幼儿园陷入发展困境呢？又该采取怎样的措施来摆脱这些困境？

第一节　幼儿园生源的危机管理

生源是一个幼儿园的生存命脉，无论是新园还是老园，没有了生源就等于没有了生存的资本。留住已有生源，开发新生源——这大概就是每个幼儿园在生源问题中想要达到的最佳效果。幼儿园应时刻保持生源危机的意识，未雨绸缪，防患于未然。

一、幼儿园生源的常见危机

随着新建园所的增加，家长对幼儿教育的重视，幼儿园之间的生源竞争越来越激烈，家长对幼儿园的满意度、对幼儿园教育教学的满意度都会影响到幼儿园的生源状态。

（一）幼小衔接不当引发的生源流失

幼小衔接要求幼儿园和小学全面做好入学准备和入学适应工作，确保幼儿顺利实现从幼儿园向小学生活的过渡。因此，幼小衔接问题是家长心中格外注重的事情，有些家长对幼儿要求高，认为幼儿要提前学习小学知识，不能输在起跑线上；有些家长看到其他幼儿进入幼小衔接班，也盲目跟风；有些家长把自己的希望寄托于幼儿身上，想让幼儿保持优秀，各类家长急抢跑。同时，由于教育划分的细化，当前很多幼儿园和小学不仅教学任务各不相同，幼儿教师与小学教师在沟通上也较少，幼儿园更多将知识的学习融入幼儿的生活游戏中，但是进入小学后各科划分明显。园外的机构也正是借着这些原因放大了家长对"幼小衔接"的焦虑，这也就使得家长想要孩子在幼儿园之外的"幼小衔接班"上学。

对此，幼儿园应向家长传播有关幼小衔接的科学知识。在幼小衔接工作中，幼儿园要及时与家长沟通，增强与家长、小学之间的联系，避免幼儿园的生源流失。

第七章 幼儿园的发展战略——园所发展的危机管理

【情景再现】

案例 7-1-1　　　　　　　　大班应何去何从

王子已经 6 岁了，开学前一天妈妈打电话联系幼儿园说要退园，决定要去某私立小学的六龄童班。妈妈听说孩子一进小学马上就学习拼音与计算，根据以往"过来人"的反映，因为现在禁止幼儿园小学化，公立的幼儿园没有学前班，而由幼儿园直升小学的孩子如果不上学前班就跟不上小学的进度，老师可能会对这些孩子没耐心，还会让家长抓紧帮孩子追上进度。在学习中跟不上会打击孩子的自尊心，影响孩子的学习积极性，耽误以后的学习。

妈妈认为学前班应该像小学一样，每个孩子一个座位，接受分科教育。幼儿园的教育不够严格，对以后孩子适应小学的课堂纪律、常规习惯不利。而且正好上完这个私立学校的学前班可以上这个学校的小学。尽管幼儿园也根据家长的需求利用游戏活动，让幼儿在生活、游戏中学习，为幼儿能够顺利进入小学打基础，老师也与家长解释幼儿园在课程中也融入了孩子所需的知识，但是家长依旧将孩子转入她认为更好的六龄童班。

（本案例来源于辽宁省大连市中山区欧缇欧幼儿园，王超）

【分析解读】

本案例中幼儿园的生源流失主要是由以下原因造成的：第一，王子妈妈对孩子即将进入小学过度担忧，认为孩子不能输在起跑线上，担心孩子进入小学后跟不上进度，所以现在需要提前学习小学知识，因此想让孩子进入某私立小学的六龄童班接受她所认为的幼小衔接教育。第二，王子妈妈受周围其他人以往经验的影响，加重了对孩子入学后情况的担心，才会盲目跟风，在缺乏对幼小衔接正确、理性认识的基础上忽视了幼儿园对即将升学的幼儿潜移默化的入学准备教育。第三，从幼儿园的角度来讲，幼儿园忽视了大班家长的担忧情绪与对"学前班"认识的误区，虽然幼儿园在课程设计上融入各种知识，可以帮助孩子顺利地进入小学，但是由于缺乏与家长的沟通，家长对幼儿园的课程设计的内涵不了解，因此才使得家长为孩子转园，接受外显知识的教育。

【出谋划策】

本案例中幼儿园的生源危机主要是因家长担心孩子幼小衔接的问题而导致的。为解决此危机，首先，班级教师应及时与王子妈妈沟通，了解王子妈妈的想法与诉求，为王子妈妈讲述科学的幼小衔接的重要性，让其知晓孩子提前学习小学知识的危害，告知王子妈妈幼儿园课程设置也在培养孩子进入小学后所需要的学习品质，在日常生活中也会以适合幼儿的方式向其渗透知识，以此来缓解王子妈妈的焦虑。其次，幼儿园应及时与即将升学的幼儿家长沟通，通过家长会或线上沟通的方式，与家长探讨幼儿幼小衔接的相关问题，为家长解除困惑，缓解焦虑；通过组织专家讲座、以往大班家长分享会等形式帮助家长树立对幼小衔接的正确、理性的认识，改变对"学前班"的认识。再次，幼儿园也要及时反思自己的课程设置与教学方式，将幼儿应掌握的知识与能力贯穿于幼儿园的整个活动课程中，切实为幼儿能够顺利地进入小学做准备。最后，幼儿园应积极寻求家长诉求与幼儿科学发展的平衡点，让家长充分信任幼儿园能够帮助幼儿科学衔接，从幼儿园的课程、与家长沟通等多个方面来消除幼儿园所遇到的生源危机。

(二)同行竞争引发的生源流失

竞争是个体或群体间力图胜过或压过对方的心理需要和行为活动。幼儿园在辐射范围、特色课程等方面的优势，都能够与周围同行在生源竞争中占据有利地位。

优质幼儿园的办园时间较长、师资力量雄厚、设备先进、保教质量高，并拥有省示范园等名誉的牌子。而家长认为孩子进入这样的幼儿园，能够有一个舒适的环境并能接受良好的教育。虽然难度大，但是家长还会想方设法地将孩子送入知名度高的幼儿园。可见幼儿园自身品牌是良好声誉的积累，因此在生源竞争中拥有较强的实力与优势。

一所特色幼儿园虽然硬件条件并不突出，但是拥有满班的孩子，家长也往往冲着幼儿园独特的教育理念而来。一所以艺术为特色的私立园，凭借艺术的特色吸引着家长的眼球，逐步发展壮大，其规模足以与老牌幼儿园相抗衡。可见，特色教育是吸引生源的有效手段之一。

一所幼儿园多年来秉持良好的作息制度、管理形式，延长幼儿早晚接送时间，不放寒暑假，并设有日托、全托和临时托。一年365天，只要家长需要，孩子都可以得到教师的悉心照顾。对距离较远的孩子，幼儿园配备校车，安排教师专门负责接送。家长放心，自然而然慕名而来的家长也就多了。可见，良好的服务是竞争的法宝。

幼儿园的竞争依靠自身优势，当不能满足家长需求时，极易产生生源流失现象。

【情景再现】

案例 7-1-2　　　　　　　　选择更"好"的幼儿园

天天家住在城市郊区,妈妈为了让天天可以接受更好的教育,选择了离家大概五公里的一所公办幼儿园。幼儿园要求每天八点到园,要留出吃早饭、收拾的时间,天天就得每天六点半左右起床,很是辛苦。因为距离幼儿园较远,幼儿园的校车不便接送,妈妈的工作调动使得现在下班时间与离园时间相近,幼儿园没有晚托,所以妈妈也就只能每天匆忙赶过去,但有时也会迟到。妈妈因为接送问题十分苦恼,对此开始对家周围的幼儿园进行考察,经过对几所幼儿园的比较,天天妈妈发现在距离家不远处有一所幼儿园可以提供晚间服务,也有顺路校车可以接送,虽然教育教学质量稍稍低于现在的幼儿园,但是综合考虑后妈妈向现在的幼儿园提出转园申请。班级老师在得知之后,及时与天天妈妈沟通,表明已经向园长提出建议,幼儿园也表示会调查家长的情况,依据需求逐渐开设晚间服务。但根据现实情况,天天妈妈仍然坚持要给孩子换园。

(本案例为原创案例)

【分析解读】

家长在择园过程中会根据主客观因素全方位的考虑,如幼儿园的教学质量,离家远近,幼儿园的入园、离园时间等,在综合对比后选择更适宜的幼儿园,这也就表明幼儿园在生源竞争时应注重根据家长的需求来调整自身的战略。

案例中天天妈妈之所以要给孩子转园,主要是因为以下三点。第一,由于天天家距离幼儿园较远,幼儿园内的校车又不能提供接送服务,妈妈自己接送孩子需要考虑时间、路程等原因。第二,由于时间冲突问题,天天妈妈的下班时间与幼儿园的离园时间较为接近,会影响自己工作,或如果工作上突然有事的话,就不能准时接孩子。第三,天天妈妈新寻找的幼儿园虽然在质量上稍低于现在幼儿园,但是也处于可以接受范围之内,同时新的幼儿园可以提供校车和晚接服务,更加符合天天妈妈现在的需求。案例中值得肯定的是教师在得知情况后与家长及时沟通,看能否挽留住幼儿,虽然结果不如人意,但是教师的行为是正确的。

【出谋划策】

针对案例中引发的生源流失的危机。首先,教师在与天天妈妈及时沟通时,应针对家长的需求以及幼儿园的实际情况,向幼儿园领导反映家长的需求,并提出具体的解决建议,例如,看校车是否可以适当调整路线就近接送天天,在有方案之后与家长商榷,挽留才更有说服力。其次,为避免再次出现此类问题,幼儿园在考虑自身发展的同时，应未雨绸缪，为家长提供便利的服务。及时与家长沟通，看其他家长是否都有同样的晚托需求或接送问题，根据大多数家长的需求，制定合理的收托时间。最后，幼儿园的生源流失主要是因为在相似的优势下，当同行拥有更符合家长需求的服务时，幼儿园便会比较被动。因此，幼儿园在加强自身优势的同时，适时调整幼儿园的服务模式，学习周围同行的优点，在了解家长的需求下不断完善自身的发展，增强竞争优势，吸引、留住生源。

(三) 家园教养观念冲突引发的生源流失

教养观念是指在教育幼儿的过程中，对幼儿的发展、教育方式和途径等的看法和观点。幼儿教师一般接受过专业培养，具有较为科学的儿童观，对幼儿每个阶段的发展特点较为了解；很多家长相对缺乏科学育儿知识或是对幼儿较为溺爱，家长和幼儿教师往往会对彼此的某些做法不赞同，这也就导致家园在教养观念上会产生冲突。

【情景再现】

案例 7-1-3　　　　　　　　　　听谁的

浩浩从小就和爷爷奶奶一起生活，吃饭穿衣大多都由奶奶照顾，每天上幼儿园也是由爷爷奶奶接送。天气逐渐变凉，浩浩出现咳嗽感冒的症状。一开始，妈妈向老师请假，由于浩浩请假时间较长，老师经常会时不时询问浩浩的情况。根据妈妈的反馈，老师得知奶奶一直给浩浩喝中药，奶奶认为冬天让孩子去幼儿园太受罪，幼儿园孩子多，会互相传染。而且奶奶每天都给浩浩穿得特别多，浩浩也吃得多，不注意饮食，咳嗽一直断断续续好不了，去医院检查，拍过胸片之后医生诊断浩浩得了肺炎。妈妈和爸爸委婉地劝说过奶奶，可奶奶就是不听。父母表示想让老师帮忙劝劝奶奶。

老师在与家长沟通后反应过来浩浩长时间不来幼儿园上学是由奶奶与父母的教养观念不同导致的，因此老师与奶奶进行通话，告诉奶奶那样做是错的，对孩子十分不好。但奶奶依旧认为自己以前也是这样带孩子的，老师应该管好孩子在幼儿园的日常，不该管自己。在第一次通话后，老师没有放弃劝说奶奶的想法，在接下来的几天中，向浩浩奶奶举了很多例子，想借此改变奶奶的教养思想，但是过于频繁的通话和较为单一的劝说方式，使得奶奶有些不耐烦，不想与老师沟通，也表示自己想要给孩子换个幼儿园。

(本案例来源于山西省人民政府机关幼儿园，杨毅)

【分析解读】

案例中奶奶之所以要给孩子转园，主要是因为老师在与奶奶沟通中的教养观念不同以及沟通方式不当。

值得肯定的是老师的知识储备十分丰富，在与家长沟通中能够及时发现，隔代教养中祖辈与父辈的观念存在差异导致浩浩生病并且长时间不能到幼儿园上学。浩浩奶奶与其父母的教养观念不同，而父母也想通过寻求老师的帮助来规劝奶奶。首先，教师与奶奶之间也存在不同的教养观念，老师接受过较为专业的培训，具有较科学的育儿知识与观念，但忽视了对奶奶教育观念的理解。其次，受传统观念的影响，奶奶对老师的角色存在错误的认识，认为老师不该管自己的教育方式。最后，幼儿教师在与奶奶的沟通中出现了问题，第一次在与奶奶沟通时，就能看出奶奶认为自己的教养观念不存在问题，虽然老师没有放弃与奶奶的沟通，但是太过于着急且直接表达反对奶奶的观念，忽视了老人家对自身经验的执着，仅限于采用语言说服并且还是多次进行说教，使奶奶产生了厌烦心理，从而才引发了奶奶准备给孩子转园的危机。

【出谋划策】

针对案例中的危机，老师与奶奶是由于家园教养观念不同，在沟通中出现了问题，老师在与年龄较长的家长沟通时，可以向有经验的教师请教怎样与老人沟通。首先，老师应表达出自身对奶奶担忧孩子的理解，进而再与奶奶交流比较科学的教养观念。其次，老师在最初与奶奶进行沟通后，应根据奶奶的反应，及时调整策略，要明白做老人家的工作不能一味地说教，不能让老人家从一开始就反感，引发家长的反感会更加难以沟通。老师可以寻找一个好的方法，如邀请奶奶来园内体验，让奶奶看到幼儿园孩子的真实生活，用自己的眼睛发现浩浩和别的孩子的不同，切身体验孩子的真实情况，借此来向奶奶讲解科学的育儿理念，让奶奶体验现代幼儿教师在教育幼儿时的方式方法及理念等。最后，在日常生活中，幼儿园可以适时通过专家讲座等多种形式，向家长传播科学的育儿知识，同时可以邀请孩子的祖辈也来参加，请不同家庭表达自己对育儿的看法，相互交流育儿观念，这样可以加强家园互动，对可能出现的矛盾做到"防患于未然"。此外，幼儿园应组织教师互相学习交流，互相分享与家长沟通的技巧，使家园互动更和谐、顺畅。

二、幼儿园生源的危机管理策略

通过上述内容，我们了解到幼儿园的生源会受到各种原因的影响，从而引发生源的流失，这就要求幼儿园应采取措施解决这些问题，来维护生源的稳定并吸引潜在生源。

(一)创新办园模式，丰富办学渠道和方式

随着社会与家长对学前教育的重视，幼儿园要具备创新意识，注重调整竞争策略，找到适合当下教育的新路径。幼儿园可以开设托班，从3~6岁延伸至0~3岁，实现幼儿园托幼一体化办园模式，提供全日制或半日制服务。同时幼儿园应关注家长需求，针对家长的工作性质，可以提供晚托、双休日服务、寒暑假服务等来满足家长的需求。亲子活动作为家园互动中的重要形式之一，据此，幼儿园可以在社区中举办0~3岁婴幼儿的互动活动，为社区家长提供科学的教育理念，培养幼儿园的潜在生源，有效提高幼儿入园率。

(二)加强园所建设，增强园所核心竞争力

幼儿园的教育理念、基础设施建设、师资队伍建设等条件都是幼儿家长所注重的，幼儿园想要吸引生源，就必须了解自身优势，着重突出园所特色。幼儿园在园所建设的过程中应注重局部优势，如开展独特园本课程、建设优质师资队伍等，向家长展现幼儿园的优势。此外，幼儿园也应注重延展性服务，最大限度满足家长与幼儿的需求，不仅包括家长对幼儿可以接受良好教育的需求，而且包括潜在的如家长所担忧的幼小衔接的问题。幼儿园应将幼小衔接的任务贯彻在幼儿园的整个教育过程中，在潜移默化中培养幼儿学习的能力、品质等。幼儿园应注重其独特性，园所的核心竞争力应是特有的且不易被同行所模仿的，如独特的教育理念、教学手段等。完善的基础设施、安全的措施保障、专业的教师队伍、营养卫生的膳食、温馨的环境等幼儿园应具备的核心竞争力在生源竞争中都极为重要。

(三)注重与家长情感联结，传播正确教育理念

幼儿园与家长的密切沟通，一方面，可以了解幼儿的个性特征、家庭环境及家庭教养方式，以便幼儿教师进行有针对性的教育；另一方面，幼儿园可以向家长传播科学的育儿理念以及让家长了解幼儿在园的实际状况。首先，幼儿教师可以充分利用每日的晨送、晚接时间，将幼儿日常的行为表现与家长沟通，引导家长参与到幼儿的日常教育中。其次，幼儿教师可以通过网络与家长保持沟通，为家长提供适宜的教育方式，传播科学的育儿知识、理念，保持家园对幼儿教育的一致性、连贯性。最后，幼儿园可以通过家长会的方式，与家长探讨有关幼儿的教育方式或成长中的问题，向家长讲解科学的育儿知识等。幼儿园与家长都是幼

儿的教育者，两者可以相互学习，共同探讨对幼儿有益的教育方式。幼儿园应增强家长对幼儿教师的信任感，及时了解家长需求，更好地为家长服务，避免出现不必要的矛盾。

综上所述，幼儿园的生源管理是园所生存发展的基本所在，无论是幼儿园自身硬件，还是幼儿教师工作中的问题，幼儿园应时刻存在忧患意识，在日常工作中建立好与家长的联系，向着留住已有生源、开发新生源的目标努力。

第二节　幼儿园师资的危机管理

幼儿是国家的希望、民族未来的接班人，是家庭的希望。幼儿教师是幼儿走出家门后遇到的第一任教师，家长都希望幼儿能接受专业化幼儿教师的教育。一个专业化的幼儿教师不仅要具备教师的基本职业素养，对幼儿进行传统的保育和教育，而且要有教育的敏感性，读懂幼儿的需要、兴趣和想法，培养幼儿个性化以及良好行为习惯等方面的发展。师资队伍的建设影响着幼儿园的发展，幼儿园如何招聘幼儿教师，又怎样留住人才都是幼儿园在发展过程中值得深思的问题。

一、幼儿园师资的常见危机

学前教育事业的发展关键在于幼儿教师，幼儿教师的数量与质量关系着幼儿的成长，同时也关系着幼儿园的发展。幼儿园能否获得长远的发展，在很大程度上取决于是否拥有一支结构完善、能力匹配且稳定的师资队伍。幼儿教师数量的减少以及优秀教师的流失都会影响幼儿园的长远发展。

（一）学前教育专业毕业生职前准备引发的师资紧缺

首先，很多学前教育专业学生缺乏理性的职业认知。职业认知是对幼儿教师职业的工作内容、特点以及幼儿教师生涯发展等方面立体而全面的认识。一般院校的学前教育专业学生较少有机会深入幼儿园观察日常幼儿教师的工作，仅通过见习以及短时间的学习难以形成对幼儿教师职业的理性认识。大多数学生对于幼儿园的教师职业情况、幼儿园的具体工作情况等的认知来源于书本、他人以及网络新闻等。也正是这个原因，使很多人容易对幼儿教师这个职业有过于理想化或过于悲观的看法。

其次，有些学前教育专业学生缺乏坚定的职业理想。在学前教育扩招的背景下，很多学生选择此专业受到许多外界因素的影响，如就业率、就业形势等条件，在自我职业倾向中存在诸多不确定因素，并受到当前幼儿教师待遇与实际工作付出不符等情况，所以很容易改变职业定向，缺乏坚定的职业理想。学前教育专业毕业生做好充分的职前准备是其走向幼儿教师岗位的重要前提，有利于在职后更好地适应工作岗位。

【情景再现】

案例 7-2-1　　　　　　　　无才可用

招聘会上，用人单位正介绍自己幼儿园的优势，渴望吸引学前教育专业毕业生的关注，一百多名学前教育专业毕业生引来了百家幼儿机构及幼儿园的争抢……招聘会上记者从××幼儿园负责人那里了解到目前最愁的就是师资，目前幼儿园在扩招，计划招聘20人。家长越来越重视孩子的教育，不仅重视幼儿园的硬件条件，而且重视幼儿园教师队伍的素养。随后，记者又采访了一位愁容满面的幼儿园负责人，该负责人说道："我刚刚在当地投资建了一个幼儿园，各种设施都已经准备就绪，就等开园了，但现在还缺好多老师呢！过了半天，也没几个人投简历。""我们园之前招聘的实习教师，干了没多久就走了，嫌工作太累，工资太低，看来这次也要涨点工资才有可能招到人啦，要不然都没人来。"另一个幼儿园的负责人说道。

听完招聘人员的话，记者又找到一名学前教育的毕业生了解他们的意愿，"我刚才接触了几个幼儿园的负责人，还在慢慢挑，除了薪资待遇，我也比较看重发展前景，希望幼儿园能够让我有所成长。"另一名应聘学生说："我之前是调剂到这个专业的，顺便也看看幼儿园之外的工作吧，听以往毕业的学长学姐说幼儿园工作挺繁杂的，待遇也不太高，我想再考虑考虑。"

（本案例为原创案例）

【分析解读】

从案例中我们可以发现学前教育专业毕业生的职前准备不足会使幼儿园招聘不顺，导致幼儿园师资紧张的危机。这主要是由以下几点造成的：第一，幼儿园想要招聘优秀的学前教育专业毕业生，但这些毕业生也有自己对职业的选择标准，比较看重幼儿园的发展前景、工资待遇以及自身的专业发展前途等问题，会在多家幼儿园的对比中来挑选自己心仪的工作；第二，学前教育专业的学生会受到某些幼儿园工作者对幼儿教师消极看法的影响，这导致其只片面地看到幼儿教师职业的辛苦、不易等问题；第三，幼儿园的教师招聘面临着供不应求的状态，学前教育专业对口毕业生的人数较少，且有部分学前教育专业毕业生由于职业选择不会从事幼儿教师行业，从总体上不能满足幼儿园对幼儿教师数量的需求。正是以上原因，幼儿园在招聘中困难重重，招聘不到合适的幼儿教师。

【出谋划策】

面对这种危机，除了高校对学前教育专业毕业生的引导外，幼儿园应该怎样发挥自身的优势，改善哪些条件来转变学前教育专业毕业生的就业观念呢？

首先，在众多幼儿园同时招聘中，幼儿园要有所侧重，展现出自己幼儿园独特的优势，"打铁还需自身硬"，无论是人才待遇还是园所发展前景，有独特的优势在招聘竞争中才会引人注目，吸引应聘者。其次，幼儿园已有教师也在后续人员招聘中发挥着重要作用。例如，幼儿园的某教师是往届某大学毕业生，幼儿园可以充分利用其资源，通过此教师向其学弟学妹来推广幼儿园，向学前毕业生宣传幼儿园的良好形象，加强学前教育专业毕业生对幼儿园教师的正确且充分的认知，增加幼儿园在招聘中的砝码。再次，幼儿园应注重教师的社会地位状况，每位幼儿教师都具有带薪休寒暑假的权利，其工作时长与待遇应成正比。幼儿园应完善教师待遇及激励制度，注重幼儿教师薪酬、工作时间和内容的管理，提升教师的薪酬满意度，减少教师不必要的工作，如形式性的汇报等，切实保障教师权益。最后，幼儿园应注重幼儿教师的自我实现的需求，注重为教师提供专业进修的机会，满足幼儿教师提升自我的内在诉求，让学前教育专业毕业生看到其职业发展的前途，以此增强其职业信念，吸引其加入幼儿教师队伍中。

(二)学前教育专业毕业生的职业选择引发的师资紧缺

幼儿教师不仅承担着教育教学的工作，而且要照看幼儿的日常生活、促进幼儿德智体美劳等各方面的发展、与家长沟通等，其工作内容较为繁杂。同时，他们会对自己所从事职业的社会价值和经济价值有不同追求，社会上对幼儿教师的职业地位的认识存在一些误区，如把幼儿教师看作"保姆""阿姨"等。待遇方面一般会比其他教师工资水平低，幼儿教师的编制也较为缺乏。除此之外，对幼儿教师的职业信念、对未来的期望等都会影响学前教育专业毕业生的职业选择。

【情景再现】

案例7-2-2　　　　　　　　离开，为了"更好地发展"

北京市××幼儿园师资一直处于紧缺状态，年前来了四位实习教师。过了一段时间，人事主管愁眉苦脸地来向园长汇报："园长，又有实习老师跟我说要走了。""咋回事，哪个老师要走？""张老师要走，说准备考研，想在这个月底离职。"

于是，园长找到张老师，说道："张老师，感觉怎么样？听人事主管说你想要考研。其实在幼儿园可以得到很多实际的锻炼，学习到校园里学不到的知识。研究生毕业后也是要经历这个过程的。"

张老师："园长，我还是想要考研，考研可以多学习一些知识，提升自己。""张老师，你看能不能再待两个月，我这边也抓紧时间招聘老师，现在每个班的老师都比较紧张，实在是没有老师可以转到你们班里去。"张老师同意了，可以多待一个月。之后，园长找到张老师班级的主班陈老师，向陈老师询问张老师具体的情况，陈老师说："张老师觉得每天有很长的工作时间，除了教学还有环境创设或教研的任务，最近班级事情比较多，家长也总是有各种问题。大概是理想与现实的差距，让张老师觉得幼儿教师的社会地位比较低，取得研究生学历以后可以有更多的选择，不只是可以在幼儿园工作。不仅是张老师，我了解到其他新来的实习老师也想要走，他们觉得工资有点儿低。幼儿教师不仅要照顾幼儿，还要跟家长沟通，从事幼儿教师这个行业是需要坚持的。"最终四位实习教师只留下来了一个，其余的实习教师有人选择了考研，有人选择了其他行业，因此幼儿园也不得不继续招聘教师。

（本案例为原创案例）

【分析解读】

案例中的幼儿园招聘了四位实习教师，他们在工作一段时间后，会对幼儿教师的工作内容、性质等有深入了解，也会结合自身的需求，对自己的职业与前途做出选择。从案例中可以看出，张老师在实习期间出现了工作适应问题，幼儿教师的工作不仅仅是面对幼儿，还有家长、领导，在与不同人接触的过程中也必然要采用不同的方式。从幼儿早上入园到幼儿下午离园，教师都需要在整个过程中负责教学和幼儿的安全，幼儿离园后还会有环境创设或教研的任务，工作中不可避免地与家长沟通的任务等，这对于刚走入幼儿园的张老师来说是一种挑战。同时，张老师还存在职业认同障碍，在面临种种不适应，发现自己想象的幼儿教师与现实中的情况有所差距，从而选择读研深造，希望以后在职业上可以有更多的选择。最终，实习教师觉得自身的经济价值没有得到体现，幼儿园招聘的四位实习教师先后走了三位，使幼儿教师十分紧缺，幼儿园不得不继续招聘。

【出谋划策】

针对案例中由实习教师职业选择所引发的师资紧缺的危机，幼儿园应采取以下措施。首先，幼儿园应开展有针对性的新入职教师的职后培训，加快新入职教师的角色转换。幼儿园对于新入职教师来说是一个全新的环境，新入职教师还没有完全进入幼儿教师这一社会角色，因此幼儿园要积极帮助新入职教师熟悉和适应其工作，促进其社会角色的转换。其次，幼儿园应提升幼儿教师待遇，提高教师职业幸福感。幼儿教师工作任务繁重、工作压力大，工资收入较低，提高教师的职业幸福感对留住幼儿教师显得尤为重要。最后，幼儿园可以与周围的高校加强沟通，吸引大学生入园参观、见习等，以多种形式，潜移默化地向学生渗透幼儿教师的工作状态，为日后的招聘工作奠定基础。

（三）幼儿教师职业压力引发的师资流失

幼儿教师的职业压力是幼儿教师在工作中产生的一种不愉快、消极的情绪体验，如焦虑、生气、害怕或失落等，进而影响其身心健康及日常工作的一种压力。幼儿园教师的流失主要由幼儿教师在待遇、工作状况、社会地位、健康等方面存在职业压力所导致。幼儿教师职业具有特殊性，在工作中不仅承担着照看幼儿一日生活的工作，而且有教研、与家长沟通等工作，工作内容较为烦琐。同时，幼儿教师工资普遍较低，如待遇得不到保障，会加大幼儿教师的职业压力。家长与社会对幼儿教师的态度影响着幼儿教师对职业的认同。大多数幼儿园都会安装摄像头，即便是为了在意外时刻保护教师的利益，但变相来讲这也是由外界对幼儿教师的不信任所引起的，无形中会加大幼儿教师的心理负担。

【情景再现】

案例 7-2-3　　　　　　　　老师心里的委屈

实习教师王老师进入一所新成立的幼儿园，在日常工作表现中也受到很多家长及其他教师的好评。有一天左左小朋友回到家之后对妈妈说："妈妈，王老师扎我。"由于来园时间较短，王老师与此家长的沟通较少，家长相信了孩子所说的话，气愤地找到园长，说："我跟你说一个事实，我们家孩子说老师扎他，我们家孩子是不会说谎的。这样的老师怎么能留在幼儿园呢，必须开除这个老师，赔偿我们。"园长赶紧安抚道："您别着急，老师肯定不会虐待孩子，是不是有什么误会？"家长不听园长和老师的解释，强烈要求调出监控，然而监控中并没有出现家长所说的现象，但家长还是十分坚持相信孩子的话，说那就是在监控看不到的地方扎的。园长找到王老师询问，王老师也称自己绝对不会做出这种事。

家长对自己的孩子深信不疑，还称要找律师。王老师觉得自己一定要冷静，自己没有做过的事情就是没有做过，要维护自己的清白与尊严。然而，由于家长依旧不依不饶，园长虽然很相信自己的教师，但是无奈只能让王老师离开，推荐王老师去了另一所幼儿园。王老师离开之后，在工作中再遇到难相处的家长时也变得很焦虑，也一度质疑是否要再继续做幼儿教师。

（本案例为原创案例）

【分析解读】

案例中左左和妈妈说老师扎她，妈妈对自己的孩子深信不疑，拒绝与园长和老师沟通，完全不听园长和老师解释，强烈要求查看监控。老师一再强调自己不会做出这种事，而且在监控中老师也并没有做出伤害孩子的事情，但家长仍旧不依不饶。由于王老师是新入职教师，还未与家长建立深厚的情感，因此家长对其不信任。但对于这位刚入职的王老师来讲，家长的行为会对其内心造成极大的伤害。家长的误解使王老师质疑自己的职业，家长的作为使王老师心理压力过大，幼儿园也出于无奈，不得不推荐王老师去了另一所幼儿园。幼儿园也因此丧失了一位教师，而此事件也不了了之。

【出谋划策】

通过此案件，首先，即使应了家长的要求让教师离园，为了以后避免出现同样的事情，幼儿园与教师也应及时与左左妈妈解决此次出现的问题，以实际行动来证明幼儿园与教师对孩子的爱护，提升家长对幼儿园与教师的信任度。其次，幼儿园新入职教师应注重及时与家长建立良好的关系，在日常生活中与家长积极交流幼儿在园情况。幼儿园应为新入职教师提供家园互动的机会，如校园开放日、家长管理委员会等，让家长参与到日常幼儿教育中，提升家长对新入职教师的信任度，避免产生误会，避免对教师的心理产生不良影响。最后，值得令人深思的是，教师的流失很大程度上也来源于家长对教师的不理解与不支持。对此，幼儿园除了注重家园关系之外，还要关心幼儿教师的心理健康，缓解其心理压力，避免教师因工作压力而导致师资的流失。幼儿教师的心理健康影响其日常工作，幼儿园应定期与教师沟通其工作，了解教师的心理压力状态，定期举办心理成长的讲座或培训等活动，引导教师缓解压力。

（四）幼儿教师岗位竞争引发的师资流失

幼儿园通过内部的竞争机制，可以增加园内教职工的工作积极性，激发教师的进取向上精神，给予教师展现的机会，满足其职业发展的需要。有成功入选的教师，必然就会有落选教师。如果幼儿教师对竞聘过程、结果存在不满，势必会引发幼儿教师之间的矛盾，破坏教师间的团结。幼儿园如果对此解决不当，会影响教师的工作积极性，严重的会导致教师离职。

【情景再现】

案例 7-2-4　　　　　　竞选教研组长引发的"惨案"

木木、悠悠、关关是中班组的三位班长，他们都是非常优秀的教师，木木和悠悠年龄相对较大且经验较为丰富，幼儿园决定在三位教师中选拔一位教研组长。

选拔当天三位教师对自己的工作履历以及当选后的工作思路进行了演讲，领导与其他教师进行不记名投票，投票结果显示关关竞选成功。其他两位老师认为幼儿园没有按照资历选拔，他们是因为关关人缘好并且教学园长私底下已经内定了，所以对这个结果非常不满意。在关关上任后，教研会上，木木和悠悠带着情绪，冷嘲热讽不配合，安排的工作不按时完成，敷衍了事。课题成果上报时，木木和悠悠故意拖延时间，故意出错影响整体进度。元旦班级合作演出节目时，木木和悠悠以没时间为理由，不进行统一排练，致使元旦演出的效果非常不好。由于种种事件，园长对关关老师上任后的情况有所不满，但也未做处理。最后，关关老师不想忍受这样的人际环境，向幼儿园提交辞职申请。

(本案例来源于辽宁省大连市中山区欧缇欧幼儿园，王超)

【分析解读】

案例中关关老师的离职主要是由以下两点造成的。第一，幼儿园经过竞选选拔教研组长，但因其他教师对竞争上岗的结果有意见，认为选拔不公平，处处排挤关关老师，在开展工作时木木等老师不配合，而使工作难以进行。第二，不仅仅是其他未竞选成功的教师对关关老师工作的不配合，更重要的是园长在此次事件的过程中没有发挥自己应有的领导力，对于教师之间出现的矛盾没有做出实质性的回应。这导致木木等老师对竞选结果不满，从而将自己的意见带到工作中，使矛盾不断扩大，影响了教师间的团结，致使关关老师的处境十分不利。而且园长对关关老师的工作表现出不满，使得关关老师对此也很失望，从而选择了离职。

【出谋划策】

针对此案例中由教师间的竞争所引发的师资流失的危机，幼儿园应采取以下措施。首先，幼儿园领导者要注重与教师的交流。在竞选结果出来之后，如有教师对结果存在不满等问题，园长或其主管可以就竞选结果进行公示，与未竞选成功的教师交流有关任命关关老师的原因，并分析双方的优势与不足，给予其他教师肯定，鼓励其竞选适合他们的岗位，调动教师的积极性。其次，园长作为领导者，应该注重调节教师之间的关系，充分发挥其领导者的作用。幼儿园工作的开展离不开每一位教师的努力，面对木木等老师情绪的不满以及关关老师工作中的困难，园长可以及时帮助他们化解矛盾，增强教师的团结合作，营造良好的工作环境，注重对教师工作上的支持。最后，对于各位优秀教师，幼儿园可以依据实际状况采取多种不同岗位或轮班制的方式来考察各位教师的能力，使选拔更可视化，增强关于幼儿教师任命的可信度。

二、幼儿园师资的危机管理策略

幼儿园的教师的紧缺与流失多是由幼儿教师的待遇保障体系不完善、职业认同感较低、社会或家长对其存在误解等导致的。幼儿园要想建设优秀稳定的师资队伍，应采取以下方法来预防幼儿园的师资危机。

（一）加强园校联盟，扩展人才引进途径

所谓加强园校联盟即幼儿园与高校尤其是与高校的学前教育相关专业建立起良好的关系，为幼儿园招聘优秀毕业生做准备。通过双选机制，幼儿园与学前教育专业学生加强对彼此的了解，调动幼儿园与高校之间合作的积极性。此外，幼儿园可吸引高校在园内建立实践基地，为学前相关专业学生提供见习、实习机会，将幼儿园的良好形象展示给学生。在高校学生见习、实习期间，幼儿园以师徒帮带的形式，让学生直接感受到幼儿教师日常的保教工作、各类教研活动等，拉近幼儿教师与高校学生之间的距离，增强学生对于幼儿教师职业的理性认识，提升其对幼儿教师的职业认同感。通过加强幼儿园与高校之间的联系，扩展优秀毕业生人才引进路径。

（二）完善人事管理制度，改善教师薪酬体系

科学、完善的人事管理制度是教师队伍建设的基本保障，幼儿园要建立激励薪酬制度，注重对教师的绩效考核、工休、奖励等，维护幼儿园师资队伍稳定。幼儿教师的待遇是影响教师职业选择、教师队伍稳定的重要因素。首先，无论是何种体制办园，其都应注重保护幼儿教师的经济权益，合理、科学地分配幼儿教师的工作量，合理保障幼儿教师的工资与付出成正比，坚持"同工同酬，多劳多得"的绩效工资奖励原则。其次，幼儿园可以建立幼儿教师的薪酬晋级制度，参考教师的工龄、业绩表现等发放不同等级的工资。最后，幼儿园应坚持外部公平与内部公平，在经济实力适宜范围内，尽量使本园教师与其他幼儿园教师的待遇无差，同时教师的待遇应与其职位相适宜。

(三)引导教师树立正确职业价值观,加强职业认同感建设

幼儿教师尤其是初入职的幼儿教师,幼儿园应帮助其在实际工作中加深对幼儿教师工作内容、性质等的了解,提升其对幼儿教师职业的理性认识。通过有关幼儿发展特点等专业知识的学习,幼儿教师懂得其承担着幼儿保育与教育的任务,作为幼儿成长的启蒙导师,在日常生活中的一举一动都可能会被幼儿模仿。幼儿园应帮其意识到幼儿教师这个职业的重要价值,使其体验幼儿教师应具备的责任感,增强其职业认同。幼儿园在对幼儿教师培训时可通过优秀教师的先进事迹及学前教育专家的现身说法等来感染他们,增强其对幼儿教师职业的情感。

(四)加强幼儿园环境建设,创造良好的工作和人文环境

幼儿教师队伍的稳定、工作积极性离不开幼儿园环境的建设,幼儿园的环境包括教师工作的物质环境与人文环境。首先,幼儿园可根据自身情况增设幼儿教师办公场所,为教师提供休息、学习与工作的空间。其次,幼儿园应加强对教师的人文关怀,如通过信箱、微信等多种沟通方式解答幼儿教师日常工作中的困惑,通过沟通缓解教师在日常工作中的压力,关注园内教师的需求与心理健康。再次,幼儿园可以通过团建活动,增强教师的团体意识,增强他们之间的默契,促进他们的合作。最后,幼儿园应制定合理的管理制度,使各部门、人员之间做到有章可循,明确教师的职责和行为,使教师自觉规范自身行为,避免产生不必要的摩擦,为幼儿教师营造良好的人际关系和工作氛围。

综上所述,幼儿园师资是幼儿园运转发展中的重要一环,无论是幼儿园的物质环境和人文环境,还是幼儿教师自身的职业认同感和幼儿教师之间的人际关系,它们都会影响幼儿园师资队伍的发展。幼儿园在建设师资队伍时应时刻保持危机意识,关注幼儿教师的心理健康以及保障幼儿教师的合法权益,增强幼儿园与教师之间的黏合度。

【法条链接】

2012年,《国务院关于加强教师队伍建设的意见》提及了关于教师管理制度、切实保障教师合法权益和待遇的相关内容。

2018年,中共中央、国务院《关于学前教育深化改革规范发展的若干意见》提出了有关教师待遇的问题:"各地要认真落实公办园教师工资待遇保障政策,统筹工资收入政策、经费支出渠道,确保教师工资及时足额发放、同工同酬。"

2019年中共中央、国务院印发的《中国教育现代化2035》提及了幼儿园可以作为实践基地联动培养高素质教师。

2021年教育部办公厅印发的《学前教育专业师范生教师职业能力标准(试行)》提出了学前教育专业师范生在师德践行能力、保育和教育实践能力、综合育人能力、自主发展能力四个方面的要求。

第三节　幼儿园财务的危机管理

幼儿园的财务管理是幼儿园经营发展的重要方面，办园者也深刻明白财务对幼儿园生存与发展的重要性。人们越来越重视对幼儿教育的投入与产出，认识到幼儿园的财务管理水平关系着幼儿教育资源的利用效率。幼儿园的财务面临着什么危机，如何改善这些危机，是办园者、管理者需要深思的问题。

一、幼儿园财务的常见危机

幼儿园的财务管理是见证幼儿园能否正常运转的"晴雨表"，财务管理中的各个环节都不容忽视，任何一点疏漏都有可能带来巨大的损失。任何一个环节、一个方面发生问题，都会对幼儿园的发展有所影响。

(一)幼儿园资金来源单一危机

幼儿园的发展离不开充裕的经费，不同性质幼儿园的经费来源不同，公办幼儿园的经费来源主要包括政府补贴、幼儿入园费用等。民办幼儿园的经费来源最初多以企业或主办方自筹资金，后依靠幼儿入园缴纳的各种费用。然而，幼儿园的教师工资、幼儿饮食、招生宣传、日常设施维护等方面都需要经费支出，一旦经费超出预算或遇到突发事件，幼儿园的财务将会有压力，如果仅仅依靠幼儿入园费用、政府补贴等，极易导致资金短缺，仅"节流"不"开源"难以解决实质问题。

【情景再现】

案例 7-3-1　　　　　　　　　钱"慌"

受新冠肺炎疫情影响，2020年上半年幼儿园一直处于停园状态，托费收入几近为零，而教职工工资保险等仍需正常支付，资金压力相当大。小张是一所连锁幼儿园的财务主管，刚一复园，各部门主任就纷纷找他催款、报销，让他头痛不已。

这天，分园的小秦主任一进门就笑呵呵问道："张哥，分园的招生宣传栏资金到位没，我想赶紧定做宣传栏，招生宣传很急啊。""就是园务会议通过的那个

8000元的项目吧?"小张问道。"对对。""实在抱歉,这笔钱暂时还不能支付,你先等等吧。"

好不容易劝走了小秦,小张赶紧向园领导反映了这段时间的资金问题。园领导经商议后,先后召开了园领导班子会议、教职工代表会议、工会委员会议。园长委派小张向大家公布了2020年上半年幼儿园的收支情况,看着账面上不到十万元的结余,大家都沉默不语了。园长语重心长地对大家说:"特殊时期,各部门都要严缩项目支出,做好开源节流,优先保证工资待遇和必要支出。疫情只是暂时的,只要大家同心协力,一定会战胜困难。"

(本案例来源于辽宁省沈阳市浑南区花语幼儿园,张连锁)

【分析解读】

由于突发疫情幼儿园无法开园。然而,疫情期间老师工资和幼儿园维护等依旧正常支出。幼儿园开园后,招生等各方面工作都需要审批经费,但由于园内经费紧张,因此幼儿园在经费支出上遵循"量入为出、积极稳妥"的原则,优先考虑紧急的工作。

《幼儿园工作规程》第四十六条规定:"幼儿园的经费由举办者依法筹措,保障有必备的办园资金和稳定的经费来源。"《幼儿园管理条例》第十条规定:"举办幼儿园的单位或者个人必须具有进行保育、教育以及维修或扩建、改建幼儿园的园舍与设施的经费来源。"案例中幼儿园的问题是由幼儿园的资金来源单一导致的幼儿园开园后资金紧张及各项工作开展受限。园内召开紧急会议安抚员工情绪,避免由资金问题衍生其他问题。

【出谋划策】

针对案例中幼儿园的资金来源的危机,首先,幼儿园管理者应对此召开教职工大会,稳定幼儿园的教师队伍,不能因一时的资金短缺而使幼儿园的优秀教师流失,号召教职工与幼儿园共渡难关。其次,幼儿园可以通过紧急的政府求助、贷款或以其他方式进行融资等措施缓解资金短缺的燃眉之急,在之后针对幼儿园的收入及支出制定详细、长期的规划,同时开辟新的收入来源自创自收,如联合社区、街道或其他主体创办青少年活动室等,以此拓宽幼儿园的资金来源渠道,避免受资金来源单一的限制。最后,幼儿园领导应对此问题及时进行反思,充分意识到此问题是由幼儿园的资金来源单一所引发的,但是即使资金紧张也要确保幼儿园的日常开销,避免产生其他不良后果,如招生宣传等工作依旧要开展,避免因生源的缺少引发资金匮乏的恶性循环。

(二)幼儿园经费监督不力危机

幼儿园的经费预算也是财务管理的重要一环，预算的制定要建立在幼儿园发展目标之上，切合实际。幼儿园的日常周转会对每一项支出进行预算，但如果财务人员对经费的使用缺乏监督、核算，不了解日常支出的实际情况，如食材购买过于奢侈等，都会造成幼儿园的经费浪费。

【情景再现】

案例 7-3-2　　　　　　　　预算如此之高

初到的园长对厨房采买工作进行调查后发现，厨房购买的大米、鸡蛋、蛋糕等食材为小包装或礼盒包装。为此，园长进行了大量的市场调查，发现小包装的大米(五千克一袋)跟大包装的大米(二十五千克一袋)同等品牌在质量上不差，但在价格上小包装却比大包装贵许多；礼盒装的鸡蛋，光包装费用就不少；蛋糕包装更是精致，每个包装里最多六块糕点。园长就此对厨房采购进行了整改，要求在不降低食材质量的前提下，把小包装换成大包装，把礼盒装换成普通包装并着手实施。

园长在对后勤采购人员的询问中发现，后勤人员在经费十分充足的情况下并未做出适当调整，没有在意同质量的价格对比，在食材采购时仍选择小包装。实际支出没有超出预算，财务人员也没对其进行监督考察，仅以采购单经费进行核对，没有对购买的物品进行监督、检查。此外，园长发现老师们在进行环境创设时各顾各的，班级角落里存放了很多材料，如彩带、麻绳等，占用了幼儿的活动场地，有些家长投诉班级堆放的闲置材料容易让孩子绊倒受伤等。经调查发现，每个班级每月有五百元的班级活动资金，在购买环境创设材料时，都是各班级自行购买上报，因此很多重复购买物品也由各班自行保管，而财务人员在这一过程中并未监督班级教师对经费的使用情况，无形中加大了幼儿园的成本支出。

(本案例来源于山西省人民政府机关幼儿园，赵瑛)

【分析解读】

案例中的幼儿园因为监督不力而造成经费浪费危机，主要有以下问题。第一，财务人员并未对厨房采购的实际情况进行监督、考察，在缺乏市场调查的情况下盲目审批经费，造成采购成本过高，加大了幼儿园的成本支出。第二，在预算充足的情况下，财务人员缺乏对班级教师经费使用的监督，导致各班重复购买，造成浪费，材料乱放的同时也让家长担心孩子会因此受伤。出现以上问题，实质上是由于财务人员缺乏对各部门经费使用的监督。即使幼儿园的经费充足，

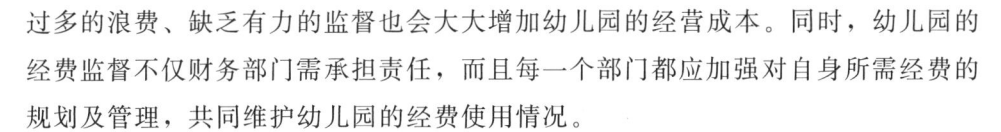

过多的浪费、缺乏有力的监督也会大大增加幼儿园的经营成本。同时，幼儿园的经费监督不仅财务部门需承担责任，而且每一个部门都应加强对自身所需经费的规划及管理，共同维护幼儿园的经费使用情况。

【出谋划策】

针对案例中经费使用不合理以及财务人员经费预算不合理的情况，首先，园长应将各个班级负责人、后勤采购人员、财务主管等相关人员召集在一起，针对出现的问题，让各方进行分析与反思，找到每个部门的问题，如后勤采购人员在采买中的浪费、财务人员的监督不力及失准等问题，及时改变经费预算不合理、浪费的问题。其次，幼儿园应注重加强园内各部门之间的沟通，园长、教师、厨师甚至是维修人员都可以为经费的预算建言献策，避免出现财务人员不知情、物品的重复购买或高价采购等状况。最后，园长可与财务人员一起制定合理的财务监督制度，整顿财务管理中的预算不合理、缺乏监督等问题，并要求加强预算审核及审批的管理，对各部门的经费进行合理规划，对其采买的物品进行市场调研、认真比对，在审批时将购买物品登记在册，完善记录，避免重复采购。

（三）幼儿园财务制度不规范危机

幼儿园应制定合理可行的规章制度和实施细则来保障幼儿园的经费收入与支出，人员之间只有协调行动、分清职责，才能够有条不紊地开展工作。财务制度是幼儿园财务管理的依据，幼儿园的制度不明会引发工作效率低、工作人员之间推脱责任等问题。

【情景再现】

案例 7-3-3　　　　　　　责任归因在谁

最近有临聘人员来到园长办公室，指责幼儿园拖欠工资，都已经好几次晚发放了，声称自己要投诉到当地劳动部门。一位员工委屈地说："本来我们临聘人员就是这个月发上一个月的工资，结果还不能按时发放，我们也要生活啊。"老师们也在私下议论纷纷，影响到了正常的教学秩序。园长见此也十分着急，找到财务科科长询问为何不及时发放工资。财务科科长反驳说，不是她的责任，是办公室主任没有把人员考勤工资核算及时上报造成的，她认为责任不在她而在办公室人员。当园长问责办公室主任的时候，办公室主任也委屈地说是各部门报送的时间太晚，无法及时整理。面对工作中出现的推诿扯皮的现象，园长对办公室和财务科工作制定了严格的制度，要求在规定时间节点发放工资。办公室要主动催促部门上报每月考勤，在工资发放日前一日必须完成全部考勤；财务科要及时进行工资核算，最晚在规定日当天必须发放。尽管园长要求两部门严格执行，但是仍然出现了工资不及时发放的情况，在与财务人员沟通后发现，教师的考勤与绩效是分部门进行核算的，不太合理。

（本案例来源于山西省人民政府机关幼儿园，贺舒宁）

【分析解读】

案例中，幼儿教师的工资多次出现不能按时发放的情况，主要是由于幼儿教师工资核算的制度制定得不合理，工资核算程序过于烦琐，影响了教师工资发放的效率。幼儿园教师工资审核流程过于烦琐，主要体现在办公室需要先进行考勤核算，然后财务部门需要再核算一次考勤与绩效。这就需要各个环节人员的衔接，无论是哪一方出现问题，都会导致工资发放的延误。工资审核制度的不适宜使各部门之间出现推诿责任的现象，破坏教职工之间的团结，并造成了人力的浪费以及教师对幼儿园的不满。工资的发放问题，使员工对幼儿园产生意见，有损幼儿园的形象，同时，会影响教师对幼儿园的信任，容易使教师质疑幼儿园的经营状态，从而影响教师的日常教学秩序。

【出谋划策】

针对案例中因财务制度不规范引发的危机，首先，园长应尽快解决此次教师工资发放延误的问题，及时监督各部门尽快报送相关材料，尽快将教师工资发放到位，避免因工资发放问题引发其他矛盾。其次，园长可以咨询办公室、财务人员的意见，及时调整教师工资核算的制度。幼儿园的财务可实行园长负责制，去除考勤由办公室负责的环节，将教师的工资发放统一交由财务部门管理，减少不必要的程序，这样也避免出现在制度落实中贯彻不到位或相互推脱的现象。最后，幼儿园应对各部门之间的职责做出明确的划分，制定出科学、规范的幼儿园财务管理制度及细则，让制度说话、按制度办事，用有效的制度规范财务并加强监督执行，形成具有较强执行力的财务团队，避免再次出现此类事件。

二、幼儿园财务的危机管理策略

如何合理使用经费是幼儿园发展的重要问题，幼儿园财务管理包括切实的预算、监督开支以及有效的开源节流等，幼儿园针对出现的财务危机，可以从以下几个角度来进行危机管理。

(一) 拓展筹资渠道，建立经费保障机制

幼儿园的资金来源影响着幼儿园的日常运转，只有积极拓展资金来源渠道，

才能促进幼儿园健康、稳定发展。幼儿园可以积极寻求政府扶持,在幼儿园幼儿的生均补贴、玩教具的经费等方面寻求政府补贴,在政府最大限度的支持下减轻自身资金支出;从长远考虑,幼儿园可对自身的经费制定长期发展规划,开辟新的资金来源渠道,如自创自收开办亲子活动中心或投资基金等活动,来增加幼儿园额外的资金收入。2019年颁布的《中华人民共和国民办教育促进法》提及民办学校依照国家有关法律、法规,可以接受公民、法人或者其他组织的捐赠;国家鼓励金融机构运用信贷手段,支持民办教育事业的发展。因此,幼儿园也可以接受社会的捐赠以及采用信贷手段。幼儿园在发展中应具备忧患意识,积极建立经费保障机制。

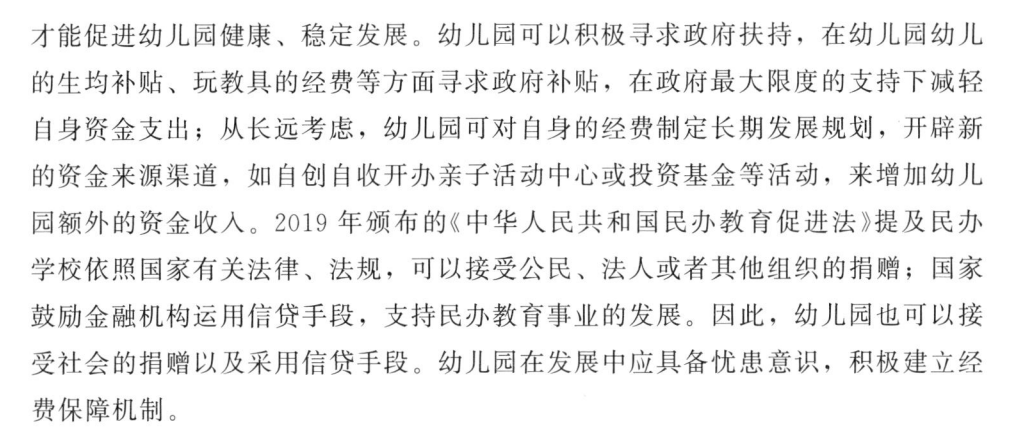

(二)加强管理,规范幼儿园经费使用

良好的财务制度是幼儿园运营管理有序进行的保障,幼儿园应加强预算管理,优化幼儿园资金的配置,最大限度地发挥经费的利用率。合理使用幼儿园的经费是每个教职工的责任,无论是哪个部门,其都应避免经费的滥用,提高幼儿园经费的使用效率。财务管理人员应对经费的预算方案依据实际情况进行适时调整,并将经费的使用情况记录在册,保障每一笔经费用得高效、有明确的去向。幼儿园管理者要加强治理、监督体系建设,对幼儿园的经费使用情况定期进行核算,随机进行抽查,及时发现问题并改正。

(三)专职专人,加强财务管理队伍建设

财务人员是幼儿园财务工作的主要承担者,财务人员队伍的素质及专业化水平直接影响着幼儿园财务工作水平、幼儿园财务管理水平和幼儿园经费利用效率。首先,幼儿园对财务人员进行选择时要层层把关,财务管理人员的分配要做到专人专职,尽可能减少工作任务的交叉,减少相互推脱责任的现象。其次,幼儿园应加强财务部门与其他部门的沟通,及时优化财务流程,助力制度的执行。最后,幼儿园要加强对财务人员的综合素质的培养,加强对相关人员财务方面的管理,提升其决策的能力,满足幼儿园财务管理的要求。

综上所述,资金筹集的困境、经费计划的不当、财务制度的不合理等问题,都会成为幼儿园发展中的危机。幼儿园财务是幼儿园发展运转的基本保障,资金收入与支出的过程需要制度的维护,幼儿园的财务管理必须有专门的财务人员和严格的、规范的财务管理制度,有明确的财务责任分工。只有对资金的使用有良好的规划,才能为幼儿园的发展奠定坚实的基础。

【法条链接】

2018年,《关于学前教育深化改革规范发展的若干意见》提及了规范发展民办园的要求,提到了民办园有关财务、会计和资产管理的内容。

2019年,《中华人民共和国民办教育促进法》第五章和第六章提及了有关民办学校在学校资产与财务管理和管理与监督方面的内容,幼儿园也同样适用。

第四节　幼儿园经营的危机管理

幼儿园发展过程中往往会出现瓶颈期,究其原因,是园所在发展中缺乏清晰的发展策略及园所的核心竞争力小。特别是现如今许多幼儿园管理者尝试新的办园途径或创立新的园所目标。但在工作中,幼儿园管理者由于各种繁杂事务,缺乏对园所的发展策略、核心竞争力等有关园所生存与发展的重大问题的深入思考。要想使幼儿园在激烈的市场竞争中求得生存与发展,幼儿园管理者应明确地知道幼儿园发展的目标是什么,采用什么样的经营手段与措施。

一、幼儿园经营与发展的常见危机

幼儿园在经营发展中,面临着同行竞争的压力,如师资竞争、生源竞争等。幼儿园要想在众多幼儿园中脱颖而出,就必须加强自身核心竞争力的建设。各种竞争要素是幼儿园求生存、谋发展所必备的,无论在哪儿出现问题都会影响幼儿园的经营。

(一)幼儿园转型方向不明危机

在普惠性政策的影响下,幼儿园要想在改革的浪潮中成功转型,就先要明确自身的定位,积极向政府寻求相关的支持,顺应市场规律并提高自身质量,成功打造自身品牌。然而在改革浪潮中,有的幼儿园举棋不定,对自身的发展道路有所迷茫,因此错失良机,被同行超越甚至因此倒闭。

【情景再现】

案例7-4-1　　　　　　　　究竟选择哪条路

随着《中华人民共和国民办教育促进法》正式颁布生效,民办教育步入了分类管理的新时代。××幼儿园属于股份制办学,规模不大、办园效益一般,但幼儿园的房产属于自建自用,目前尚可以维持现状。在新的改革浪潮中,××幼儿园摇摆不定。

选择意味着改变，新的政策意味着新的办学模式与新的管理体制，二者的变化都会影响到园所对师资的管理，甚至影响到园所的后续发展。股东之间意见不统一，他们觉得无法准确把握政策的走向。有的股东说："如果选择成为营利性幼儿园，目前收支平衡的园所无力面对税收压力，同时继续维持园所平稳运营，需要做的考量更多。"有的股东说："若选择成为非营利性幼儿园，政府会在财政、师资等方面提供有力扶持，幼儿园可以得到良性发展。"有的股东反说："那我们就不再享有分配利润的权利，只享有正常的工资待遇。"最终，股东们也没有商量出一个结果，然而随着周围小区幼儿园的改变，很多幼儿转园，使得该幼儿园因入不敷出而被迫停业。

（本案例改编自第十七届沈阳科学学术年会论文集，秦旭芳、张鑫）

【分析解读】

在此案例中，幼儿园是股份制办学，幼儿园的发展方向需要多人参与共同决定，然而在幼儿园的发展方向上大家意见不一致，没有商定出确切的结果。

随着《中华人民共和国民办教育促进法》的颁布以及国家在对学前教育普惠性的规划过程中，××幼儿园的创办者也在考虑是否将幼儿园进行普惠性转型。但是在商议中，大家各执己见：有人担心自己的利益有损失；有人觉得现在的经营状态还挺好，不想改变；也有人认为不了解国家的政策，怕自身利益受到损失。由于大家的意见不一致，因此针对幼儿园转型的问题也就被搁置。我们可以看出幼儿园的股东中有人对幼儿园的发展转型有所思量，但是最后在犹豫中错失了转型的最佳时机。此幼儿园最终因生源流失而被迫闭园。

【出谋划策】

此案例中幼儿园的发展落寞为一些在转型方向上举棋不定的幼儿园提供了参考。首先，针对幼儿园是否想要转型的问题，幼儿园各位负责人应读懂国家政策趋势，如果幼儿园想做出改变可以先拟定路线规划，确定自己是想成为普惠性幼儿园还是想成为营利性幼儿园。幼儿园的发展方向是方向盘，决定着幼儿园未来的道路。各个负责人应尽快协商出统一意见，最终确定幼儿园的未来发展方向。其次，幼儿园在明确自身发展方向后，应找准自身的市场地位，如果想继续做营利性幼儿园，那么如何增强自身的竞争力，在幼儿园设施、师资、生源招聘等方面仍有不足的应及时完善、整顿；如果确定转型，则需要与政府沟通，在政府的扶持下尽快转变办园方式，调整发展战略。最后，无论是哪种选择，幼儿园都要懂得加强自身优势，提升服务质量，保障幼儿园的生存发展，尽量减少周围竞争对手对园所的冲击。

(二)幼儿园激励制度不完善危机

教师是幼儿园经营与发展过程中的关键点,教师队伍的稳定离不开教师待遇保障的建设。幼儿园对教师的激励制度有利于留住优秀师资,为幼儿园的发展打造知名且稳定的教师团队。

【情景再现】

案例 7-4-2　　　　　　　　工资应该怎么发

某幼儿园在开园时,教师工资结构中不包含绩效工资,且其工资构成也与幼儿园的实际不太符合。在幼儿园的发展过程中,教师对工资结构的不满引发了教职工在工作上推脱,不配合幼儿园组织的亲子会,对班级幼儿的出勤率与日常状态不关心等问题,家长也纷纷向园长反映有些教师不关注孩子的情况。幼儿园针对此问题对工资结构进行了一次调整,按照幼儿园实际情况将工资结构分为基本工资、职位工资、学历、园龄、职称、绩效等多个部分。最开始,工资结构调整对教师们有了一定的激励作用,但是后来又出现了新的问题,教师们认为园龄、职称、学历等都是固定结构,不存在变化性。

如何激发教师工作的自主性,让工资结构与每日的教育教学工作紧密结合成为调整工资结构首先要解决的问题。经过思考,幼儿园把工资结构重点放在了幼儿出勤、考核奖以及专项奖惩三个与教师工作息息相关的方面。幼儿园管理者与教师都觉得这个工资结构是合理的,问题是如何科学地分配每一项以及每一项的细化指标怎么定,大家都没有头绪,所以迟迟没有定下来,教师的积极性也没能很好地被激发,工资结构调整成为目前在教师队伍管理中首先需要解决的问题。

(本案例来源于辽宁省大连市中山区欧缇欧幼儿园,王超)

【分析解读】

案例中,幼儿园因激励制度不完善而导致教师的工作懈怠、积极性较差的危机发生。首先,幼儿园的工资结构不符合实际需求引发教师的不满,导致教师工作不积极,不利于幼儿园教育教学工作的开展,也影响着教师对幼儿园的认同感与归属感。其次,幼儿园在工资结构改善的过程中欠缺考虑,过多固定性因素的考量标准缺乏对教师的激励,难以调动教师的积极性。工资结构问题长时间未得到解决,极易影响幼儿园教师队伍的稳定性。最后,从长远发展来看,幼儿园对教师工资结构的制定迟迟不落实,会导致教师的消极怠工,长此以往会影响幼儿园的长久发展。

【出谋划策】

针对案例中由幼儿园的激励制度不完善所引发的危机,幼儿园虽然一直在改进的过程中,但是效果并不明显,幼儿教师工资结构仍然是阻碍教师积极工作的重大难题。对此,首先,幼儿园应尽快落实有关幼儿教师的工资结构的细化准则,合理制定教师的薪酬管理细则。例如,允许刚开的班级前几个月不将幼儿的出勤状况与教师绩效挂钩;每月或每季度对教师工作情况进行评价,依据其获奖级次给予不同的奖励。其次,保障教师的经济利益,使教师实现同工同酬,注重完善教师的奖金、补贴、福利等,以激励为导向,通过动态工资和奖金等设计来调动教师的积极性。例如,教师代表幼儿园参加比赛,幼儿园可给予其适当奖励;教师承担校内、市区公开课等,幼儿园可依据不同等级给予其奖励。最后,尽管幼儿园在一定程度上存在制度不合理问题,但是对于教师易出现消极性情绪的问题,幼儿园领导应注重对教师的管理以及幼儿园的组织氛围建设,并加强民主、教师参与的管理制度建设,加强幼儿园与教师之间的黏合度,提升和调动起幼儿教师对幼儿园的信任度和工作积极性。

(三)幼儿园口碑建设危机

幼儿园的口碑是长期积累下来的,幼儿园通过优质的教育、周到的服务,树立良好的形象,得到家长和社会的认可。幼儿园的师资、教育教学质量等各个方面都在公众的监督下,在口碑形象的建设过程中,每一点都极其重要。幼儿园要谨记"千里之堤,溃于蚁穴",如果存在虚假宣传、幼儿安全等问题,将会影响家长对幼儿园的印象,影响幼儿园良好口碑的建立。

【情景再现】

案例 7-4-3   真真假假

一位中班家长反映:在看园期间,幼儿园的招生人员说他们幼儿园的特色是小班教学,一个班20名幼儿,有独立的卧室。家长当时对比其他幼儿园,发现此幼儿园的硬件确实是比其他幼儿园有优势,教室宽敞明亮,卫生间不拥挤,孩子的活动空间也十分宽敞。但是在入园后,家长发现中班有24名幼儿,便马上询问老师,幼儿的教室与卧室是否共用一间。对此几位家长找到园长,质问幼儿园为什么不是承诺的20个人的小班教学。园长说:"是小班20人,中班25人。"在与园长的交谈中,家长了解到园长并不清楚招生负责人是如何向家长描述的,招生人员没有经过专业培训,对幼儿园的了解不全面。园长也请家长们放心,幼儿园教室与卧室的共用实际上是为了增加幼儿活动的区域。

已经开学，对幼儿来讲，换幼儿园不利于他们的交往等。但还是有几位家长气愤地为幼儿办理退学手续，随着时间的推移，家长也意识到班级老师对幼儿很负责，虽不会再对教师不满，但由于此事仍会对幼儿园心存芥蒂。

（本案例为原创案例）

【分析解读】

案例中的招生人员在宣传时无意或有意地隐瞒，向家长传达了与幼儿园实际情况不符的信息，致使家长在入园后发现问题，对幼儿园的印象下降，使幼儿园的口碑受损。其主要原因有以下两点。第一，幼儿园的招生人员没有接受过相关培训，不了解幼儿园的实际情况，在与家长沟通时，极易向家长传达错误的信息，使得幼儿园的形象受损，影响到幼儿园的口碑建设。第二，园长与招生人员之间缺乏沟通，导致园长对招生人员的工作不了解，使园长面对家长时，即使向家长解释后，家长也会对幼儿园产生怀疑，引发了幼儿园的生源流失。同时，使得教师在与家长沟通中，极易引起家长对教师工作的不信任，不利于教师工作的开展。家长对幼儿园的看法、态度影响着教师的工作，影响着幼儿园在家长心目中的形象，影响着幼儿园的口碑建立。

【出谋划策】

针对案例中的问题，首先，幼儿园应及时安抚家长情绪，向家长解释实际情况，说明幼儿教室与卧室共用一室不会影响幼儿的休息，同时可以扩大幼儿的活动空间，向家长解释幼儿园的做法是基于对幼儿活动空间的考虑，消除家长的顾虑。其次，幼儿园应对此次事件进行反思，完善幼儿园对于员工的培训与管理，要求每位教职工在招生或是与家长进行沟通的过程中，一定要为家长提供准确的信息。因为工作中的每一个细节都可能会影响幼儿园的口碑与形象。最后，幼儿园在招生过程中，可以加强教师与招生人员的合作，教师可以帮助招生人员向家长细致讲解幼儿园及班级的情况。幼儿园的良好口碑与形象要经过家长的认可、经过幼儿园每一位员工的维护、依靠良好的管理制度保障等。幼儿园要妥善管理各种事务，以精益的管理赢得家长的认同。幼儿园的口碑与形象是在日常工作慢慢积累起来的，任何一件小事都可能成为影响幼儿园口碑与形象建设的关键。

二、幼儿园经营的危机管理策略

通过以上内容，我们可以看出幼儿园在经营中的各个环节都有可能出现问题，这就要求幼儿园应采取措施解决这些问题，来维护幼儿园的正常经营。

（一）目标经营，制定科学发展规划

幼儿园的良性发展是可持续性的发展，幼儿园应本着"一切为了孩子""为了

孩子一切""为了一切孩子"的宗旨，站在幼儿角度，站在家长角度，把握目标经营的时与度。从某种意义上讲，家长、社会的需求是幼儿园发展的方向所在，越来越多的家长注重幼儿学习品质、创造性、思维等内在潜力的发展，幼儿园应了解家长的需求，在促进幼儿发展的同时满足家长的期待。随着国家对学前教育事业的重视，根据《幼儿园管理条例》《幼儿园工作规程》《幼儿园教育指导纲要（试行）》等文件，幼儿园应明确发展目标，将幼儿园建设成教育思想较先进、师资结构合理、保教质量高、管理科学规范、幼儿全面发展等的优质幼儿园，兼顾国家的号召与自身发展，制定科学可行的三年、五年及长期规划，向发展成为优质幼儿园的目标努力。幼儿园在规划制定过程中邀请家长、教职工、专家等就应改进的地方提出意见和建议，并在实施过程中接受政府部门、家长及教职工等的监督，在发展过程中依据现实状况适时调整计划。

（二）人才经营，打造高质量教师队伍

马斯洛的需求层次理论表明，人在生理、安全、爱与归属的需求满足后，逐渐追求尊重、自我实现的需要。因此，首先，在满足教师基本的物质需求后，幼儿园在发展的过程中要注重人才的经营，注重"以人为本"，注重加强教师队伍素质、专业能力的建设，打造高质量教师队伍。幼儿园可以为教师提供多元化分层培训计划。例如，新入职教师的适应培训、老教师的知识技能更新培训等；又如，开展不同教学活动的培训，依据不同教师的特点，提供多样化的培训，挖掘教师的内在潜力。其次，幼儿园要注重以人为本，尊重教师的主体地位，依据教师的不同优势，如有的教师擅长教研、有的教师擅长艺术，给予其不同的岗位安排，加强教师间的优势互补，增强团结协作能力。再次，幼儿园要注重为教师提供良好的物质条件，合理分配教师工作量，将教师的工作量与工作报酬挂钩，建立激励机制，为幼儿教师解决经济上的后顾之忧。最后，幼儿园还要注重幼儿教师的心理健康，注重加强教师间的交流，使其相互分享经验并进行思想碰撞等。通过一系列有利于提升幼儿教师专业能力、教师间合作的措施打造高质量的教师队伍，为幼儿园的经营发展提升竞争力。

（三）品牌经营，创造独特品牌价值

幼儿园品牌的经营包括园所文化、园所环境、幼儿园课程、家园共育等多方面的内容。对一个幼儿园来说，其找到适合、有效的方式打造属于自己幼儿园的特色，才能赢得家长的认可。信息化时代的发展，国内外幼儿教育事业的飞速发展，瑞吉欧教学、新西兰学习故事等形式不断在幼儿园中盛行。幼儿园应拥有适合于自己的独特教学方法，例如，某幼儿园经过长期探索打造园本"田园课程"，

通过田园劳作、田园探究、田园故事、田园艺创等形式，将健康、社会、语言、科学和艺术等领域内容有机融合，打造幼儿园独特的课程品牌。① 幼儿园的文化管理包括制度文化、环境文化等，建设人性化的管理制度、创设平等和谐的人际环境，根据当地的环境为幼儿园提供实用、环保的材料，如安吉幼儿园利用多种原生态材料为幼儿提供游戏器具。幼儿园在经营过程中任何一方面的独特发展都有可能成为幼儿园品牌建设的亮点。

综上所述，幼儿园在经营过程中，明确的发展方向、完善的管理制度、良好的口碑与形象等都是其健康发展的重要方面。在激烈的市场竞争中，幼儿园的经营与发展总会遇到各种突发问题，遇到发展的瓶颈期，管理者应从策略、战略的高度审视幼儿园的工作。幼儿园的发展离不开自身的努力、家长的支持、团队的合作，以"幼儿赢、家长赢、团队赢"的标准来建设幼儿园的每一项工作，增强幼儿园的危机感和竞争意识。

【拓展阅读】

[1]陶金玲.民办幼儿园管理概论[M].天津：天津教育出版社，2010：99-118.（该书谈及幼儿园在资金管理、幼儿园收费、教职工的薪酬福利等方面的知识，以期为幼儿园涉及的资金方面的管理提供优化思路。）

[2]张燕.幼儿园管理[M].北京：北京师范大学出版社，1997：184-196，210-248.（该书阐述了关于幼儿园教师队伍建设过程选聘、管理培训等的做法与措施，为幼儿园高质量教师队伍的建设提供了参考。）

[3]邢利娅.幼儿园管理[M].北京：高等教育出版社，2010：184-204.（该书介绍了幼儿园的综合经营，如经营理念、目标、模式等，有助于幼儿园省视自身的经营发展状况。）

[4]冯子桐.基于核心竞争力的S幼儿园战略管理研究[D].武汉：华中师范大学，2020.（该论文从S幼儿园实际情况出发，结合幼儿园核心竞争力要素，通过波特五力模型、SWOT分析法等对S幼儿园的内外部竞争环境进行分析，对园所战略管理进行研究，旨在为其他园所的发展带来思考。）

【想一想，做一做】

1.分析你所在的幼儿园或班级在遇到生源危机时是怎样解决的。

2.你所在的幼儿园在教师管理中会遇到哪些问题，幼儿园是否有可行的管理制度？

---

① 高丙成：《幼儿园品牌评价的标准、方法及目的》，载《幼儿教育（教育科学）》，2015(9)。

第八章　幼儿园的生存指南
——幼儿园公共关系的危机管理

【导入案例】

早晨,轩妈送孩子来园,因为越过了幼儿园的接送等待线,所以保安用指挥棒指着她,让她退后。轩妈感觉自己在这么多家长面前很没有面子,被欺负了。她和保安在园所门口争执了许久之后,打了园长办公室电话,状告保安,并要求如果园所没有给出满意的回复,就要投诉幼儿园。园长安排负责家长工作的郭老师接待了她。轩妈来到家长接待室,非常气愤地对郭老师说:"他用棍子(指挥棒)指我!太欺负人了!""是的,我看到您的确很委屈,我非常理解您的心情。"郭老师的回应反而让她平静了许多。郭老师说:"我想我们需要弄清两个概念,一个是冒犯,另一个是欺负。"郭老师接着说:"冒犯是对方并无恶意,但是言行不当,让您感觉到没有被尊重;欺负对方是带着恶意且故意为之的伤害行为。现在您可以回想一下,您觉得当时是被冒犯了,还是被欺负了?"

郭老师的话让轩妈开始思考,过了一会儿,她肯定地说:"应该是被冒犯了。现在回想起来,是我没有遵守规则,越过了接送等待线。只不过当时他用棍子指着我,让我觉得很尴尬,一下子就愤怒了。"

接着郭老师又对轩妈说:"在冲突中,我们需要表达自己的感受,表达感受的效果往往比表达情绪的效果要好很多。以后再遇到这样的问题,您可以试着表达您的感受,比如,你用指挥棒这样指我,我觉得很尴尬。"

约谈结束后,轩妈向郭老师表达了感谢,说以后再遇到类似的问题,知道怎么处理了。今天收获很大,心情也好了很多。

(本案例来源于沧州市第二幼儿园,毛国芬)

当前,尽管幼儿园很重视家园工作,但是还有些不太讲理或者比较强势的家长不理解幼儿园及教师,甚至无理取闹,引发幼儿园公共关系危机。幼儿园要想健康、持续地发展,就必须重视与家长公众、社区公众、同行公众、政府公众与媒体公众等各种内部、外部公众建立良好的关系,有意识地采取措施去化解内外部危机，改善和维持自己的公共关系状态。因此，幼儿园要进行公共关系的危机管理，针对幼儿园自身情况和外部环境，预测可能发生的危机，并探寻危机产生的原因，制定针对性措施，将危机消灭在萌芽中。

第一节　幼儿园与家庭关系的危机管理

幼儿园与家庭的关系是幼儿园公共关系管理的核心，园所不仅要把家庭当作幼儿园的服务对象和教育合作者，而且要把家庭当作幼儿园公共关系的首要对象。幼儿园和家庭建立良好的合作关系是幼儿健康发展的重要条件，但在实践中经常出现家园纠纷，家园矛盾随之产生，从而引发危机。因此，在幼儿园公共关系的危机管理中，幼儿园不能忽视与家庭的关系，要密切家园关系，预防危机的发生，做好危机管理工作。

一、幼儿园与家庭关系的常见危机

家园危机是幼儿园家园工作中产生的一些危险、困难和对立的现象。管理学中为了应对突发的危机事件，抗拒突发的灾难事变，尽量使损害降至最低点，事先建立起防范、处理体系，制定对应的措施，提出危机管理。家园危机属于幼儿园危机管理的一部分，具有突发性、隐藏性、不可预测性、潜伏性、紧急性、威胁性等特点，它不仅扰乱幼儿园正常的管理秩序，而且会影响到幼儿园教育教学活动开展的成效。因此，幼儿园建立正确的危机防范、处理体系，制定对应的措施，能有效地将家园工作问题最小化，为幼儿园健康发展奠定良好的基础。幼儿园与家庭关系的常见危机包括以下几个方面。

(一)理念危机

理念危机即家园之间因教育理念不一而产生的矛盾与危机。其突出表现在两个方面。一是家长对孩子溺爱、过度保护，当发生问题时迁怒于幼儿园，而不反思自身问题。例如，幼儿园实行幼儿自主进餐，家长认为幼儿园是为了节约成本，孩子自主进餐会吃不饱；幼儿园开展生活教育，家长认为教师偷懒，不愿意帮孩子更换衣物等。此外，有的家庭有隔代教育的情况，孩子的祖辈与幼儿园的教养理念不一致，祖辈对于孩子的过度保护会影响孩子的健康发展。二是家长对幼儿阶段的学习与发展缺乏基本的认识，造成对幼儿的要求过高。例如，家长不理解幼儿园开展的游戏，认为孩子学习知识才是重要的，幼儿园里只是带着孩子玩，什么都没有教给孩子；家长只重视孩子的智力发展，对于孩子的行为习惯、性格品德方面的关注是缺失的。

【情景再现】

案例 8-1-1　　　　　　　　你今天学了什么

每次放学之后，家长们来接孩子回家，我听到的较多的话就是："你今天学了什么？""今天幼儿园教了什么？""今天有没有学习新东西呀？"但孩子往往不知道今天学习了什么，收获了什么，回答爸爸妈妈的只是："今天我玩得很开心。"家长们很疑惑，在幼儿园一天什么都没有学吗？难道只是玩，教师什么也不教吗？一次，一位家长找我聊天，表达了她的诉求："我们轩轩上大班了，我希望他能多学一些英语、数学等方面的知识，我们邻居的孩子也在大班，人家算数学得很好，英语也会说一些。我觉得你们可以给孩子们讲讲这些方面的知识。"面对家长的要求，我不知我的解释是否合理。过了几天，陆陆续续有几位家长也向我提出了这样的要求，并且家长集体向园长投诉：大班应该教孩子们英语、数学、写字等，并威胁园方如果不教，他们就集体退园。

（本案例为原创案例）

【分析解读】

本案例的危机来源于家长与幼儿园的教育理念不同。家长不满幼儿园的教育方式，威胁园方，请求园方教授大班孩子英语、数学等方面的知识，家长在对幼儿教育的目的上与幼儿园存在不同的理解。有些家长认为孩子到了幼儿园，教师应该多教一些知识与技能，比如认字、算术等，不能只带着孩子"玩"，他们认为幼儿园大班就得学习知识，而且他们也会担心幼小衔接问题，所以，当孩子回家后，家长便会问孩子在幼儿园学到了什么，孩子答不上来，家长就不满意。而园方认为幼儿园教育的主要目的是让孩子适应集体生活，培养团体观念以及独立生活的能力，这个时期，孩子主要是在玩中体验，毕竟孩子还小，心智发育不完全，没有耐心，等到了一年级，会系统地开始学习知识，孩子过早学了，到时候必然会厌烦。案例表明家长总希望孩子在幼儿园能够学习到很多东西。其实，这是家长对幼儿园教育的误解，幼儿教育作为终身教育的初始阶段，具有人生奠基的作用，家长却理解为这一阶段是学习知识的重要阶段，其实存在很大的偏差。

【出谋划策】

针对本案例的情况，幼儿园一方面可以向家长宣传幼儿"小学化"教育的危害，让家长知道，过早地给孩子灌输知识，不利于孩子的成长，并给家长发放

《3—6岁儿童学习与发展指南》，介绍文件精神；另一方面可以向家长介绍幼儿园开展各种游戏的目的、要求及孩子从中获得的发展，请家长现场观摩孩子们进行的游戏，为家长解读游戏的价值，让家长亲身体会游戏对孩子身心健康发展的作用，让家长看到幼儿园"在游戏中学习、在快乐中成长"寓教于乐的教学理念。最后，园长和教师应树立科学育儿观念，将以幼儿为本，尊重幼儿的学习兴趣和需求，以游戏为基本活动，合理组织和安排幼儿一日生活，促进幼儿把在活动中亲身体验、直接感知的观念传递给家长。

（二）信任危机

信任危机即家长对幼儿园及教师抱有怀疑态度，主要体现在三个方面。一是对教师师德不信任，例如，当幼儿出现不明损伤时，家长会与虐童联系在一起，认为是教师所为。二是对幼儿园管理不信任，当幼儿园管理层提出与家长需求相违背的要求时，家长对其不信任等。三是对幼儿园教育质量不信任，质疑幼儿园所选择的课程和材料。

【情景再现】

案例 8-1-2　　　　　　　　并班风波

为了园所各班级的人数分布较平均，幼儿园决定对五个大班进行合并。如果全部打散再重新组合，牵涉的孩子会很多，容易引发家长的不满，考虑到大一班班主任要休产假，而搭班的新教师刚参加工作不到一年，也不能胜任班主任一职，因此，幼儿园综合考虑决定拆分大一班。为此，幼儿园组织大一班的全体家长召开了并班家长会，会上园长对并班原因进行了详细的说明。话说到一半时，突然其中一位女家长情绪激动地打断了园长的话，并质问两点：一点是幼儿园关于并班不是在跟家长商量，而是通知他们；另外一点是园长一直在说，根本不给家长说话的机会。针对家长的质疑，园长给予了认真的答复。但因为这个家长带了头，接下来的会场局面控制不住了，家长们开始你一言我一语地指出幼儿园并班的举措是错误的，担心并班后孩子不适应，不应该只拆分大一班，应全部打散了再并。之后，大一班微信群里也有吐槽谩骂的声音，事态的发展越来越严重，最终并班同意书没有一个家长签字。

园长在第一时间把这件事汇报给了集团总园长，总园长与个别情绪激动的家长进行交流，安抚家长的情绪，同时还约了个别言语粗鲁的家长来园面谈。经过面谈后，家长的情绪有所控制，对并班事情也能理解了，还为骂人行为当面道了歉，也表态会服从幼儿园的并班举措。最终，家长打消了顾虑，愉快地在并班同意书上签了字，这件事情得到了圆满解决。

［本案例改编自秦明如的《有效沟通化解家园信任危机刍论》，载《成才之路》，2018(6)］

【分析解读】

本案例的危机来源于家长对园所的不信任。家长认为园所没有提前征求他们的意见，而且直接通知他们要合并班级，加上家长和园长缺乏有效沟通，不信任园所，从而引发危机。从开始的沟通不畅到后来的圆满解决，从家长不信任园所到信任，这充分说明了家园之间有效沟通的重要性，可以说人际矛盾产生的原因，大多数归于不信任。本案例在幼儿园决定进行并班举措时，因与家长沟通时没有进行换位思考，不能站在家长的角度考虑孩子适应的问题而引起了家长的不满。家长不信任园所，将事情闹大，庆幸的是园长理智对待，细致做工作，使家长消除了误会，而且更增强了对园所的信任。

【出谋划策】

针对本案例的情况，首先，园长或教师应倾听家长的心声，反思自身工作是否出现了问题，或是在班级教育教学工作中有哪些地方让家长感到不满，并倾听家长诉说困惑或者提出要求。如果与家长采用的是书面交流的方式，则需要用文字提示家长有什么问题欢迎提出来，尽可能给家长创设一个轻松、信任的交流氛围，这样才能得到家长最真实的想法和意见。其次，园长和教师在幼儿园管理和教学的过程中，有很多工作需要家长配合完成，如亲子活动的开展、新生招生等，遇到家长误解园方的工作时，要向家长解释。因为不向家长说明、解释，家长就无法理解园方这样做的意图，总是站在自己的角度或者按照自己的理解方式去看待事情，由此还会出现更深的误会。最后，园长或教师和家长展开真诚的对话，就事论理，对家长也要"因材施教"，以一切为孩子发展考虑为切入口，再进行推心置腹的交谈，把家园合作的技巧通过对话传授给家长。这样的真诚交流能打动家长，赢得家长的信任。

(三) 盲从危机

盲从危机，即家长组成小团体，互相关联、互相影响，在事件发生时容易产生盲从心理，由小部分带动大部分人埋怨、责怪幼儿园，导致家园关系处于紧张状态。例如，在不清楚事情来龙去脉的情况下，家长盲目跟随家长团体中的部分人员集体上访或抗议。盲从危机基本是群体危机事件，对幼儿园的名誉及社会舆论氛围都有不良影响。

【情景再现】

案例 8-1-3　　　　　　　　我们要更换教师

　　晨间活动结束后，婷婷家长就来办公室找我，说要请我出去坐一会儿，还有一些家长都在那里等我，希望与我沟通。当到达时，我见到五位家长在那里等着。家长们向我反映孩子班级的教师没有责任心，不热爱孩子，态度很凶，孩子不愿意上幼儿园。但这和我所了解的这位教师的情况有所出入。家长们一致要求我更换这位教师。我语气缓和但很坚定地说："对于今天给你们造成的困扰我向你们检讨，你们反映的问题说明我们在管理上也有问题，我们一定改正。但关于换教师问题我不能答应你们，请你们理解我。因为你们反映的情况和我对这位教师的了解有很大出入，我会回去了解清楚具体是什么原因。我承诺，你们反映的问题我们一定会很快解决，一个月后，我们再交流。"

　　第二天下午，市教育局和区教育局局长都收到了家长告教师的信件。市、区教育局领导分别打电话了解了此事。我向领导表达了观点，我认为，处理此事件不能简单化，不能只考虑家长的需求，也应兼顾家长、教师、幼儿园各方的正当权益。事后，我们和这位教师进行了谈话，才知道最近这位教师工作压力比较大，并且她不善于与人交流，使得家长对其产生误会，随后，我们和这几位家长分别沟通，发现有的家长只是受到了其他家长的影响，对这位教师没有恶意。园方通过与家长和教师交流，最终，教师改变了之前与家长交流的方式，家长也不再要求园方更换这位教师，事情得到顺利解决。

（本案例改编自吴邵萍主编的《幼儿园管理与实践》，江苏教育出版社）

【分析解读】

　　本案例的危机由家长不满教师，向园长及市、区教育局领导投诉，要求更换教师导致。由于这位教师近期的压力比较大，情绪有些波动，而且该教师不善于与家长沟通，可能与家长产生了一些误会。因此家长才会投诉该教师，对其不信任。该园长认为家长的表述与自己了解的情况有些出入，因此，园长没有一味地满足家长的所有需求，也没有把问题简单化，而是先了解情况，想要知道是什么原因造成家长有这些观点的。如果确实如家长所说，又是什么原因使得这位教师与园长之前了解的不一样。该园长的处理方法非常值得借鉴，从家长的角度来说，该园长先了解情况，承诺会给家长一个交代；从教师的角度来说，该园长解决问题的方式体现出对这位教师的尊重、负责与信任；从园所的角度来说，该园长认为即使这位教师有问题，也是园所管理疏忽所致的。

【出谋划策】

针对本案例的具体情况，首先，园长应采取稳定教师情绪的策略，先不要告诉教师所有的实情，切忌简单化地一味责怪教师，增加教师的心理负担，要以平和的心态，向教师讲清问题，让教师感受到园所与她共同面对与解决问题。其次，园领导轮流全天进班诊断并解决问题，观察该教师与家长的互动方式、语言、行为、体态等，并且每天在班级也会让家长感受到园方非常重视他们的反映，及时解决问题，对他们的承诺也实实在在地落实。园长与部分家长沟通，全面了解家长对教师的看法，发挥教师的优势，树立教师的威信，向家长说明换教师带来的不利影响，向家长解释孩子不愿意上幼儿园这一问题很复杂，要深入分析。园长帮助教师分批分层地做好家长工作，避免其他家长不明真相抱成团，造成负面影响。再次，园长应让家长亲身感受实际情况，做出正确判断，避免家长道听途说或按照自己的思维分析问题，进行错误归因。最后，园长应遵守诺言主动与投诉的家长深度交流，表明此事件对自己有哪些启示，接下来园所该如何做，重新取得家长的信任。

【法条链接】

《幼儿园工作规程》第五十二条明确规定："幼儿园应当主动与幼儿家庭沟通合作，为家长提供科学育儿宣传指导，帮助家长创设良好的家庭教育环境，共同担负教育幼儿的任务。"

《幼儿园工作规程》第五十三条明确规定："幼儿园应当建立幼儿园与家长联系的制度。幼儿园可采取多种形式，指导家长正确了解幼儿园保育和教育的内容、方法，定期召开家长会议，并接待家长的来访和咨询。"

二、幼儿园与家庭关系的危机管理策略

幼儿园与家庭和谐的公共关系不仅是幼儿园健康成长的重要条件之一，而且是幼儿园形象传播、信息沟通的重要条件之一。因此，幼儿园应针对与家庭关系的常见危机，进行危机管理，从而化解家园危机，实现家园共育。

(一)完善教师培训，提升危机意识

幼儿教师作为专业的教育人员，应在家园共育过程中提升合作意识，提高自己的专业能力，有效预防与避免家园危机的产生。幼儿教师应规范自己的行为，协调与家长的家园理念差异和角色差异。因此，幼儿园管理人员要重视对幼儿教师进行家园危机的培训，力图在家园矛盾的潜伏期发现危机。幼儿园可以邀请优秀的幼儿教育专家、学者、律师等专业人员来园举行讲座，从专业角度以及法律

角度提升幼儿教师关于家园共育的专业能力。幼儿园还可以建立家园危机案例集，收集由不同原因产生的家园危机案例进行研讨，深刻剖析危机产生的原因以及解决策略，将危机意识灌输至每个幼儿教师的脑海中，尽最大努力避免家园危机的产生及扩大。

(二)及时沟通协调，合力化解危机

幼儿园与家庭产生危机往往会造成严重的后果，在家长与幼儿教师之间容易产生信任危机，在家长与幼儿园之间容易产生负面影响，甚至会影响到整个幼儿园的运营。家园危机产生的原因可能是幼儿园的过错、幼儿教师的过错或家长的过错。面对种种不同的家园危机的起因，幼儿园一定要及时了解相关情况，发挥专业机构的专业能力，与家长协调沟通。在危机爆发时，要迅速成立领导小组，幼儿园及教育行政部门等相关机构要形成合力化解矛盾，与家长沟通协调时，要注意沟通的内容、沟通的方式以及沟通的时机与效率。负责沟通的幼儿教师应秉持真诚的沟通态度，详细了解事件的情况以及家长的需求等信息，面对不同类型的家长，可以采用不同的沟通方式。同时，沟通人员要注意把握沟通的时机，以免让家长对幼儿教师留下"不作为"的印象。

(三)重视危机公关，专人监控舆论

在新媒体环境下，社会公众可以随时随地地接收信息、发表观点。家园危机产生时，部分不理智的相关人员为了引起公众的关注，可能会将不实的消息上传至网络，这会对幼儿园的声誉以及正常运营产生不良影响。幼儿园在处理家园矛盾时，一定要重视危机公关，维护幼儿园的正常运营。首先，要充分利用新媒体，及时公布处理信息。幼儿园应该充分认识到新媒体的特点，利用其快捷性、广泛性的特点第一时间公布信息，赢得相关人员及其他人员的信任，切忌为了维护自己的声誉封锁消息或编造虚假的信息。其次，要有专人负责监控线上线下的舆论环境，如果不能及时监控到舆论环境的变化，就可能耽误处理家园危机最好的时机。负责监控的人员要具有一定的专业能力，及时识别舆情信息。最后，在必要的情况下，运用法律维护自身的合法权益，当幼儿园或幼儿教师受到名誉上的伤害或是人身伤害时，幼儿园有必要采取法律的手段。

(四)积极反馈信息，重塑家园关系

幼儿园与家庭之间产生危机可能会暴露出幼儿园管理工作存在的些许问题，在危机发生之后，幼儿园应组织园内人员积极反馈信息，尽最大努力恢复秩序，重新构建和谐的家园关系。首先，幼儿园要积极关注幼儿教师的心理状态。家园

之间产生危机不仅可能造成家园关系的破裂，而且可能造成幼儿教师焦虑等问题。幼儿园如果不能公正地解决家园危机，会对幼儿教师造成极大的伤害，导致教师人才流失。所以，幼儿园在家园危机发生后应及时关注幼儿教师的心理状态，给予辅导与疏通。其次，幼儿园要对整个危机事件的处理过程进行反思与评价。在家园危机发生之后的一个阶段，从表面上来看危机已被解决，但实际上还没有完全解决。幼儿园相关人员要回顾整个家园危机发生与发展过程中人员采取的措施是否得当，要努力寻求最优的解决办法。最后，幼儿园要针对问题及时修订家园危机的管理预案，改进管理工作。幼儿园与家庭之间产生危机受社会背景以及个人背景的影响，成因十分复杂，所以幼儿园管理人员要根据实际情况来判断是否需要修订预案，并部署接下来一段时期内的恢复工作。

综上所述，幼儿园与家庭关系的危机管理是家园共育的重要途径，也是幼儿园管理工作的重要内容，幼儿园与家庭的良好合作与互动能够有效促进幼儿的健康发展，提高幼儿教育的质量。因此，在公共关系危机管理中，幼儿园应积极探索家园危机的解决途径，促进家庭与幼儿园建立良好的合作关系，达成共同的教育理念，实施互动的教育行为。幼儿园建立家园危机管理机制，形成防御家园危机的策略势在必行。

第二节 幼儿园与社区关系的危机管理

社区公众是指幼儿园所在地的区域关系对象，包括居民小区、所属社区、所属街道、周围企事业单位和政府机关等。幼儿园处于一定的地域范围之内，社区具有结构的稳定性、相对的独立性、发展的不平衡性等特点。幼儿园作为社区的教育机构，应根据其所处社区的特点，处理好与社区的关系，避免产生危机。因此，在危机管理中，幼儿园应主动做好社区工作，与社区建立良好关系，为幼儿园创造一个良好的周边环境，推动社区学前教育健康发展。

一、幼儿园与社区关系的常见危机

幼儿园与社区之间产生危机也就是幼儿园与社区之间为了某种利益、目标或价值观念而互相排斥、斗争。作为不同的社会机构，幼儿园和社区有着不同的关注点和运作方式，同时都在追求自身利益的最大化，引发危机在所难免。这些危机主要表现为以下几方面。

(一)噪声危机

城市小区幼儿园一般都是按照建筑设计标准配套建设的。幼儿园是幼儿聚集的地方，幼儿园开展一些活动需要音响设备，如果有扰民现象，较多的是由幼儿在户外活动时的音乐声以及接送幼儿时的音乐声太大导致的，这会对居民的日常生活产生影响，如处理不当容易引发矛盾，产生危机。

根据《中华人民共和国噪声污染防治法》规定："任何单位和个人都有保护声环境的义务，同时依法享有获取声环境信息、参与和监督噪声污染防治的权利。"小区幼儿园的噪声，在白天的时候不能超过 55 分贝。到了晚上，则不能超过 45 分贝。

【情景再现】

案例 8-2-1　　　　　　　　音响风波

作为小区配套园，幼儿园的地理位置要么紧挨着小区，要么在小区内部。凑巧我们小区的配套幼儿园就在小区内部。

王女士是本小区的业主，也是一名专科医院的护士，她在睡觉休息的时候，被类似"给我金色的童年，画出碧海和蓝天，太阳公公，月亮姐姐我们笑得那么甜……"这样的乐曲给吵醒了，心情一阵不悦，于是打电话给小区物业，投诉了幼儿园。

物业接到投诉电话后，第一时间与幼儿园进行沟通与协商，处理此事。

幼儿园接到投诉信息后，紧急开会研究解决方案。噪声问题是因为幼儿园的音响设备是环绕立体声音箱，扩音功能比较强而造成的。针对这个问题，幼儿园先调试音响设备，将音响声音调到最小，可是业主依旧不满意。然后，幼儿园又进行第二次会议研讨，为了不给业主增添烦恼，幼儿园采取更换音响设备的方案，将环绕音响变成移动音响，减小扩音功能，可是业主还是嫌吵，不满意。

最后由物业牵线，幼儿园领导与业主面对面沟通，通过交流业主也了解了幼儿园的特殊性，为了保障幼儿园正常的户外活动的有序开展，最终业主欣然接受，很满意幼儿园对待问题快速、有效的处理方法。

(本案例来源于沈阳市浑南一小幼儿园，寇岩松)

【分析解读】

目前，不少幼儿园都是小区或者社区建设的配套项目。有些居民认为开在小区里的幼儿园离家近，孩子们上下学方便，家里人省心，白天从幼儿园中传出的声音也可以接受。但是有的居民则认为，孩子的吵闹声及幼儿园的音乐声影响到了自己的生活。物业接到居民的投诉，与幼儿园负责人进行沟通与协商，幼儿园负责人接到投诉信息后，紧急开会研究解决方案，通过调小音响设备音量和更换音响设备的方案，减少噪声，但居民依然不满意。最后，通过物业牵线实现幼儿园负责人与居民有效沟通，最终化解危机。那么，开在小区里的幼儿园到底是便民的还是扰民的？这需要幼儿园在进行活动时尽量考虑居民的需求，同时，居民也应多一些谅解，调整自身心态，互相理解，只有这样，幼儿园与社区才能和谐发展。

【出谋划策】

针对本案例的具体情况，首先，幼儿园应尽量避免使用音量较高的音响之类的用具，并且应合理组织幼儿游戏，集体游戏可轮流分组进行，这样既让每组幼儿获得同等的发展机会，又可以在一定程度上减少游戏活动带来的噪声；个体游戏则可分区进行，减少人数过多带来的互相干扰，制造不必要的噪声污染，同时，让幼儿形成规则意识，减少因规则不明、执行力度不够带来的拥挤、吵闹、打斗等。其次，幼儿园要采取隔音措施和吸音材料，阻挡和消解噪声传播。比如，幼儿园可以在教室安装真空玻璃和隔音板；也可以在幼儿园周边栽种绿色植被，既美化幼儿园的教育环境，也可以通过树木等植被阻挡噪声的传播。最后，幼儿教师可以通过健康教育的活动，让幼儿区分哪些是噪声，让幼儿意识到噪声的影响，并在平时的生活中尽量避免产生噪声，培养幼儿良好的文明素养。

(二) 场地危机

在当今国家教育政策的大力倡导下，幼儿园已经意识到自身处于社区中，应适当与社区进行互动，《幼儿园教育指导纲要（试行）》中关于家园社区共育的特点也集中表现在：合作共育的互动应双向，强调幼儿园既要合理利用社区的各种资源，也要热心地服务于社区的教育事业；同时，合作共育的原则是互惠，强调教师和家长之间的关系是新型的伙伴关系，指出家园社区共育一定要恪守理解尊重、民主平等、分享合作的原则。

幼儿园合理利用社区资源，能够使自身全面良好地发展，否则，幼儿园与社区在资源利用上容易产生危机。社区的场地往往是幼儿园与社区共用的，双方都有自己的想法和需求，如不加以沟通，就容易引发危机。例如，幼儿园门口有大片空地，接送孩子非常方便。但是社区在这片空地上盖起了自行车棚，导致幼儿进出校门非常不方便，常有拥堵现象发生。社区还经常乱停放车辆、妨碍家长接送孩子，幼儿园多次向社区反映，但成效不大。

(三)利益危机

幼儿园与社区也涉及利益的关系，如果处理不当，就会引发利益危机。一方面，物业公司是社区内的营利性机构，它的运作以管物为主，是一种企业行为，幼儿园作为社区内的机构，不可避免地会享受物业管理公司提供的相关服务。但小区配套幼儿园算不算业主，要不要交物业管理费，物业公司与幼儿园各执一词。由于相关配套政策和文件不完善，常有物业公司与幼儿园因此对簿公堂的案例发生。因此，幼儿园应妥善处理与社区的利益关系。例如，某幼儿园将分园建立在小区内，有些老师每天都需开车上下班，社区向老师每天收取10元停车费。老师认为她们的工作同样是为社区内的幼儿服务，社区还要收停车费，对此感到不满。园方领导在了解多名老师的诉求后，多次与社区进行沟通，逐步解决了一些车位收费问题。正是因为幼儿园及时与社区沟通，才避免了幼儿园与社区利益危机的发生。另一方面，幼儿园对社区中的适龄儿童开放，很多私立幼儿园为了解决自负盈亏问题，最大限度获取经济效益，会采取开放幼儿园这一举措来吸引生源。如果幼儿园在固定的时间对外开放，社区里年龄较小的幼儿可能会对幼儿园的设施造成破坏，最终会给幼儿园带来人力、物力、财力的浪费。幼儿园和社区如果处理不好利益关系，就可能引发危机。

以上就是幼儿园与社区的常见危机，幼儿园与社区都应对危机加以重视，避免危机扩大，造成无法挽回的局面。

【法条链接】

《关于幼儿教育改革与发展的指导意见》第十三条明确规定："幼儿园要与家庭、社区密切合作。要充分利用幼儿园和社区的资源优势，面向家长开展多种形式的早期教育宣传、指导等服务，促进幼儿家庭教育质量的不断提高。"

二、幼儿园与社区关系的危机管理策略

针对幼儿园与社区关系的常见危机，幼儿园和社区应从思想上、制度上、行动上做到有效的危机管理。

(一)加强对社区公共关系工作的计划性

做好对社区的公共关系工作，必须加强计划性。幼儿园要把对社区的公共关系工作列入议事日程，在每学期园务计划中全面考虑，并要求把对社区的公共关系工作置于与保教工作同等重要的位置。幼儿园要针对和社区的公共关系工作普遍薄弱的问题，制订改进实际工作的计划，对社区的公共关系工作一定要避免形式主义，注意不断提高这项工作的水平。同时，幼儿园应特别注重对班级教师的

指导，引导他们认识做好社区的公共关系工作的意义，并引导他们重视与社区的公共关系工作，对他们进行相应的知识与技能培训，采用适宜的方式，有效地对幼儿园与社区的危机进行管理。

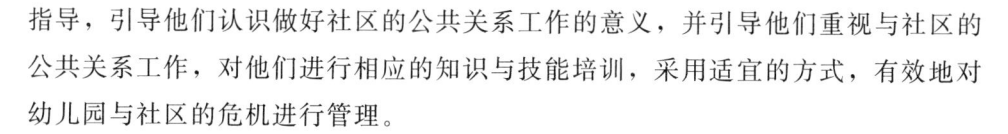

(二)建立健全相关制度

为保证幼儿园开展社区工作的科学性和有效性，幼儿园需要建立健全相关制度，将对社区的公共关系工作制度化，把工作要求以条文形式固定下来，形成规范，统一布置制度的执行并注重效果的检查。制度要明确规定各项社区工作的内容、目的和要求，落实有关负责人员并确定工作的时间期限。构建社区公共关系的工作制度包括：社区开放日制度、参与社区活动制度等。当前，部分幼儿园与社区互动处于非制度化的生存状态，互动所赖以生存的制度环境缺少确定性，在遇到某种需要解决的问题或情况时，不是依据明确而稳定的制度安排来解决的，而是依靠一次一次的具体博弈。因此，幼儿园应建立健全社区公共关系的工作制度，并且进行专题研究，完善制度及操作实施细则，补齐短板，为幼儿园和社区互动顺利实施提供操作指导和具体支撑。幼儿园与社区还应建立合作管理制度，制订相应计划，保证幼儿园与社区互动的长期化、制度化和网络化。同时，政府还要加大社区建设的力度，提高社区工作者的素质和能力，使幼儿园和社区合作时更加顺畅和高效，使双方都能感受到更多成就感，只有这样才能保证幼儿园和社区良好的合作长期坚持下去。

(三)依托双向互动式活动为社区服务

《教育部等九部门关于进一步推进社区教育发展的意见》要求开放共享学校资源，鼓励各级各类学校充分利用场地设施、课程资源、教学实训设备等积极筹办和参与社区教育。幼儿园与社区应实现双向互动式服务。一方面，幼儿园在社区中要发挥自身作为专门幼儿教育机构的优势，向社区辐射教育功能。例如，利用幼儿园的师资力量，为社区的居民提供免费的关于幼儿早教方面的知识技能培训；适当开放园所场地，举办开放日活动，吸引散居的幼儿家长来园活动；开展玩具、图书借阅等活动，充分利用幼儿园教育资源，更好地发挥社会效益，扩大学前教育的受益范围。另一方面，幼儿园管理者与教师要积极参与社区公共事务。例如，参加社区服务性机构工作，参加教师家长联谊会和社区教育委员会等，与社区建立并保持长期不断的联系，加强相互沟通与了解。同时，幼儿园可以邀请社区内的各行各业专业人士，为丰富幼儿课堂教育提供机会；邀请社区公众参加幼儿园举办的各项体育活动，提高参与度。在和社区公众的互动中，幼儿园应注意沟通的有效性,即要建立信息发布和反馈渠道,提高自身的知名度和美誉度。

综上所述,幼儿园和社区的合作对于发展我国教育事业、促进幼儿身心全面发展、促进社区教育发展有着重要意义。但在实际中,幼儿园与社区会产生危机,如噪声危机、场地危机以及利益危机。这时需要我们有危机意识并树立正确的合作观,将幼儿园教育资源和社区资源进行共享,实现幼儿园与社区协同发展。

第三节 幼儿园与同行关系的危机管理

同行公众又称本专业系统内公众,指与幼儿园相同领域(即学前教育领域),与幼儿园经常性直接或者间接发生关系的同行业的个人和组织。他们包括本地区从事幼儿教育行业的人员,本地区的幼儿园以及国内外各地的同行教师、学者、专家等。他们与幼儿园联系紧密,若处理不好与同行的关系,也会产生相应的危机。

一、幼儿园与同行关系的常见危机

幼儿园与同行之间的关系密切,信息的传播与沟通更具有专业性,对公众有很强的说服力。幼儿园既要关注自己在本行业内的声誉,也要积极参加各种会议来树立正面形象。但部分幼儿园往往不会处理幼儿园与同行之间的关系,从而产生一些常见的危机。

(一)闭门造车

部分幼儿园的管理者"闭门造车"的思想严重,认为自己的幼儿园办得较为出色,幼儿园的人数稳定,家长也很少提意见,不理解为什么要派幼儿教师出去进修和学习,不理解幼儿园之间为什么要联合学习,也不理解为什么要学习借鉴同行的优秀课程体系和教学理念。

这类幼儿园的管理者不了解现在的教育形式,也不知道新的教育理念和新的课程体系等是需要向其他同行学习的。持有这种"闭门造车"思想的幼儿园往往会逐渐脱离正确的教育轨迹,缺乏合作交流,进而导致生源危机。

(二)恶意中伤

幼儿园与其他幼儿园之间往往存在竞争的行为,幼儿园是一个特殊的消费市场，幼儿是特殊的消费者，由于受年龄限制，选择幼儿园由家长决定。从某种意义上说，吸引家长的是幼儿园所持有的竞争"资本"。但是部分幼儿园并没有采取提高保教服务质量、创办幼儿园特色课程、打造良好的口碑等良性竞争行为，而是采取恶意竞争的方式，如恶意中伤、恶意诋毁等。

【情景再现】

案例 8-3-1　　　　　　　　居心不良

乐乐幼儿园是江苏省某市一所民办寄宿制幼儿园，在当地有着较好的口碑和影响力。有一天，童园长在网络论坛上发现了一篇名为《乐乐老师把孩子的菜打包带回家》的帖子："我是乐乐幼儿园大三班幼儿的家长，我向您反映一个亟待解决的问题，就是班上老师把孩子的菜打包带回家。我们都按规定交了一样的伙食费，无论小孩吃或不吃，他们都有权利得到应得的一份。现在的小孩子很懂事，在幼儿园里不敢说，回家来一讲还不要我们向老师提，我们感到很寒心。请童园长百忙之中抽出时间认真整顿一下。"有网友跟帖说："这种事也能干出来？真丢脸！不过感觉这种事情发生在民办幼儿园也正常！"

童园长对此十分重视，马上在论坛回复道："家长朋友，您好！我们幼儿园成立了调查小组，已经对您反映的问题做了细致的调查，现将具体情况反馈给您。我们查看了最近一段时间大三班幼儿用餐全过程的录像，根据录像的内容，没有发现这种情况。且大三班幼儿的食量非常好，录像中可以看见保育老师经常跑两趟厨房为幼儿添饭加菜。"等待多天后，该发帖人也没有任何回应。后来，童园长安排人员将事件的整个过程发布到微信公众平台上。

（本案例为原创案例）

【分析解读】

本案例的危机源于一次网络上的发帖。其实，这是一个社会层面的危机。从案例的叙述来看，这个"家长"在论坛发帖"投诉"该园教师将孩子们的饭菜打包带回家，园方在得知此事之后，比较迅速地加以跟进调查，但该"家长"却始终没有再露面。该网友不仅发表了这篇帖子，而且转载了以前该市其他幼儿园被投诉老师截留幼儿食品的帖子，幼儿园就基本有了这样一个判断，那就是这个"家长"并非真正的家长，其发帖行为的可能性在于抹黑乐乐所在的幼儿园，削弱其社会认可度和竞争力。随着民办幼儿园生存和竞争压力的日益增大，竞争对手利用非正常手段对付竞争对手的事例，在民办教育界时有发生。因此，这个案例更有可能是一种基于不正当竞争的社会层面的危机。而这种危机处置不利的话，将会对幼儿园品牌形象造成巨大影响。

【出谋划策】

针对本案例的情况，若此事真的给幼儿园造成了很大影响，如造成幼儿大面积退学、招生任务难以完成等问题，园方有必要将此事纳入司法程序，由有关部门采取锁定发帖者 IP 地址的方式查明其真实身份，并对其进行起诉。

首先，在危机管理的过程中，幼儿园要坚持高度重视、重在预防、临危不乱、快速反应、及早处理、行胜于言的基本原则。在日常管理工作中，幼儿园应当消除问题和事故"难免"的消极思想，坚定"可防"的信心，做到平时有危机预案，危机来时有解决方案。危机来临，快速反应，及早处理，因为行胜于言是解决问题的有效方法。其次，在危机管理的过程中，幼儿园不要存在侥幸心理，不要只是辩解，不要保持沉默，不要手足无措，不要逃避责任。最后，在危机管理的过程中，幼儿园要坚持兵贵神速、及时回应、稳健行事、避免模糊、及时澄清、不留遗憾的黄金法则。危机管理的真谛在于预防危机。若真的出现危机，管理者要切记及时回应，处理得越快，事件的"创伤面"就会越小。当然，在处理的过程中，管理者要坚持深思熟虑，稳健行事，做到公开透明，并把真相告诉给家长和教职工，在危机处理的过程中争取主动。保持沉默只能加剧以讹传讹，让事情变得更复杂。

（三）低价竞争

部分民办幼儿园招生人数不足，就采取压低幼儿园保教费用的方式进行恶意竞争。目前，大部分公办幼儿园都为普惠性幼儿园，价格公开透明，并且由政府统一划价。民办幼儿园没有统一的收费标准，价格可以自己拟定。但是部分民办幼儿园通过减少幼儿在饮食方面的开销或降低教师的工资来维持园所正常运转，这对幼儿园、对幼儿、对幼儿教师，甚至对整个学前教育行业都是不利的。幼儿园应坚持优质竞争、服务竞争，而不是采取低于成本价的恶性竞争。低于成本价的竞争是缺乏基本职业道德的表现。

幼儿园与同行之间若出现危机，就会影响到幼儿园的日常工作。幼儿园在应对危机时可采取相应的危机管理策略。

二、幼儿园与同行关系的危机管理策略

幼儿园要将与同行关系的管理纳入危机管理计划之中，不仅要建立好同行之间的积极合作、共同进步的关系，而且要处理好和同行之间的竞争关系，建立有效的危机管理策略，做好危机发生后的积极沟通工作。针对幼儿园与同行关系的

常见危机，幼儿园应从以下方面进行危机管理。

（一）促进学习交流，强化示范辐射

园际的关系有多种形式，既有竞争，也有辐射、联合等形式。优质幼儿园示范辐射是以优质幼儿园的优秀经验和成果为基础的，根据普通幼儿园的需要，通过"示范—引领—促成"，影响和改变普通幼儿园，促进他们的发展。根据该示范辐射过程体系，示范辐射的内容包括优质幼儿园的经验和成果、经验的做法和共同体发展问题、普通幼儿园的示范成果实践困境与指导；示范辐射的主要方式包括观摩学习、示范课展示与研讨、教师培训、专题研讨、课题引领、跟岗学习、"结对"帮扶、跟踪指导等。

（二）避免恶意竞争，巩固合作关系

合作与共享是适应时代发展的先进理念，幼儿园通过合作能看到自己同行的优点和长处，在保持各自风格和特点的同时，相互学习、相互鼓励、相互支持。当前，实施优质资源的合作与共享，不仅是幼儿园和幼儿教师携手并进、共同提高的重要途径，而且是推进区域教育质量整体提高、促进区域学前教育均衡发展的有效举措。只有加强和开展幼儿园优质资源的合作与共享，加强园际的学习与交流，采取以联络点、教学片帮扶园、协作园等众多形式的运行模式，努力构建学习型的教育研究共同体，努力通过这样的合作互动、共享，充分挖掘、培植身边的优质资源并使其作用最大化，才能实现学前教育质量的整体提升，促进优质教育资源的均衡发展。

（三）突出特色管理，提升办园质量

幼儿园特色是指在幼儿园的发展历程中，在全体员工的努力下，幼儿园工作的某一方面特别优于其他方面，也优于其他幼儿园的独特品质。也可以将幼儿园特色理解为教育者在教育过程中所表现出来的独特的、优质的、稳定的教育特征。幼儿园特色不是飘忽不定的，必须依附在幼儿园某一方面的发展上。幼儿园特色项目是提高幼儿园声誉的重要举措之一，一般主要围绕一个突出的方面进行。如果特色项目过多，本身就是没有特色的表现。不同的幼儿园在自身的发展历程中形成了自己鲜明的特色，所以特色具有园本性，不具备复制性。当然制定发展规划的特色项目不仅是为了彰显，而且是为了进一步拓展和丰富特色的内涵，以求进一步扩大影响力和提升竞争力。

建立幼儿园和同行之间的良好关系是非常有必要的。其实，幼儿园的同业者既是幼儿园的竞争对手，又是幼儿园的合作伙伴。幼儿园应虚心向同行学习与请教，共同合作，从而减少竞争的负面作用，共同营造良好的学前教育环境。当与同行的关系出现危机时，幼儿园采取相对应的公共关系应对策略，尽量把负面影响最小化。

第四节 幼儿园与政府关系的危机管理

幼儿园的政府公众是指幼儿园与政府沟通的具体对象，包括政府各行政机构及其工作人员。例如，区县及以上各级人民政府卫生行政部门、教育行政部门以及公安、消防、档案、财政、税务、审计等上级主管部门，是幼儿园所有沟通对象中具有权威性的对象。

一、幼儿园与政府关系的常见危机

良好的政府关系可以争取政府对幼儿园的了解、信任与支持，为幼儿园的发展争取良好的政策环境、行政支持和社会支持等。但是若处理不好与政府之间的公共关系，政府有权利对幼儿园的部分办学行为进行限制，进而造成幼儿园危机，影响幼儿园的长远发展。

(一) 政府扶持力度不到位

教育行政部门主要通过权力限制作用和非权力促进作用实现行政领导和业务领导。权力限制作用包括行政指令和教育立法，其中行政指令包括政策引领、监督检查执行情况等，教育立法是指教育行政主体按照教育法、教育法规对教育进行管理的手段。非权力促进作用是指教育行政主体对教育行政客体的教育工作给予技术上的指导和建议，或给予经费补助，其主要包括教育督导、教育经费拨发、提供师资培训或信息服务等。

政府在扶持公办幼儿园方面，大多数园长都认为扶持力度是能够满足园所发展的正常需求的。而扶持民办幼儿园的力度是亟待加强的。为了扶持民办幼儿园优质发展，政府通过购买服务、以奖代补等方式，对办园规范、质量合格、收费较低的普惠性民办幼儿园给予经费、人员等方面的支持。经审批注册的民办幼儿园，政府可给予税费减免和用地等方面的一系列优惠政策。然而，尽管政府采取了一系列的措施加大对民办幼儿园的扶持力度，但是民办幼儿园的发展仍存在一些问题，主要表现在以下几个方面。第一，教师流失方面。与民办幼儿园相比，公办幼儿园教师在职称评定、劳动保障、福利待遇、社会地位等方面有很大优势，随着公办幼儿园数量剧增，幼儿教师严重缺乏，公办幼儿园会将目光瞄向民办幼儿园，势必造成民办幼儿园优秀师资向公办幼儿园流动的问题。第二，办园场地方面。目前，很多现有民办幼儿园都存在没有高质量办园场地或场地租金高的问题。此外，地方政府出台的政策明确指出小区配套幼儿园在未来比较长的时间里将一律公办，这将使很多民办幼儿园获得办园场地的机会大大减少，拿不到办园场地将大大制约民办幼儿园的发展。第三，政府资金投入方面。公办幼儿园投入由公共财政保障，而公共财政对民办幼儿园的"以奖代补"投入毕竟微薄，民办幼儿园最终会将办学成本转嫁给家长。随着国家对公办幼儿园投入的不断加大，公办幼儿园的硬件越来越好、覆盖面越来越广，再加上具有收费低等优势，会使民办幼儿园面临生存的危机。

(二)幼儿园与政府部门缺乏沟通

幼儿园可以通过政府部门及时了解到关于幼儿教育最新的政策动向，获取有用的信息；还可以在幼儿园的发展过程中得到政府的积极支持，利用政府平台展示幼儿园的良好形象，调整其他的外部关系。如果幼儿园与政府缺乏必要的沟通，就会造成信任危机。

【情景再现】

案例8-4-1　　　　　　"外行人"看学前教育

前几年，某地方政府临时调来其他科室的工作人员来接管学前教育科的工作。刚开始，他们不太了解幼儿教育的特殊性。一所幼儿园计划改善园内设施，申请经费补助的报告中列出了主要的项目清单：动物模型制作20件，经费5万元；幼儿教师教具100件，经费2万元；幼儿玩具2000套；经费6万元。政府在研究经费拨付的会议上认为购置玩具的经费有待商榷，报告中需要说明具体购置的玩具内容，每个项目也应该写清楚经费的具体花费，呈现较为准确的预算。园长与新上任的政府工作人员沟通过程中，并没有说明玩具的具体用途，导致上级部门对该经费存疑。

(本案例来源于沈阳市大东区教育局和璟幼儿园，徐坤)

【分析解读】

本案例的危机源于政府部门的工作人员并不了解《3—6岁儿童学习与发展指南》，不了解幼儿的身心发展特点。幼儿园由于缺乏与政府的良好沟通，没有解释清楚经费的具体作用，没有购入相关的玩教具，幼儿园的孩子们就无法接触到更有趣的玩具，从而影响到幼儿的长远发展。此外，政府部门通过这件事情，会对幼儿园产生负面印象，认为幼儿园只是在乱花钱，以后幼儿园再申请其他经费时也会加以慎重考虑。

【出谋划策】

针对本案例的具体情况，幼儿园需要采取以下策略。首先，幼儿园在向政府申请审批教育经费之前，就要与政府进行有效沟通，在政府领导到幼儿园视察幼儿园工作的时候，就要在潜移默化中给领导传递与学前教育相关的知识，让其了解幼儿教育的特殊性。其次，幼儿园在申请经费时，要进行适当的说明与解释，让领导了解到经费的使用对幼儿园和幼儿各方面的发展是有益处的，是不可或缺的。最后，如果政府部门还是不同意，幼儿园可以退而求其次，修改自己的申请金额，先购入一些比较紧缺的玩教具，不太需要的玩教具等之后再申请购买。

二、幼儿园与政府关系的危机管理策略

幼儿园要将与政府关系的管理纳入危机管理计划之中，让政府对幼儿教育有正确的认知和理解；要建立有效的危机应对策略，做好危机发生后的处理工作。针对与政府关系的常见危机，幼儿园应从以下方面进行危机管理。

(一)尊重政府对幼儿园的管理与指导

政府是国家权力的执行者，是对社会进行统一、有序管理的权力机构。幼儿园要与政府建立良好的关系，就要在行动上与政府保持一致，必须做到无条件遵守法律与法规，服从政府及各职能部门的管理。一个幼儿园只有服从政府，才能认真贯彻执行党和政府的方针政策，全面、及时、准确地了解政府的各项相关政策、措施、法规和指令，并在实际行动中模范遵守，才能赢得政府的信赖和支持。这样，政府就可能提供幼儿园所需的由政府各个部门管理的资源，协调幼儿园与当地其他单位之间的关系，为幼儿园的发展提供支持。幼儿园不仅要理解政府政策、理解政府的工作、理解政府工作人员，而且要尊重政府各部门的工作、尊重彼此的和谐关系。

(二)加强幼儿园与政府间的沟通与联系

幼儿园应主动建立和加强与政府各有关部门之间的双向沟通，使政府的相关政策信息和幼儿园的真实信息能够及时地相互传递，形成良性循环。一方面，幼儿园要及时了解政府有关政策的变化，这不仅便于幼儿园在制定战略时把握方向，而且能使幼儿园更好地争取政策性的优惠和支持。另一方面，幼儿园还要经常向当地政府汇报自己园的发展方向、实际境况和特殊问题，让政府了解自己的工作并给予及时指导，使自己的发展战略、工作思路符合政府政策发展的方向，

使自己在办园过程中遇到的障碍及长期无法解决的难题也走进领导的心中，从而能够在适当的时机得到支持和帮助。

幼儿园与政府部门的公共关系情况，会影响政府对幼儿园的决策和指导，进而影响幼儿园的发展。幼儿园与政府之间互相尊重的良好关系，会让幼儿园在出现问题时多一些帮助。当与政府的关系出现危机时，幼儿园应及时沟通，采取必要的危机管理策略化解危机。

第五节 幼儿园与媒体关系的危机管理

媒体既是幼儿园家园沟通的渠道、向外界宣传自己的窗口，又是迅速传递各种信息，引导社会舆论的重要媒介，对于幼儿园的生存、发展具有不容忽视的作用。它是幼儿园不能轻视的一个重要舆论工具，给幼儿园公共关系管理带来了挑战。如何管理好媒体宣传和报道，是幼儿园迫切需要解决的新课题。

一、幼儿园与媒体关系的常见危机

幼儿园要注重与新闻媒体建立广泛的联系与沟通。媒体在幼儿园管理中发挥着积极作用，包括向社会公众传递幼儿园的信息，宣传幼儿园良好形象，唤醒幼儿园的危机意识，为幼儿园管理提供决策依据、思路以及社会支持等。但是，幼儿园若处理不好与媒体之间的公共关系，就会对幼儿园造成消极影响，例如，媒体进行负面报道，就会形成幼儿园的负面公共形象等，对幼儿园产生公共形象危机和生源危机等不利影响。

（一）公共媒体的负面报道

在这个新旧媒体相互融合的"全媒体时代"，负面新闻是个避不开的话题。激烈的市场竞争让许多媒体把对负面新闻的报道当作撒手锏，为博取高收视率而一味追求轰动效应，对报道内容添油加醋。一些媒体不实的负面报道给幼儿园造成重大损失的事例屡见不鲜，有的媒体甚至小题大做、捕风捉影，结果导致一篇报道毁了整个行业。

【情景再现】

案例 8-5-1 　　　　　草丛中的"隐藏相机"

一天放学前，值班领导小美在园门口发现了两名"可疑"的黑衣男子，他们先是举着摄像机对着幼儿园拍了一阵，又和来接孩子的几位家长聊了起来，最后还将摄像机藏到了草丛里。小美的警惕性马上就提上来了，"会不会是来做负面采访的呀！"小美在头脑中迅速搜索了一遍近期工作当中有没有可能引起"曝光事件"的问题，并立即致电园领导，得知今天并未安排接待采访任务之后，小美先是在微信群中提示各班教师放学时要组织好队伍并注意言行举止，然后便来到幼儿园门前进行放学疏导。"咦？这是谁的摄像机呀？"小美惊呼了一声，装出刚刚发现摄像机的样子。两名黑衣男子走了过来，原来他们是本市电视台新闻频道的记者，负责晚间新闻的素材采集，今天是想偷偷录制放学时幼儿园小朋友们和家长回家的画面，因为不需要进入幼儿园里面拍摄，所以没有提前跟园所联系。但是，他们的摄像机不小心拍到了两个小朋友互相玩耍、推搡的视频片段，小美并没有注意到这个细节。几天后的地方电视台新闻报道出现了该视频画面，视频中的幼儿家长也看到了这段视频内容，要求幼儿园给个说法。这件事情越闹越大，班级里的很多家长都跟着掺和，小美老师非常内疚、自责，被强制休假了一周后才回来上班。幼儿园管理层人员也做了很长时间的家长工作，才得到家长们的谅解。

（本案例来源于辽宁省沈阳市浑南区花语幼儿园，李泳慧）

【分析解读】

本案例的危机源于媒体的负面报道。幼儿园的小美老师虽然及时发现了草丛中隐藏的摄像机，但是并没有检查摄像机拍摄的内容。幼儿园管理人员及幼儿教师发现这种情况时，应先主动向上级领导报告具体情况，要注意与记者进行有效的沟通，了解拍摄的目的、时间和内容，仔细核对视频内容。此外，案例中小美老师所在幼儿园的处境非常被动，家长向幼儿园问责，幼儿园管理层处理不及时，处理方式也缺乏科学性，家长们可能只是表面上谅解。

【出谋划策】

针对本案例的具体情况，幼儿园需要采取相应的策略应对。首先，幼儿园管理层人员在接到有媒体到来的第一时间，要赶到拍摄现场了解具体情况。小美老师一个人的力量是薄弱的，她也不一定有应对的经验和策略。最好由园长、副园长等管理人员来处理类似事件，他们相较于值班教师更有实践经验。其次，幼儿园在看到电视台已经进行报道后，尽量第一时间成立危机应对小组，主动与视频中的幼儿家长沟通，化被动为主动，换位思考，考虑到幼儿家长的迫切心情。幼儿园管理人员以及该班级主班、配班教师一同与家长进行沟通，阐述事件的真实发生过程，主动征求家长的理解。最后，幼儿园要和媒体进行沟通与联系，与媒体建立长期合作关系，暗示他们的"暗访"不小心造成了幼儿园的危机事件，希望媒体能够给予解释并扭转这种局面，如可以对幼儿园进行正面形象宣传、对幼儿园整体的教育理念与和谐氛围进行报道，逐渐树立良好的园所形象。

（二）危机事件的舆论扩散

近年来，幼儿园的负面舆论事件更多地触碰到了行业道德界限，如幼儿园虐童事件逐渐引起社会普遍关注。幼儿园虐童当事人的处理、幼儿园教师的职业素养以及未成年人保护等方面的相关话题，在社会上引发广泛议论，社会舆论的多样化亟须媒体做出合理引导。在对虐童事件的舆论引导上，网络媒体通过信息传播形成了对社会舆论的有效引导，引起了负面新闻事件带来的不良影响，使社会大众不能全面地认识虐童事件。此外，自媒体的负面报道等也会对舆论起到负向引导作用。

二、幼儿园与媒体关系的危机管理策略

幼儿园要将与媒体关系的管理纳入危机管理计划之中。幼儿园要处理好媒体对危机情境的负面影响和积极贡献之间的关系，让媒体对危机进行正确的报道；要建立有效的危机信息传播系统，做好危机发生后的传播沟通工作，争取新闻界的理解与合作。针对与媒体关系的常见危机，幼儿园应从以下方面进行危机管理。

（一）重视媒体管理，加强沟通与合作

幼儿园必须将媒体工作作为幼儿园总体工作部署的一个重要组成部分，以战略的眼光去看待媒体工作，全面安排幼儿园媒体工作的管理。首先，幼儿园要研究不同媒体的工作特点和需求，平时主动地与社会媒体做好沟通与交流的工作，使相关的媒体了解幼儿园的工作特点，熟悉幼儿园的情况。其次，安排专人与媒体进行沟通与交流，提高沟通的实效性。为了有效地开展与媒体的沟通与交流，幼儿园应该安排专人或成立专门的部门（如宣传与公关部），结合幼儿园的大型活动、办园特色、先进事迹、显著成绩等的宣传报道，将媒体请进幼儿园，开展经常性的沟通活动。为了提高沟通的实效性，保证沟通的顺利进行，幼儿园要保持负责此项工作人员的相对稳定性。最后，通过专业性的社会服务建立与媒体的联系，提升幼儿园的社会声誉。幼儿园可以通过开展面向社区、面向社会的专业性服务活动来提升自己的社会声誉。例如，做客电视广播电台，面向全社会举办科学育儿、家庭教育、早期教育、亲子教育等方面的讲座，服务年轻的父母、服务幼儿、服务社会；走进社区，开展面向散居幼儿家庭的幼儿教育指导活动。以上

活动通过媒体的广泛报道，能使幼儿园的专业性特点得以充分体现，能使幼儿园的教育优势得以凸显，从而提高幼儿园的社会地位，提升幼儿园的专业品位。

(二) 迅速做出反应，掌握报道主动权

幼儿园要掌握好宣传报道的主动权，减少舆论发酵的负面效应。首先，通过召开新闻发布会以及使用互联网、内部网等形式向社会公众告知危机发生的时间、地点、原因、现状、问题以及幼儿园目前和将要采取的措施等内容，信息应具体、准确。其次，统一信息传播的口径，对技术性、专业性较强的问题，在传播中应使用清晰而不产生歧义的语言，以避免出现猜忌和流言。最后，慎重选择发言人。当危机爆发后，很多新闻单位会派记者采访，他们提出的各种问题与发言人的回答会迅速传播出去，这将对幼儿园的形象造成重大影响。幼儿园应明确告知员工不可自行对媒体发表个人意见，应由幼儿园指派的专业发言人接受媒体的采访。发言人一般可以由幼儿园相关负责人担任，因为他们能够准确地回答有关幼儿园危机的各方面情况。

(三) 理性面对报道，发言态度真挚诚恳

发言人要安抚公众，应以低姿态、富有同理心和亲和力的态度表明立场，说明幼儿园的应对措施。对不清楚的问题，发言人应主动表示尽早提供答案。对无法提供的信息，发言人应礼貌地表示无法告知并说明原因。发言人要勇于认错并诚恳致歉。当发现危机起源于幼儿园本身时，发言人应诚恳地承认错误，以负责任的态度向外界说明，取得公众的谅解。同时，发言人积极与相关人员沟通，对于由错误造成的不良效应，应诚恳道歉，请求他们的谅解。对于财物损失的赔偿，幼儿园要根据损失程度，按照政策规定和承诺与相关人员协商，承担应负的责任。

(四) 总结经验教训，塑造正面公众形象

当危机问题处理完毕后，幼儿园要及时反思总结，吸取经验教训，切实改进工作。幼儿园要从危机产生的原因入手，找出导致危机爆发的主要原因，分析幼儿园处理该危机事件的步骤和方法，将其作为今后开展工作的教训。这样，才能保证今后不会出现类似的危机。并且，幼儿园在平时要尽量提高其社会影响力，善于利用一切可以利用的机会开展有意义的活动，并借此机会通过媒体进行广泛的宣传。在报道中，让媒体充分了解和信任幼儿园，在媒体中树立起良好的形象。

幼儿园与媒体之间的公共关系和沟通情况，会影响到幼儿园的正面宣传与负

面报道。幼儿园与媒体之间互相商量、相互成就的良好关系，会让幼儿园在出现负面危机事件时，主动寻求媒体部门的真实、理性的报道，避免一些不良媒体为了博眼球进行夸大其词的报道。当与媒体的关系出现裂痕时，幼儿园应及时解决问题，与媒体进行友好协商，使用有效的危机管理策略化解困境。

【拓展阅读】

[1]周丛笑,等.幼儿园危机管理策略与实例[M].北京：中国轻工业出版社.2018：257-278.（该书主要从幼儿园园舍建设、队伍建设、教育活动、保育工作、安全工作、后勤工作和公共关系等方面探讨危机管理，归纳危机出现的多方面根源，提炼幼儿园危机预防和应对的策略，能帮助幼儿园管理者提高解决实际问题的能力。）

[2]吴邵萍.幼儿园管理与实践[M].南京：江苏教育出版社.2012：277-293.（该书对"每个人都可能是好的"的理念进行概括和总结，向大家呈现幼儿园管理中各项工作的具体实践。该书从幼儿园文化建设、幼儿在园一日生活安排、园本课程建设、团队建设、行政后勤管理和幼儿园公共关系等几个方面，论述了幼儿园管理的方方面面。）

【想一想，做一做】

1. 列举你遇到的幼儿园与家庭因理念不同而产生的危机的事例，并分析其成因，制定管理方案。

2. 如果你是园长，家长向教育局投诉该园收费不合理，并向媒体曝光该园。针对该危机，你怎么处理？请画出危机处理流程图并做出解释。

第九章　从危机中学习
——幼儿园危机教育

【导入案例】

2021年4月28日14时许,广西北流市新丰镇健乐幼儿园发生了一起恶性持刀伤人事件,一名25岁的男子持刀闯入幼儿园行凶,造成2人死亡,16人受伤。经鉴定,持刀伤人男子为精神分裂症患者。之后,伤者得到及时救治。多家媒体先后对事件进行了报道,引起了人们激烈的讨论。群众愤然表示,对于此类危害社会的不法分子,必须使其受到应有惩罚。此外,评论区其他几项争议比较激烈的话题也引起了人们的讨论与反思。首先,不法分子为何会选择幼儿园等地点作案,除了考虑到幼儿缺乏自我保护能力,幼儿园及其周边环境的危机管理是否应该引起大家的重视?其次,网友评论,当地大多数乡镇幼儿园并没有配备完善的安保监控等设施,设施设备普遍较差、安保力量较弱并不能成为园所出现意外的借口,如果幼儿园不能配备良好的安保设施与人员,就不要开园了。也有人认为此类不法分子根本拦不住,更何况是翻墙进入,并不能完全怪安保。最后,危机发生后专家组成员为伤者制定个性化诊疗方案和心理干预,在危机恢复过程中对当事人个性化身心健康的关注也应得到我们的重视。幼儿园、教育部门甚至当地政府也应反思自身的危机防控能力、危机教育能力、检查力度、支持力度等。当天,教育部就立即针对该恶性事件紧急部署,发布安全教育文件,要求各地全面加强中小学幼儿园安全工作。

(本案例为原创案例)

针对此次教育部格外重视的幼儿园恶性伤人危机事件,我们能从中得到诸多的教训与启示。从一件恶性事件当中,我们就能了解到幼儿园对其园所及其周边环境危机的重视程度。可以说,如果危机教育、危机管理没有做到位,之后付出的努力将超出预防工作十倍。那么,危机教育到底应如何开展呢?幼儿园危机教育都包括哪些内容及原则呢?在幼儿园实践操作中,又该运用什么方式和手段进行危机教育呢?让我们一起开始这一章的学习。

第一节 幼儿园危机教育概述

通过以上章节的学习，我们可以毫不夸张地说，危机可能存在于幼儿园日常生活的方方面面。"千里之堤，溃于蚁穴"，从幼儿日常生活中的某个环节，到幼儿园整体大小事务的管理，一个细节的疏忽或错误处理都会导致难以想象的后果。为了最大限度地避免危机的发生、减小危机带来的影响，幼儿园危机教育起到关键作用。幼儿教师应具备危机意识，了解园所常见危机，掌握各类危机的预防及处理措施，帮助幼儿逐渐掌握发现危险的能力和自我保护能力，与家长共同为幼儿创设适合其身心健康成长的环境。

一、幼儿园危机教育的内涵

危机教育理论的提出主要基于德国学者博尔诺夫的"非连续性教育"理论。博尔诺夫指出，人生轨迹犹如一条曲线，成长中不可避免地会出现一些干扰教育事件正常运转的偶然事件，导致曲线上下波动，如幼儿园就时常会出现的危机。[①] 教育不应只关注那些连续性的平常性的因素，而应同样关注偶然的妨碍因素，即幼儿园中的非连续性因素，如在幼儿园中易出现的幼儿意外事故危机、教师人际危机、教师群体流失危机甚至园所发展危机等。时常开展非连续性教育能使幼儿获得识别危机和自我保护的能力，使幼儿教师获得预防危机、面对危机、反思危机的知识和能力。

（一）幼儿园危机教育的概念

幼儿园危机通常是发生在幼儿园内或与幼儿园有关，由幼儿园外部环境突然变化和内部管理失常引起的，可能或者已经影响幼儿园正常运行的，严重损害或可能严重损害幼儿园组织功能及成员利益的突发事件、意外事故或演变趋向。因此我们能够得出，幼儿园危机教育通常是指教育主体针对发生在幼儿园内或与幼儿园有关的危机对教育客体展开的相关教育活动，通过提升教育客体的危机意识、危机相关知识以及处理能力，从而减少或避免该危机发生的概率，减轻或避免危机产生的消极影响。

[①] ［德］O. F. 博尔诺夫：《教育人类学》，李其龙译，62～67页，上海，华东师范大学出版社，1999。

(二)幼儿园危机教育的范畴

幼儿园危机教育应面向幼儿园中的所有人员,包括幼儿,幼儿教师,幼儿园相关从业人员(包括保育员、保健医、幼儿园厨师、保安等)以及幼儿园中高层领导。

首先是对于幼儿进行的各种危机教育。幼儿正处在身心发展、价值观念形成的关键期,易受到外界环境的影响,他们对于危机的感受、面对危机时所呈现的心态,关系着他们的成长发展。因此,对幼儿进行的危机教育可以通过多种形式展开,以随机教育和游戏活动为主,如班集体主题活动、游戏以及教育演练等,使幼儿知道在室内、室外容易发生的危险,逐渐掌握一定的自我保护能力。

其次是对于幼儿教师以及保育员、保健医、幼儿园厨师、保安等进行的危机教育。幼儿教师及幼儿园相关从业人员对幼儿主要起教育和保护作用,其危机意识和受到的危机教育对幼儿园保教工作起到决定性的作用。对幼儿教师及相关从业人员进行的教育主要以危机演练活动、教育讲座、研讨分享等形式展开,使幼儿教师及相关从业人员具备危机意识,掌握一定的应急应变知识及能力,降低危机发生的风险。

最后是对于幼儿园中高层领导进行的危机教育。幼儿园中高层领导应有统筹能力,对园所整体发展进行整体设计与预防,考虑园所人力和物力资源、园所外部和内部环境、园所幼儿及教师整体容易发生的意外事故、自然灾害、人员管理问题、园所生存问题等,采取一系列应对策略,如主动规划、调整管理措施,以期避免或减轻危机所带来的威胁。通过相关园长培训计划、中高层领导研讨等途径,针对危机预防、危机应对、危机恢复等,剖析园所在危机各阶段存在的问题,以提升幼儿园危机事件的管理水平,提升园所危机教育水平。

为避免幼儿受到安全事故,目前大多数危机教育以幼儿为主,很大程度上忽略了幼儿教师和园所发展易产生的危机,只有少部分幼儿园能够注意到幼儿园危机事件管理的全过程。基于目前发展情况,幼儿园需要对幼儿和幼儿教师同时进行危机教育,降低危机事件发生的概率,并减轻危机损害的影响。

二、幼儿园危机教育的意义

随着社会发展,幼儿园已经逐渐开设各类幼儿安全教育、应急事件急救等教师培训,这说明社会及幼儿园已经意识到危机教育的重要性。但是,目前幼儿园危机教育客体大都是幼儿,教师思想意识有待提升,幼儿园应使教师了解危机教育对幼儿、幼儿教师、幼儿家庭、园所甚至社会的影响与作用,提升教师的危机教育意识。

(一)保护幼儿生命安全，提高幼儿应对能力

《幼儿园教育指导纲要(试行)》指出："幼儿园必须把保护幼儿的生命和促进幼儿的健康放在工作的首位。"一直以来，幼儿园都在努力贯彻落实这一要求，将幼儿安全视为幼儿园工作的重中之重。幼儿危机教育的开展首先重视的就是幼儿对危机、安全事故的切身感受或体验。在以幼儿为本的幼儿园危机教育环境中，幼儿能受到耳濡目染的动作、认知影响，在多样的感知环境中增强对安全事故等危机的感受，主动获取、学习一定的安全知识和求救方法，树立安全意识，提高在遇到危机情况时的应对能力和自我保护能力，从而在真正的危机事件中做到有经验、不慌张，保护自己的生命安全。

(二)完善教师危机教育，增强家长风险意识

幼儿园危机教育的方式多样，在保护幼儿的基础上，各式的危机教育活动也能够增强幼儿教师的危机意识，提升教师专业素养，为幼儿家庭提供相应教育信息。教师在培训的过程中，不仅需要了解易发生危机的主要环境、主要对象、主要内容、处理方法等，而且应提升自己的风险意识，认识到危机的各方面来源，在真正遇到危险情况时轻松化解、从容面对。另外，经验使教育者认为幼儿突发事件能够被预防和处理，家长认为把幼儿送进了幼儿园就犹如进了"安全的保险箱"，从来不会考虑重大危机会发生在幼儿身上。园所全面的危机教育会给予幼儿家长相应的危机意识，使其正确认识危机的发生原因，配合幼儿教师尽可能消除和化解危机。

(三)减少危机事件发生，维持幼儿园整体发展

幼儿园危机教育的最终目的是提升园所危机管理能力，从而减少园所中意外事故的发生，减轻危机对幼儿园本身的危害。各式危机教育的开展能够在潜移默化中培养幼儿的自我保护意识，培养幼儿教师的危机预防、应对能力，避免幼儿和教师受到伤害。幼儿园在发生危机事件后，应时刻关注危机发生后的媒体舆论和社会压力。此时，幼儿园不仅需要恰当解决危机事件，而且要了解并化解来自家长、社会等外部媒体的舆论压力。因此，危机教育对幼儿自身、幼儿家庭、幼儿教师以及幼儿园本身都十分重要。无论是危机发生的前与后，危机教育的开展都必不可少。

三、幼儿园危机教育的原则

幼儿园危机教育的受众群体包括幼儿和教师等，基于教育对象特殊性，对于

幼儿园危机教育的目标、内容、方式和教育主体也应有相应的原则。

(一) 幼儿园危机教育目标适切性

幼儿园危机教育应明确教育群体及其特点，确定教育目标，有针对性地进行教育。首先对于幼儿来说，幼儿自我保护能力较差，对危机环境的识别能力不足，导致幼儿意外伤害的危机时有发生。因此，幼儿危机教育应考虑幼儿不同年龄特点，针对幼儿感知觉、认知及思维发展确定相关危机教育目标。其次对于幼儿教师来说，幼儿园可以根据教师不同职业发展阶段划分，如入职适应期、职业提升期、职业更新期等，或依据教师不同的职位选择不同的危机教育目的与主题。例如，为新手教师开展以"儿童常见突发应急事件急救"等为主题的讲座，为园所中高层领导开展"公共关系管理危机"培训等，切勿将活动课程或教研培训流于表面。

(二) 幼儿园危机教育内容全面性

危机教育内容，应考虑到各个角度的教育内容，注意教育内容的全面性。基于教育主体的不同，幼儿园危机教育内容应包含不同的方面。首先，幼儿危机教育的内容应包括识别园所、家庭以及社会中的不同危机类型，提升自我保护能力。其次，幼儿教师危机教育的内容应包括对危机意识的培养、危机类型和过程的认识以及危机的处理、善后。同时注意提升与家长、其他幼儿教师、外界媒体的沟通能力。最后，幼儿园中高层领导危机教育的内容应包括幼儿保教管理、教师管理、园所发展、家园工作等。争取使危机教育的内容能够涵盖容易出现的大多数危机，保证幼儿、幼儿教师、园所领导熟练掌握对危机的处理。

(三) 幼儿园危机教育方式多样性

危机教育的开展形式多样，在组织危机教育时，幼儿园应充分考虑受教育者的感官体验。首先，对于幼儿和幼儿家长，幼儿园应注重一日生活中的危机教育契机，例如，在原本的主题活动或一日常规中发生了意外事故或者其他相关危机引起了幼儿的兴趣，幼儿教师可以适当调整课程，在保证幼儿安全的情况下，灵活运用巧妙的危机教育机会，以生动形象的课程增强幼儿的危机意识，注意在生活中进行顺应自然的危机教育。其次，幼儿园可以在主题活动中以活动课程、环创设计、消防演练、亲子活动等方式进行危机教育，带领幼儿及其家长切实感受危机情境，定期开展消防模拟演练或者实地参观学习。最后，对于幼儿教师及中高层领导，幼儿园可以开展消防演练、讲座培训以及会议研讨等活动，采用工作坊分享等形式，启发幼儿教师及中高层领导进行分享，得到相关学习。

（四）幼儿园危机教育主体反思性

危机教育的主体主要由幼儿教师和幼儿园中高层领导构成，危机教育主体的反思，能够帮助教育主体更清楚地认识危机教育的结果，反思危机教育的不足。幼儿教师或幼儿园中高层领导的反思，一方面，是对危机事件的反思。反思危机产生的直接或间接原因、危机事故的直接或间接影响、危机处置方式等；另一方面，在危机教育后重新对危机事故进行反思，反思如何预防、处置危机事故，能够避免危机事故或是最大限度上减轻事故产生的不良后果。因此，危机教育不仅在危机发生前有相应的预防作用，而且在危机发生之后对危机主体有相应的反思作用，使其做好危机预防。

危机教育因其重要的意义和教育原则，常作为幼儿的重要活动课程，也作为幼儿教师和园所领导教研培训的主要内容。只有明确了危机教育的重要意义，我们才能更好地开展危机教育活动，选择适宜的教育内容。

第二节　幼儿园危机教育的内容与手段

了解了幼儿园危机教育的主要概念、意义和原则之后，如何实施危机教育、使用什么方法进行幼儿园危机教育成为危机教育的重难点。目前，幼儿园危机教育的对象以幼儿为主，教育内容以安全事故为主，较片面，教育途径较单一，缺少对危机的各角度的全面考虑。

一、幼儿园危机教育的内容

幼儿园危机教育的内容应丰富、多样，包括幼儿园危机产生的各个环节，给予教育主体全面的教育认知。本节主要对危机的前、中、后各个阶段的教育进行介绍，帮助幼儿园完善危机教育内容。

（一）危机意识的培养

危机意识主要指对危机的判断、识别意识以及自我保护意识。具有较强的危机意识才会引领及时、正确的自我保护行为和应对行为。危机意识的建立也能够在一定程度上减轻危机带来的不良影响，面对危机，幼儿、幼儿教师、园所领导以及家长都需要建立相应的危机意识。

危机的识别与判断，是危机教育中的重点内容。对危机的准确识别和判断包括对即将发生的危机或已经发生的危机即将产生的后果进行的判断和识别，直接决定了后续对危机开展的预防、应对和恢复等实施过程。对于幼儿来说，危机的识别与判断主要指对易产生意外事故的物品及环境的识别，包括应了解各种安全常识，如对陌生人问路、请求协助等保持高度警惕，勇敢拒绝等。对于幼儿教师和家长来说，危机的识别与判断一方面要对幼儿进行判断，如能够迅速察觉幼儿的疾病等，并做出相应反应；另一方面要对能够造成幼儿伤害的危险物品及事件进行识别和判断。此外，幼儿教师也需要具有自我保护意识，在保护幼儿的基础上，也要保护自身安全，在遇到灾难时能够采取自防自救的措施。除了安全事故危机，在遇到人事危机、家园关系危机等事件时，如遇到园所或社会公众的恶意侵害，幼儿教师也要懂得维护自身的权利。对于幼儿园中高层领导来说，危机的识别与判断指对幼儿园整体运营所产生的问题进行的及时识别与判断，如教师集体离职、招生不足、家长与教师纠纷等。对危机的判断意识取决于幼儿教师对危机的重视程度和敏感度，因此在危机教育当中，需要使幼儿及其家长、园所教师以及园所中高层领导对危机有清晰认识。幼儿教师及园所，应针对可能发生的情况做好应急预案。如果没有及时意识到危机隐患，就容易发生严重的危机事故甚至舆论压力。

【情景再现】

案例 9-2-1　　　　　　　　不再醒来的明明

2007年12月23日，5岁的明明早上突发高热，感到很不舒服，身体乏力。明明爸妈此时正赶着去上班，以为明明的症状是冬季流感的征兆，没当回事，带上几片药就把明明送到幼儿园了。到达幼儿园的时候，明明家长匆匆跟幼儿园教师说了情况，把药交给保健医就赶着上班去了。一上午明明都没什么精神，呼吸不顺畅。教师期间查看明明情况，但以为明明只是感冒发烧，并没有过多关注。午睡起床时，教师发现明明脸色苍白，呼吸困难，急忙拨打急救电话并通知家长。等医生赶到时，明明已停止了心跳，医生诊断为由急性暴发性心肌炎而导致的死亡。调查认为，明明父母和幼儿园双方均有过错。事发当日早上，明明突发高烧，引发暴发性心肌炎。其家长未能及时送诊，耽误了最佳治疗时间。而幼儿园在明明入园后未及时关注孩子的情况，没有尽到相应的职责。

（本案例改编自俞雯雯的《幼儿园安全预防现状及安全应急预案的建构》，沈阳师范大学）

【分析解读】

该危机案例中有多个事故责任方。首先，明明的父母在早上遇到幼儿突发高热的情况时，没有十分重视，而认为是寻常的疾病，只"带上几片药"，"匆匆跟幼儿园教师说了情况"。可以说家长的不重视间接导致了幼儿教师的忽视。其次，幼儿教师在接到明明后，并没有对明明进行特殊的关照。可以表明，该幼儿园的晨检是不合格的。如果幼儿家长或者幼儿教师能够注重幼儿表现出的突发情况，进行过有关幼儿突发疾病的相关危机教育，不轻视任何一个小问题，也许明明就不会发生意外。最后，在午睡过程中，幼儿教师没有安排人员巡查，也没有特殊关注生病的幼儿，导致在幼儿们起床时才发现明明的异样，错过了最佳的抢救时间。现实情况下，幼儿因自身情况，如伤病等在幼儿园发生意外的情况相对较少，只要发现及时，大多可在第一时间解决。而意外的发生，大多源于家长和教师的隐瞒或忽视。因此针对以上案例，幼儿园需要加强安全管理，提升幼儿教师自身的危机意识，使其随时都能对突发状况保持高度机敏。

【出谋划策】

近年来，此类由家长和幼儿园双方皆没有尽到应有责任而导致幼儿发生意外的事故逐渐减少，家长素质和幼儿教师专业素养的提升，都是避免幼儿危机事故发生的重要保证。为防止此类或其他相关危机事件的发生，幼儿园应从多方面培养危机意识。首先，幼儿园要完善园所危机管理。对入园晨检管理、保健医日常用药管理、幼儿教师班级安全管理制定相应的管理流程与培训计划，并给予评价考核。其次，幼儿园定期对幼儿教师开展危机教育，包括幼儿疾病识别、突发事故处理、应急急救等方面的教研培训或实训演练，在理论与实践的结合中丰富幼儿教师的危机认知，提升幼儿教师对幼儿安全事故的危机意识。再次，组织家长开放日、家庭讲座等活动，丰富幼儿家长对幼儿园危机管理的认识与了解，由班级教师指导幼儿家长对幼儿在家或外出的日常安全管理或教育，使家长能熟悉常见的疾病或意外事故处理，提升幼儿家长的危机意识。最后，幼儿园在设置的主题活动当中，潜移默化地培养幼儿自我保护能力，如在感到不舒服时及时呼救等，提升幼儿对危机事故的防范意识。

【法条链接】

《中小学幼儿园安全管理办法》第二十四条规定："学校应当建立学生安全信息通报制度，将学校规定的学生到校和放学时间、学生非正常缺席或者擅自离校情况、以及学生身体和心理的异常状况等关系学生安全的信息，及时告知其监护人。对有特异体质、特定疾病或者其他生理、心理状况异常以及有吸毒行为的学生，学校应当做好安全信息记录，妥善保管学生的健康与安全信息资料，依法保护学生的个人隐私。"

《学生伤害事故处理办法》第九条规定："因下列情形之一造成的学生伤害事

故，学校应当依法承担相应的责任……学生在校期间突发疾病或者受到伤害，学校发现，但未根据实际情况及时采取相应措施，导致不良后果加重的。"依据法规，幼儿园应当建立安全信息通报制度，记录其安全信息，及时告知监护人情况。如果家长和幼儿教师能够意识到幼儿的疾病严重情况，并及时送医治疗，案例中的结果便不会发生。

（二）危机类型的识别

准确认识和判断危机的类型，以明确危机处理的权限和责任主体，是危机管理的前提。

根据幼儿园危机产生环境的不同，幼儿园危机分为内部危机和外部危机。内部危机主要由幼儿园内部的管理体制或人为因素构成。一是管理者缺乏危机意识。当园所利益与社会利益发生矛盾时，管理者的社会责任、公众利益意识淡薄，只顾维护组织自身利益，损害公众利益，导致危机出现。二是园所的保教质量有问题。幼儿园的保教质量是幼儿园社会形象的基础。如发生幼儿中毒事件等将会给幼儿家长、社会媒体留下负面印象，甚至产生舆论危机。三是园所人员的不适宜行为问题，包括领导者、管理者和执行者多方面的问题。外部危机主要由幼儿园外部因素造成。一是政治制度、经济政策、法律法规等因素变化，对园所既得利益的影响造成的危机。二是不可抗力的灾难或重大事件、事故，如火灾、地震、台风、水灾等造成的自然灾害，或由人为原因，如抢劫事件等造成的重大事件、事故。三是失实报道引起的危机。社会公众对事件缺乏详细而全面的了解，对事情的本质不会也很难进行科学的分析。公众对新闻媒体的信任度高，他们的报道习惯上被理解为事实。新闻媒体因报道失实、不全面，甚至曲解事实、报道失误，而导致公众对幼儿园的误解，使幼儿园形象受损。

除了将危机划分为内外部危机，还可以根据产生原因的不同将危机划分为人为危机和非人为危机。例如，幼儿食物中毒危机是人为危机，而自然灾害危机是非人为危机。根据危机给幼儿园带来损失的表现形态进行划分，危机可分为有形危机和无形危机。例如，自然灾害造成的园所财产损失、幼儿意外事故受伤等为有形的危机，而园所的生源危机、园所发展危机即为无形危机。要注意的是，因为划分的依据不同，危机往往较为复杂，幼儿园危机不会仅仅以某一类型出现，而是多种危机类型的集合体。

因此对于危机类型的识别，首先，明确危机是内部危机还是外部危机，是人为危机还是非人为危机，确定危机产生的环境、原因。其次，明确危机是有形危机还是无形危机，选择适宜的方式，确定危机将产生的负面影响。对危机类型的快速识别有助于尽快做好抢救和善后工作，以最大限度减少损失，争取受害者及社会的理解；同时，要及时将事实真相告知公众，消除谣言。

【情景再现】

案例 9-2-2　　　　　　　　被"宠坏"的家长

嘟嘟的家长总是很忙，要么今天晚上爸爸加班，要么明天晚上妈妈突然有事，总之每天嘟嘟的家长都会晚来一会儿。这种家长晚接的情况在幼儿园中时有发生，班级中的主、副班教师会帮忙照看幼儿。但嘟嘟的家长一个月中几乎一多半的时间都不准时，最近更是变本加厉，迟到半个小时的情况也屡见不鲜。"这孩子看着小朋友都被接走了，自己孤零零地玩多难受。再说这也太耽误我们的时间了。"主、副班教师曾与嘟嘟父母进行沟通，但嘟嘟父母非但不感激教师，还认为这是园所和教师应尽的义务，在再三交涉都没有结果的情况下，副班教师一着急与嘟嘟家长发生了争执。园所管理层出面进行调和，嘟嘟家长提出转班要求。但转班时间不长，嘟嘟家长又和教师意见不合，最终还是让嘟嘟退园了。嘟嘟家长的几番闹腾让园所中不清楚事故缘由的部分家长感到不满也想退园，还好班级教师及时察觉到家长的不满情绪，与家长们进行了沟通，避免了即将发生的退园危机。

（本案例为原创案例）

【分析解读】

该案例的危机类型属于外部危机、人为危机，也是无形危机。嘟嘟家长在离园时的频繁迟到导致了亲师关系的破裂和嘟嘟的退园危机。但嘟嘟的离园事件却在家长之间进行传播，不少家长受到舆论影响，也对换班和退园产生想法，这便是生源流失危机的预兆。幸好园所教师和管理层及时察觉，与班级其他家长沟通，消除了误会，避免了接下来的园所生源流失危机，也避免了后期的园所信誉、社会舆论等"无形"危机。

该案例中的家长连续多次在接幼儿时迟到，却没有认识到自己的问题，导致幼儿教师出现消极情绪。幼儿教师在出现负面情绪后，没有及时调整状态，也没有以最优的方式与家长协商或是采取其他方式，反而与家长发生了口角，导致出现了换班、退园的现象。园所在嘟嘟退园的事情发生之后，忽略了嘟嘟家长对于整个家长群体的舆论影响。不过还好，幼儿教师在舆论发生的"初期阶段"能够及时与园所领导沟通情况，并与其他幼儿家长沟通真实情况，安抚家长，化解了家长的误会。幼儿园应明确危机的产生原因及其本质特点，有针对性地应对和恢复危机事件。

【出谋划策】

幼儿园在面临危机时，对危机类型的正确认知是危机消除的基础。幼儿教师应该在第一时间判断危机的产生原因，并以此了解危机的类型，考虑该危机将产生的后果或影响，调节自身情绪状态，避免危机带来更大的负面作用。就该案例来说，首先，明确该案例为幼儿家长导致的外部危机，对于外部危机，园所更应该保护自身利益或保护园内教师，不能随便和家长发生冲突。其次，明确该案例为人为危机，案例中的幼儿教师对于嘟嘟家长的行为并没有做进一步沟通与反思，仅从个人利益出发，就与嘟嘟家长起了直接冲突。在这个过程中，幼儿教师应在与家长沟通的基础上，向园所领导汇报，与园所领导协商解决，采取最优的方式。最后，本案例属于无形危机，案例中幼儿教师、园所领导和家长的协商沟通，及时避免了无形危机——生源流失危机，园所领导应具备判断能力和管理能力，并能够制订相应计划，选择适宜的方式处理危机。面对危机或危机隐患，园所教师要逐渐具备相关经验和能力来识别危机的类型，为班级、为园所提供相应信息和准备，减轻或避免危机的突发性伤害。

(三) 危机过程的了解

危机教育的主客体应该充分认识和了解园所危机过程，明确各类危机在发生前、中、后表现出的特征和现象，在真正遇到危机时做到准确预判、及时应对和良好的恢复调整。

1. 认识危机预防阶段基本程序

危机预防阶段是危机管理的重要阶段，即"防患于未然"的阶段。这一阶段在很多危机意识淡漠或对危机有躲避心理的群体中，会流于形式或被淡化。如果预防阶段各环节的工作能够做到细致、周密，便能够将很多危机消灭在萌芽之中。

（1）提升危机意识

提升危机意识旨在帮助幼儿、幼儿家长、幼儿教师以及幼儿园中高层领导提升识别和判断危机类型的能力，使其在危机来临前进行预防和准备。具体来说，首先，帮助幼儿了解危机所带来的伤害，使其获得一定的自我保护能力。其次，幼儿教师应正确评估幼儿状态和周围环境中的危险因素，提高对危机的警觉性。再次，幼儿教师也应使家长参与到幼儿园危机教育当中。幼儿家长危机意识的提升能够减少幼儿在家庭和社会环境中易发生的危机伤害。最后，幼儿园中高层领

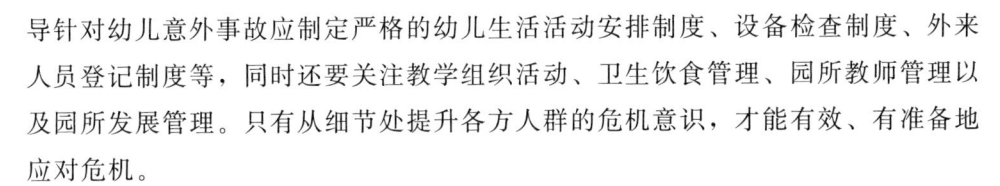

导针对幼儿意外事故应制定严格的幼儿生活活动安排制度、设备检查制度、外来人员登记制度等，同时还要关注教学组织活动、卫生饮食管理、园所教师管理以及园所发展管理。只有从细节处提升各方人群的危机意识，才能有效、有准备地应对危机。

(2) 定期排查上报处理

危机排查是幼儿园在日常管理经验的基础上，由专人针对确定的专项危机征兆进行检查、监控与评估。通过检查结果，筛选出危机隐患并及时通报危机管理小组负责人。当危机排查中出现不安全因素或矛盾、问题较多时，及时排除不安全因素并解决矛盾成为幼儿园管理的当务之急；如果处理不及时，将会酿成重大危机事件。对于幼儿教师来说，排查的内容主要包括每日幼儿身心健康、幼儿一日生活活动的环境、家长的情绪意见等。对幼儿园中高层领导来说，排查的主要内容包括园内各种不安全因素或矛盾的强度、频率、范围、时间、可控程度等，如园所内外环境管理、食品安全管理、师资队伍管理、家园合作管理、园所阶段性发展管理等。根据管理经验或专家评估，确定构成预警的项目并及时上报给危机管理小组，危机管理小组组织尽快消除危机隐患。

(3) 制订危机管理计划和保障体制

幼儿园危机管理计划指幼儿园制订和实施的关于危机预防、预测、处理和监控的规定和确保幼儿安全、健康发展的指导性文件。幼儿园危机管理计划要易读易懂、操作性强。之后，由园所专门的危机应对小组负责危机教育、危机培训的整体实施。幼儿教师经过演习、训练等危机管理培训后，能够熟记危机应对环节、掌握危机应对的技能，对幼儿及家长进行教育。幼儿园需要确立与幼儿园工作相关的各个部门的密切联系，包括公安、消防、医疗、心理咨询等各家单位。通过"信息树"的形式，建立一个完整的通信体系，把社会各方相关力量都联系起来，及时做好信息沟通，保证沟通渠道顺畅。

(4) 构建危机预警系统

幼儿园危机预警系统是指为了能在危机来临时尽早地发现危机，建立一套能感应危机来临的信号，并能判断这些信号与危机之间的关系的系统。它是根据系统外部环境及内部条件的变化，为防范各类危机事件的发生，对系统未来可能出现的危机事件进行预测和报警功能的系统。预警信息包括突发事件的类别、预警级别、起始时间、可能影响的范围、警示事项、应采取的措施和发布机关等。幼儿园危机预警系统的建立需要遵循一定的要求，包括：第一，采集到危机预警所需要的信息；第二，尽可能准确地预见危机；第三，警报能够被相关人员接收到，并不至于引起误解；第四，注意危机预警各个部门的经济性和合理性。通过潜在危机事件信息收集、分析与预测、风险评估、应急决策、预警实施五个步骤建立危机预警系统。确定建立危机预警的对象，评估危机产生原因、危机征兆、危机征兆与危机爆发之间的关系。同时，危机预警系统人员应经过相应培训，确定相应的职责、权利和义务，能够理解危机警报并能根据警报做出恰当反应。

2. 理解危机应对阶段基本程序

危机应对阶段要求危机管理人员反应迅速，一方面能够按照危机管理计划和保障体系及时做出反应；另一方面要根据危机现场情形，对特殊情况或未考虑到的突发情况进行灵活应对。费斯汀格法则认为生活中的10%是由发生在身边的偶然事件组成，而另外的90%则是由对所发生的事件如何反应所决定的。[①] 危机总会存在且发生，我们通常无法控制10%的意外，但完全可以通过心态与行为决定剩余的90%。当危机事件发生后，惊慌失措的不良应对不仅不能发挥作用，而且会扩大危机的消极影响，导致其他连锁危机的产生。因此，调整心态，积极、及时、冷静地应对危机才能够很好地处理危机，避免危机产生的不良后果。

(1)采取措施处理危机

幼儿园危机事件处理流程一般包括危机的识别与判断、先期处理、启动应急预案、现场指挥与协调、信息沟通五个基本环节。针对不同的危机类型，幼儿园应采取相应的措施来应对突发状况。例如，遇到自然灾害或是人为恶性伤人事件等威胁到全园人员生命安全的大型危机事故，危机管理小组除了要立即向全园人员发布警报，还要立即向主管部门以及相关部门发布警报，其中包括一切能够提供援助的部门，如110、医疗卫生及交通部门等，以便救援工作迅速展开。再如，遇到园所内部发生的不良保教问题、园所人员不适宜行为等引起的家园危机、舆论危机等，危机管理小组就需要对发生的问题及时介入。若幼儿受到伤害，危机管理小组应首先通知幼儿家长，及时安排幼儿就医等，并迅速进行各个方面的原因调查，若发生相关舆论危机，危机管理小组应在危机发生后指定新闻发言人及时向社会媒体及家长公布相关情况，稳定各方情绪，防止不实消息的传播。又如，遇到生源流失、教师队伍流失等有关园所发展的危机，危机管理小组和园所中高层领导应及时介入，尽量把园所利益的损失降到最小。此类危机应由

---

① 何其山：《从"费斯汀格法则"谈心态效能》，载《山西日报》，2018-10-19。

危机管理小组和园所中高层领导共同探讨，了解此类危机发生前相关人员的行为征兆，以及为何会发生此类危机，由园所管理人员及时介入，通过各种调解手段减轻此类危机的后果。

（2）监测现场动态评估

在应对危机过程中，幼儿园要时刻对事故发展态势及影响进行监测和评估，为监测园所危机事故是否伴随产生其他类型的危机，如伴随的社会舆论危机、教职工流失危机、园所生源流失危机等制定评估措施，保障人员安全。事故监测和评估的主要内容有：事故发生的范围和事态加剧的可能性，导致危机的人员或物品，危机事件的准确定位、对事故现场的评估能够为后续处理危机事件、制定策略提供依据和基础。危机管理小组需要综合各方意见，对危机处理过程进行科学分析，以确保监测和评估的客观性与准确性。

（3）控制舆论导向

在危机处理过程中，幼儿园要及时将事态发展与已经采取的措施通知各方人士，包括全校师生和警方、社区人员、权威媒体从业者。这是稳定情绪、沟通外界和抵制不实信息的有效途径，可便于开展危机处理后续阶段的工作。幼儿园可以通过广播、官方网站或者书面公告的形式发布与危机相关的信息，如果有政府、警方的介入，需要与媒体协商之后再发布。若有不合适及时发布的情况，幼儿园应与上级相关部门商量后以最妥当的方式进行陈述和发布。

3. 掌握恢复阶段基本程序

当幼儿园遭受危机后，师生的身心和环境设施可能会受到巨大的伤害和损害。而危机恢复阶段却常常容易被忽视，导致恢复阶段处理不到位引发随之而来的隐患危机。因此，幼儿园和教师应该注重危机恢复阶段的基本程序。

（1）及时进行舆论管理

危机发生后，危机管理小组要重视信息的发布，主动在第一时间向媒体发布真实的信息；联合媒体的力量，站在幼儿园及媒体教育的立场，对危机发生的原因以及处理方式等进行详细的解释，获得公众的理解与支持，不给有不良动机的人员可乘之机。

（2）做好危机后心理干预

危机发生后容易被关注的损害是身体受到的伤害，而容易被忽视的是心理创伤，包括应激创伤和应激后的心理创伤。对于受伤的幼儿以及教师，幼儿园相关领导及相关人员要主动慰问，向伤者及其家属表示真诚的关心。与此同时，对于伤者和未受伤但遭遇此次危机的成员，请本园的心理辅导人员或其他专业机构心理辅导人员进行集体心理辅导，对于危机反映强烈的个体，需提供个别疏导的帮助。

(3) 全面恢复正常工作

危机发生后，幼儿园各个工作环节都会受到影响，有的幼儿园因发生了重大的危机事件而导致整个幼儿园的工作陷入瘫痪状态。而工作受阻会给幼儿园管理和发展带来巨大的阻碍，引发家长群体的顾虑，导致幼儿园失去家长的信任。因此，在最短的时间内，消除危机造成的影响，使得幼儿园以正常的节奏运转非常重要。幼儿园具体要完成的工作包括：修复受损设备与建筑、安排人员顶替受伤教师的工作、各部门负责人确保本部门工作在现有的条件下努力达到稳定状态。

(4) 深刻进行危机反思

危机发生后，幼儿园应组织危机管理小组、经历危机的教师开展危机反思会议。幼儿园要注重对危机的产生原因、危机发生过程、危机处理过程中的做法等进行分析，对危机造成的损失进行评估，对危机管理计划实施的效果进行评估。并在此基础上，对危机管理计划进行修正，从而制订新的、更为完善的危机管理计划。

(四) 危机管理主体的关怀

危机管理主体的关怀是指在危机发生时或危机发生之后，危机管理主体对危机受害者进行心理干预、情感关怀，使危机受害者的身心保持健康。灾后心理危机会产生广泛的影响，灾后心理危机不仅会发生在灾难的幸存者身上，而且会发生在受灾者的亲人、现场救援人员、参与灾后重建者、心理卫生工作者，甚至一般公众的身上。幼儿园应该注重危机管理主体在重大危机事件后，既应对幼儿进行心理关怀和安慰，也应对幼儿教师、幼儿家长进行相应的心理干预。一方面，扩大灾后心理干预的受众范围。受灾者在灾难中受到的影响是我们难以想象的，尤其是对幼小的幼儿，灾后心理干预能够帮受灾者减轻灾害带来的身体或精神上的伤害。另一方面，危机管理主体也应注意对各种危机中受灾民众的心理特点进行研究和分析，为心理干预的实践工作提供科学的理论依据。幼儿园应成立危机心理预防小组，分析经历危机的幼儿、幼儿家长及幼儿教师产生的不良心理，结合社区资源、政府媒体，关注心理健康问题，加强宣传心理健康知识，努力防止心理危机的产生及蔓延。

(五) 危机应急预案的建立

幼儿园应增强制度建设，建立幼儿园危机事件管理预案。健全的制度是幼儿园安全、顺利开展各项工作的重要保障。建立预案的目的在于危机事件发生前可以将预想到的危机后果与解决措施提前做好规划，在危机发生时，能够规范自身行为，确保幼儿园各项活动的有效开展。危机应急预案应根据危机理论知识和幼儿园实际情况来建立，辅之以政策文件。

幼儿园危机应急预案要素应包括总则、危机(事故)基本情况、危机应急组织机构及职责、处理程序、各危机事件的处置措施、善后处置、应急资源保障、预案的运行与维护。不同安全事故类型的安全应急预案虽然在要素上是一样的，但是在内容上有其独特性。例如，针对不同类型危机建立预案应有所差异，如对有形危机(火灾、地震、食物中毒、幼儿走失等)与无形危机(园所发展、教师发展等)建立的预案应有所差异；针对受影响的人员、区域进行保护和安抚，预案的侧重点也应有所不同。应急预案体系分为一个综合预案、若干专项预案和若干现场处置方案。此外，危机事件管理预案的建立应充分考虑各种现实情况和突发情况，注意可操作性，不放过日常工作的每一个环节。以幼儿走失危机为例(如图 9-2-1)，应急预案应落实全体员工安全监管职责，要灵活调整和更新岗位职责，重视定期的危机应急演练工作，并确保幼儿园危机预案和标准制度的具体性、可操作性。

二、幼儿园危机教育的手段

在认识了幼儿园危机教育的基础上，我们需要掌握运用何种方式开展幼儿园危机教育。在这一部分，我们将幼儿园危机教育分为两个部分，一部分是对幼儿进行危机教育，另一部分是对幼儿教师进行危机教育。基于危机教育对象的不同，采取的教育手段也不一样。

(一)幼儿危机教育

幼儿危机教育要注重以日常的生活环节教育为主，随时随地运用自然、日常环节、身边例子等开展相应教育，并注重相应危机教育课程、环境的设置，结合幼儿家庭和社会资源实施幼儿危机教育。

1. 日常规则教育

危机随时可能发生，所以危机教育也应随时进行。首先，规则教育可以在幼儿生活活动中随机开展。针对常见事故的预防以及对危险品、危险行为的提示，教师有时并不需要设计专门的教育活动，而可以选择在日常游戏和生活中随机进行。比如，在入园晨检时，教师在幼儿身上发现的坚硬物、药片等危险物品，便可以进行随机教育，引导幼儿认识这些物品可能造成的伤害。其次，教师可以在

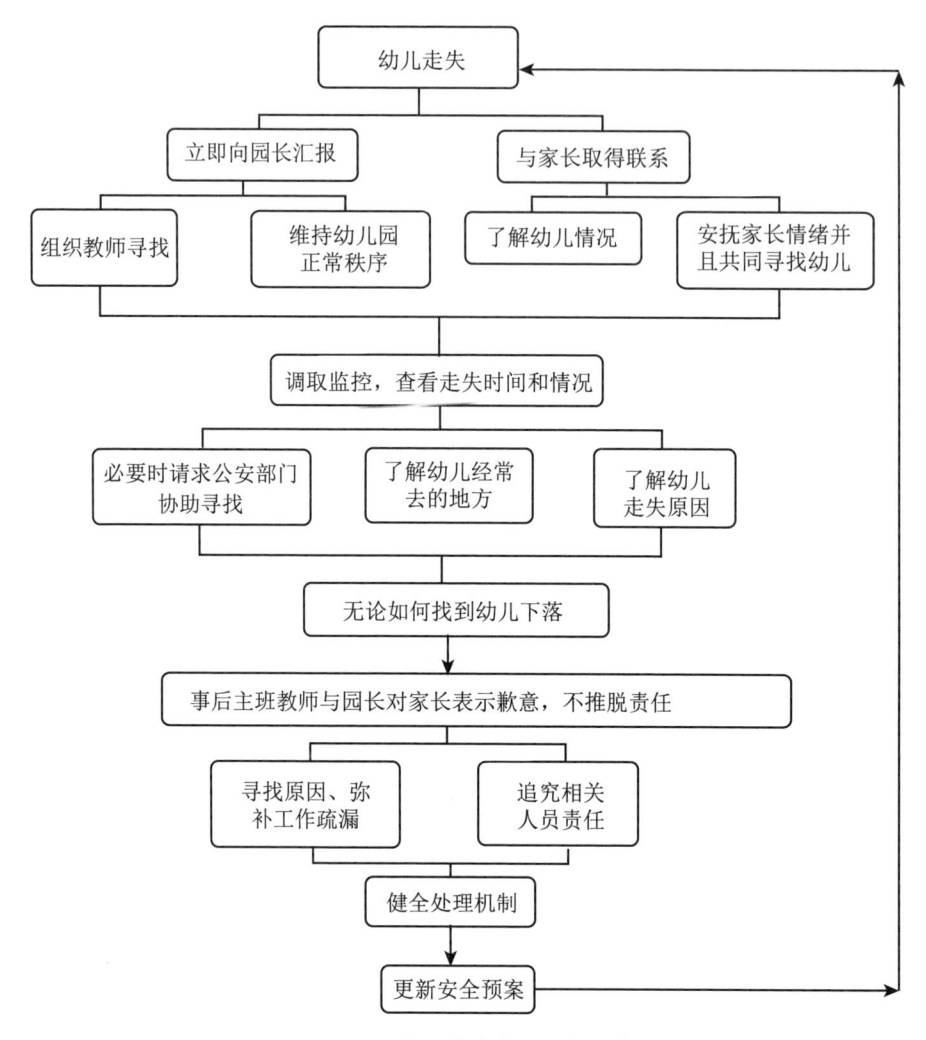

```
                        ┌─────────┐
                        │ 幼儿走失 │◄──────────────────┐
                        └────┬────┘                   │
                ┌────────────┴────────────┐           │
          立即向园长汇报              与家长取得联系    │
          ┌────┴────┐              ┌──────┴──────┐    │
     组织教师寻找  维持幼儿园      了解幼儿情况  安抚家长情绪并│
                 正常秩序                        且共同寻找幼儿│
                        │                                    │
              调取监控，查看走失时间和情况                    │
         ┌──────────────┼──────────────┐                     │
   必要时请求公安部门  了解幼儿经常    了解幼儿              │
        协助寻找         去的地方      走失原因              │
                        │                                    │
                 无论如何找到幼儿下落                         │
                        │                                    │
          事后主班教师与园长对家长表示歉意，不推脱责任       │
                 ┌──────┴──────┐                             │
           寻找原因、弥      追究相关                         │
           补工作疏漏        人员责任                         │
                        │                                    │
                   健全处理机制                               │
                        │                                    │
                   更新安全预案 ───────────────────────────────┘
```

图 9-2-1 幼儿走失危机应急预案

班级活动中制定多种活动规则来进行规则教育。教师可以在班内成立"小小安全检查队"，幼儿可以轮流担任"值日生""小班长""小队长"等，让其作为"检查员"，主要负责检查操场、活动室、区角等地方，发现不安全因素马上报告教师或插上小红旗等警示标志提醒其他幼儿注意，对个别幼儿不安全的行为也可及时指出、纠正。

危机教育是一个长期连续的过程。幼儿年龄小、自护意识薄弱，教师需要对其进行反复的提醒和教育，这样才能使幼儿获得更深层次的认识。而寓于日常生活中的随机教育，与幼儿生活紧密联系，更能引起他们的感悟和共鸣，帮助他们理解、消化和应用相关危机预防、处理知识。

2. 设置专门的危机教育活动

专门的危机教育活动是指以幼儿对危机的认识和自我保护能力训练为主的有组织、有计划的教育活动，包括相关主题活动的设计展开、防火避灾演习、情景剧表演、安全知识竞赛等。大部分专门的危机教育活动可能需要幼儿教师和园所管理层花较长的时间去准备，设定教育活动的目标与内容，计划教育开展的环境及场地，制作危机教育活动相关道具等。教师可以通过培养幼儿良好的行为习惯、饮食习惯，减少伤害的发生；游戏时，要提醒幼儿不争抢、不打人、不咬人；使幼儿通过切身体会了解恶劣天气对身体的影响以及掌握避免被恶劣天气伤害到自己的方法等。

【情景再现】

案例 9-2-3　　　　"不能随便吃药"主题活动案例

活动目标

1. 了解随便吃药的危险性，懂得生病时要根据医生的诊断服药，不可多服或误服，了解多服或误服的危害性。

2. 分享制作小药箱的快乐。

活动准备

1. 收集社会上因多服或误服而导致不良后果的实例。

2. 制作小药箱的材料：纸、固体胶、剪刀、彩笔。

活动过程

1. 故事导入。

师："春天来了，天气一会儿热，一会儿冷，很多小朋友都感冒生病了。我们的小药箱里放着各种药，这些药是我们小朋友的爸爸妈妈拿给老师的。老师会帮生病的小朋友做好服药记录，给小朋友按量服用，这样小朋友就不会吃错药了。可是有一个名叫牛牛的小朋友，他却乱吃，下面老师就给小朋友们讲讲牛牛乱吃药的故事。"

2. 教师讲述实例，引导幼儿分析实例。

师："牛牛一个人在家时，突然觉得肚子不舒服。他打开家里的小药箱，看到了一种妈妈曾经给他吃的药。牛牛想，上次感冒时妈妈给他吃这样的药，病就好了，现在，他把这个药吃下去，肚子就会好了。牛牛能吃这种药吗？为什么？"

幼："不能，因为小朋友必须在大人的看护下吃药。"

幼："因为病情不一样，上次是感冒，这次是肚子不舒服。"

幼:"吃下去会中毒的。"

师:"小朋友们都很聪明！不能乱吃药、乱用药，吃错了药、用错了药，不但治不好病，而且会引起更大的麻烦，甚至还有生命危险。"

师:"如果你是牛牛，你会怎么办？"

幼:"打电话给爸爸妈妈。"

幼:"请邻居的叔叔阿姨带我去医院。"

幼:"拨打120。"

师:"小朋友真棒！你们的办法都是正确的。"

（本案例来源自李玲主编的《幼儿教师必备的教育技能》，江苏教育出版社）

【分析解读】

危机教育是幼儿园教育永恒的话题。但无论教师怎样小心都难以完全避免危机事故的发生。在日常的教育实践中，幼儿园对幼儿的安全教育往往停留在表面上，多是让幼儿被动地接受"你不能怎样，你不该怎样"，成人反复地强调常会让幼儿的逆反心理更加突出。因此，幼儿园应开展一系列危机教育活动，让幼儿主动获取一定的危机预防知识和求助方法，树立自我保护意识。同时，安全教育作为幼儿园长期的教育内容，仅仅组织几次危机教育活动是不够的，它需要与日常生活如"幼儿吃药"的问题等进行有机的结合。

【出谋划策】

《幼儿园教育指导纲要（试行）》提到教育活动内容的选择应体现"既符合幼儿的现实需要，又有利于其长远发展"的原则。幼儿园这种主题活动教育虽然不能像随机教育那样组织灵活，但是有针对性强、教育效果明显等好处，尤其是那些自然灾害、外来人员侵害等安全威胁，因其危害性严重但发生概率较低，很少被作为有针对性的随机教育内容。所以幼儿教师应当充分了解幼儿的需求，选择适合幼儿年龄特点的、符合当今社会现状的教育内容，利用专门的教育活动，为幼儿创设一些模拟情境，让他们主动参与讨论、分析，加深认识。幼儿园危机教育活动目标应当根据幼儿的实际情况和年龄特点来制定，不可一概而论，也不可避重就轻。

3. 环境塑造，设置充满乐趣的情境游戏

作为教育的重要组成部分，幼儿园的环境布置，可以使幼儿潜移默化地接受教育，也能使幼儿在参与布置的过程中获得认知发展。幼儿园环境设计有多个目标，其中就包括"能关注幼儿的健康和安全"，合理利用幼儿园环境，可以对幼进行生动、直观、形象而又有综合性的安全教育。所以，教师一方面要精心创设物质环境，如为幼儿提供关于疾病预防和卫生习惯的书籍、图片，在事故易发点和安全隐患处张贴危机警示标志；另一方面，要通过民主、平等的态度和体谅、宽容之心为幼儿创设良好的心理环境，给幼儿以安全感和信任感。

幼儿园在开展危机教育活动时，也应当重视环境的教育价值，创设生动的、以幼儿为主体的，且具有正面导向性的安全教育环境。例如，配备大型的由原木类材料制成的户外玩具，有可以拼插的木板、木梯、木制攀爬架等。在户外游戏时间，幼儿会戴上手套、儿童头盔、护膝等保护用具，独立或合作搬运游戏材料，将材料进行组合，形成不同长度、不同高度的游戏板块，幼儿根据不同的游戏难度自由选择。当幼儿在游戏中遇到了困难或危险时，他们会小心地摸索，放慢游戏的速度以保护自己，或是向同伴寻求帮助。幼儿教师站在一旁观察幼儿游戏情况，除紧急情况外一般不随意打断幼儿游戏。这样自然的游戏环境深受幼儿的喜爱，幼儿在感受自然魅力的同时，也发现了大自然中存在的危险，逐渐学会了自我保护的办法。

4. 家园互动，多方合作进行教育

幼儿危机教育需要多方力量的共同参与。《幼儿园教育指导纲要（试行）》明确提到家庭是幼儿园重要的合作伙伴。教师在对幼儿进行教育的基础上，可以邀请家长配合幼儿园一同开展危机教育活动。比如"家长进课堂"活动，如果家长是医护人员，可以邀请其来园为幼儿讲解一些基础的处理伤口的方法，为幼儿提供一些操作材料，让幼儿自己动手实践。此外，丰富的社区资源为幼儿提供了一个真实的社会环境，让幼儿去探索和发现环境当中存在的"危险"因素，积累丰富的生活经验。比如，开展"消防安全"教育时，幼儿园可以提前联系消防大队，邀请消防员来幼儿园为幼儿讲解消防安全知识，向幼儿介绍消防器材并进行操作演示；也可组织幼儿前去消防大队参观，了解消防员的工作环境，近距离地观看消防员的灭火演习，从而了解消防知识，掌握灭火、火灾逃生的相关技能。又如，开展"防走失"安全教育时，教师通常告诉幼儿可以向警察叔叔求助，幼儿园可以邀请周边派出所的民警来幼儿园，让幼儿有机会近距离地接触警察，认识警察，知道警察穿什么样的制服，并且学习如何向警察求助等。

（二）幼儿教师危机教育

高素质的危机管理人员是降低危机发生概率和缩减其冲击的一个关键因素。基于此，幼儿园应加强对幼儿教师、幼儿园中高层领导等人员的危机知识和技能培训，定期或不定期进行演习，增强其危机意识，使其善于捕捉各种可能发生危机的信息，提高其预防、应对危机事件的能力和危机管理水平。

1. 日常渗透，增强组织制度建设

首先，幼儿园园长及其他管理人员应充分认识到危机事件的重要性，并在幼儿园的管理工作中强调危机认知能力的培养。现实中，部分幼儿教师存在危机认知不足的情况，这可能会导致不良的后果，如引发家园矛盾、造成幼儿受伤等。幼儿教师应具备准确分析、识别幼儿园危机事件的能力。其次，幼儿园应明确各部门职责，厘清各部门人员管理权限。责任到人可以培养员工的责任意识，以防出现推脱责任的现象。细化责任分配有利于危机事件的预防与管理。再次，幼儿园应增强相关人员的沟通与协调能力，组成危机协调支持小组。沟通是解决幼儿园危机事件的重要手段，沟通可以了解危机事件当事人的内心诉求，据此幼儿园才能妥善地采取管理措施。同时，危机协调支持小组应及时做好各项保障工作，确保危机事件尽快解决。最后，幼儿园应派专人监控舆论，及时公布信息。例如，幼儿园可以利用新媒体平台及时公布真实信息，把握舆论方向。

2. 学习培训，加强危机模拟演练

幼儿园可以开展不同规模、不同形式的培训与演练。幼儿教师的危机素养知识储备在很大程度上影响着危机教育开展的效果。幼儿教师应当树立"终身学习"的观念，积极、系统地学习危机教育的相关理论知识。一方面，幼儿教师应当研读专业书籍，掌握丰富的危机教育知识，了解危机教育的最新动态。另一方面，幼儿园可以为幼儿教师搭建学习平台。幼儿园可以定期开展危机教育主题研讨会，通过视频、图片等形式向教师展示危机知识，引导幼儿教师对案例进行研讨、成因分析，并提出相应的解决策略。按照幼儿教师的教龄及经验等将其分为不同梯次的小组。幼儿园相关演练可以按照参与人数确定演练的次数。一般全园性大型演练可以参照一年一次或一学期一次的频率。小型演练则根据参与的人数可以一个月举行一次。此外，幼儿园之间还可以加强合作与交流，分享危机教育经验，相互学习借鉴。姊妹园可以合作开展以"园所危机"为主题的集体活动展示，对教育活动的每个环节进行深入的研讨，从教育活动的设计和实施等方面提出改进建议，从而帮助幼儿教师不断提升危机教育的水平。危机事件类型繁多，影响因素也很复杂，所以这就需要管理人员根据现实情况及时调整、实施应急决策。在幼儿园危机事件的管理过程中，幼儿园应及时成立由领导人员、经验丰富人员以及相关支持人员构成的危机事件管理小组。小组决策由大家共同商议，随

3.明晰危机特点,重视危机事后反思

幼儿园不同类型危机事件具有不同的特点,幼儿园应掌握危机事件的特点,根据每种类型危机事件的突出问题与侧重点进行分析。在危机事件解决后,幼儿园要在园内进行事后反思,在每一类危机事件结束后都要循环进行,以期总结经验及合理调整管理预案。调查发现,幼儿园危机事件的类型繁多,不同种类幼儿园易发生的危机事件类型也有所不同。所以,幼儿园管理人员要组织幼儿教师共同学习,明晰每种类型危机事件的特点,把握其影响因素,做到科学预防、及时处理。并且,幼儿园在危机事件结束后,要组织相关人员进行事后反思,反思危机事件处理过程中的决策是否恰当、时机是否恰当等。反思的目的在于总结经验,提升其危机事件的管理能力。

"危机"是"危"与"机"的组合,既是"危难状态",又是"机会之时"。[1] 幼儿园危机管理应着重从危机预防、危机预警、危机处置、危机恢复等方面建立健全危机管理机制,方能实现转危为安,将危机转化为契机,甚至转化为生机,在化解危机的基础上实现重生前行。

【拓展阅读】

[1]陈群. 幼儿园危机管理实务[M]. 北京:中国轻工业出版社. 2009:255-266.(该书针对幼儿园危机问题的研究和幼儿园危机管理工作展开论述,整合学校、家庭、社区以及政府各相关职能部门,预构幼儿园危机应急管理系统,从幼儿园中的物质环境、幼儿主体、教师群体以及园所主体等几个方面探讨幼儿园危机管理的关键,强调幼儿园危机管理的重要作用。)

[2]秦旭芳,孙丹. 幼儿园危机事件的管理现状研究[J]. 早期教育(教育科研),2020(10).(本文自编幼儿园危机事件的管理现状调查问卷,采用分层随机抽样的方法对辽宁省幼儿教师及管理人员的危机意识、危机准备、危机应对三个维度进行调查。)

[3]王韵,钱雨. 基于媒体报道分析的幼儿园危机管理对策[J]. 教育导刊(下半月),2018(10).(本文通过对人民网、澎湃新闻等对幼儿园的相关报道进行分析,梳理了当前媒体对幼儿园相关报道的主要类型,并提出针对媒体报道的幼儿园危机应对策略。)

---

[1] 秦旭芳、孙丹:《幼儿园危机事件的管理现状研究》,载《早期教育(教育科研)》,2020(10)。

【想一想，做一做】

1. 在进行危机教育时，要从危机过程的哪几个阶段进行危机管理？

2. 案例：某幼儿园幼儿在户外活动玩耍时不小心意外摔倒，老师立即采取了一些应急措施，并在医生的陪护下将其送去医院，医院的诊断表明幼儿的手臂骨折，并且会影响到幼儿日后的手部运动，家长随即闹起来了。请思考该案例中应负责的主要人员和主要部门，设计有关危机处理流程图。

3. 案例：每年的春、秋季是传染病高发期，幼儿园会遇到儿童感染手足口病的情况，要做好消毒和隔离工作。某幼儿园在一年春季时有一名幼儿感染手足口病，值班医生没有发现，导致班级有多名幼儿被传染，严重影响了班级的正常教学秩序。请思考该案例中应负责的主要人员和主要部门，设计有关危机处理流程图。

参考文献

[1]毛静燕. 学校危机管理的研究[D]. 上海：华东师范大学，2006.

[2]罗伯特·希斯. 危机管理[M]. 王成，宋炳辉，金瑛，译. 北京：中信出版社，2001.

[3]苏伟伦. 危机管理——现代企业实务管理手册[M]. 北京：中国纺织出版社，2000.

[4]徐士强. 学校危机管理[D]. 上海：华东师范大学，2004.

[5]何海燕，张晓甦. 危机管理概论[M]. 北京：首都经济贸易大学出版社，2006.

[6]冯宝安. 幼儿园危机管理机制构成体系与实例分析[J]. 早期教育（教科研版），2015(11).

[7]齐永亮. 幼儿园危机管理初探[J]. 教育实践与研究（C），2014(2).

[8]凌晓俊，时松. 幼儿园危机的类型、特点及管理策略研究[J]. 天津师范大学学报（基础教育版），2015，16(3).

[9]周丛笑，等. 幼儿园危机管理策略与实例[M]. 北京：中国轻工业出版社，2018.

[10]孙华英，王美娜，王雪萍. 幼儿园管理[M]. 北京：中国人民大学出版社，2014.

[11]刘艳诊，马鹰. 幼儿园组织与管理[M]. 北京：北京师范大学出版社，2011.

[12]冯宝安. 幼儿园突发事件管理机制构建研究[D]. 重庆：西南大学，2013.

[13]肖鹏英. 危机管理[M]. 广州：华南理工大学出版社，2008.

[14]宋文霞，王翠霞. 幼儿园一日生活环节的组织策略[M]. 北京：中国轻工业出版社，2012.

[15]许亚文. 幼儿园管理的66个细节[M]. 长春：吉林大学出版社，2014.

[16]黄玉娇,周霞.幼儿园区域活动新思考[M].成都:西南交通大学出版社,2019.

[17]全晓燕:幼儿园区域活动设计与指导[M].上海:华东师范大学出版社,2016.

[18]雷思明.幼儿园安全策略50条[M].上海:华东师范大学出版社,2013.

[19]刘文英.幼儿园安全教育常识[M].保定:河北大学出版社,2012.

[20]唐明霞,刘长清.儿科学[M].北京:中国医药科技出版社,2012.

[21]揭志军.支气管哮喘咨询[M].上海:上海交通大学出版社,2014.

[22]沈丽琴,陈希宁,李昌吉,等.儿童单纯性肥胖症的遗传和环境危险因素分析[J].中国学校卫生,2006(9).

[23]孟庆轩.儿童育养热点问题解答[M].北京:金盾出版社,2012.

[24]梁玉彩,周瑞清,孙文琴.小儿感染性腹泻的临床特征及流行病学调查研究[J].中国妇幼保健,2017,32(14).

[25]许琼华.幼儿行为管理[M].福州:福建教育出版社,2016.

[26]陈辉.幼儿行为问题应对[M].北京:北京理工大学出版社,2015.

[27]汪秋萍,陈琪.家园沟通实用技巧[M].上海:华东师范大学出版社,2013.

[28]王啍.幼儿园家园合作全攻略[M].福州:福建教育出版社,2018.

[29]刘玥.浅谈生态系统理论对幼儿教育的启示[J].教育现代化,2019,6(72).

[30]文红欣.幼儿园组织与管理[M].北京:教育科学出版社,2012.

[31]张燕.学前教育管理学[M].2版.北京:北京师范大学出版社,2009.

[32]张凤,季首领,郭克功.学前教育管理[M].沈阳:辽宁大学出版社,2013.

[33]秦旭芳,向海英.学前教育管理[M].长沙:湖南大学出版社,2015.

[34]冷玉津,林静华,金草石.托幼园所园所长工作实用全书[M].北京:龙门书局,1996.

[35]吕英.民办幼儿园的创办与管理[M].北京:学苑出版社.2010.

[36]陈宝生.学前教育[EB/OL].(2018-03-20)[2020-12-09].http://www.moe.gov.cn/jyb_xwfb/xw_zt/moe_357/jyzt_2018n/2018_zt07/zt1807_bzzs/201803/t20180320_330636.html.

[37]彭诗韵. 一所好幼儿园怎样拥有好老师？家长也应该看看[EB/OL].（2018-3-15）[2020-12-09]. http://www.jyb.cn/zcg/xwy/wzxw/201803/t20180315_1022409.html.

[38]张燕. 贵阳市白云区幼儿教师职业压力现状调查研究[D]. 贵阳：贵州师范大学，2018.

[39]邢利娅. 幼儿园管理[M]. 北京：高等教育出版社，2010.

[40]秦旭芳，张鑫. 分类管理背景下民办小区配套园的办园意向及发展路径，第十七届沈阳科学学术年会，沈阳，2020.

[41]孙明珠. 当前幼小衔接存在的问题及其解决对策[J]. 课程教育研究，2019(48).

[42]O. F. 博尔诺夫. 教育人类学[M]. 李其龙，译. 上海：华东师范大学出版社，1999.

[43]KIDMAN G，CHANG C H. What does "Crisis" Education Look Like?[J]. International Research in Geographical and Environmental Education，2020(2).

[44]董英. 学校应该开展危机教育[J]. 教育研究与实验，2003(4).

[45]崔晓静. 青少年危机教育研究[D]. 锦州：渤海大学，2013.

[46]秦旭芳，孙丹. 幼儿园危机事件的管理现状研究[J]. 早期教育（教育科研），2020(10).